Jörg Kupjetz

Verträge verstehen für Nicht-Juristen

Für meine Familie

Jörg Kupjetz

Verträge verstehen für Nicht-Juristen

Worauf man im Alltag achten muss

REDLINE | VERLAG

Bibliografische Information der Deutschen Nationalbibliothek
Die Deutsche Nationalbibliothek verzeichnet diese Publikation in der Deutschen Nationalbibliografie. Detaillierte bibliografische Daten sind im Internet über **http://dnb.d-nb.de** abrufbar.

Für Fragen und Anregungen:
lektorat@redline-verlag.de

1. Auflage 2017

Nymphenburger Straße 86
D-80636 München
Tel.: 089 651285-0
Fax: 089 652096

Redaktion: Bärbel Knill, Landsberg am Lech
Umschlaggestaltung: Isabella Dorsch, München
Umschlagabbildung: Shutterstock.com/Kamal Illil, montego
Satz: Röser MEDIA GmbH & Co. KG
Druck: GGP Media GmbH, Pößneck
Printed in Germany

ISBN Print 978-3-86881-676-1
ISBN E-Book (PDF) 978-3-86414-970-2
ISBN E-Book (EPUB, Mobi) 978-3-86414-971-9

Weitere Informationen zum Verlag finden Sie unter

www.redline-verlag.de

Beachten Sie auch unsere weiteren Verlage unter
www.m-vg.de

Inhalt

Annährung an eine unbekannte Spezies*: der Vertrag

Kaufvertrag, Dienstvertrag, Wartungsvertrag, Gesellschaftervertrag, Lieferantenvertrag: Schon der bloße Gedanke daran erzeugt bei vielen Menschen ein Gefühl der Überforderung und manchmal sogar eine gewisse Angst. Ähnlich wie Spinnen, die bei einigen unserer Mitmenschen Panikattacken auslösen können, erscheinen uns Vertragswerke häufig als bedrohliches Wesen, das bei uns sämtliche Abwehrmechanismen in Kraft setzt.

Wie ist es bei Ihnen? Denken auch Sie nur widerwillig an die nächste Vertragsverhandlung und scheuen Sie instinktiv davor zurück, eine Unterschrift unter einen Vertrag zu setzen? Falls ja, dann befinden Sie sich in guter Gesellschaft. In meiner langjährigen Praxis als Rechtsanwalt arbeitete ich mit unzähligen Menschen zusammen, die ähnlich empfanden wie Sie. Doch auch wenn bei Ihnen nicht gleich ein unangenehmes Gefühl oder sogar Angst aufsteigt, sobald Sie an das Wort »Vertrag« denken, werden Sie vermutlich eine gewisse Unsicherheit empfinden, sofern Sie nicht selbst Jurist sind.

Ich kann es Ihnen nicht verdenken, denn für die meisten Menschen bedeuten Verträge ein Buch mit sieben Siegeln, vollgestopft mit juristischen Fachbegriffen, die sich teilweise wie Beschwörungsformeln lesen. Ein Sammelsurium aus Fallen, die hinter jedem einzelnen Wort lauern. So denken wohl viele Menschen über Vertragswerke, doch an dieser Stelle möchte ich Sie gleich mal beruhigen: In den meisten Fällen ist dieses Misstrauen schlichtweg übertrieben.

---

* Streng genommen handelt es sich bei diesem Begriff um eine biologische Lebensform. Da ein Vertrag letztlich auch gelebt werden muss, ist diese Bezeichnung – mit einiger Fantasie – durchaus zutreffend.

Natürlich sind viele Vertragswerke umfangreiche und beliebig kompliziert verfasste Textwüsten. Aber wenn Sie wissen, worauf Sie bei dem jeweiligen Vertrag achten müssen, überblicken Sie ganz schnell, um welche Inhalte es im Wesentlichen geht.

Genau damit beschäftigt sich dieses Buch: Es begleitet Sie durch das scheinbare Labyrinth an Fachausdrücken und juristischen Stolperfallen bei der Ausformulierung der Verträge, die Sie mit Ihren Lieferanten, Kunden oder Geschäftspartnern schließen. Zusätzlich zum Verständnis der begrifflichen Feinheiten verrate ich Ihnen in diesem Buch eine Menge Tipps und Empfehlungen, wie Sie künftig erfolgreiche Vertragsverhandlungen führen.

Doch damit nicht genug. In diesem Buch erfahren Sie außerdem, worauf Sie bei der Vertragsgestaltung besonders achten müssen. Beispielsweise die Bedeutung des Gerichtsstandes, wie Sie am besten Ihre AGBs formulieren und welche Punkte es unbedingt zu beachten gilt, wenn Sie mit Subunternehmern zusammenarbeiten. Sie erfahren auch, wie Sie bestmöglich mit Gewährleistungen und anderen vergleichbaren Themen umgehen sollten, und bekommen viele weitere Tipps und Antworten auf die wichtigsten Fragen.

Dieses Buch ist als Ratgeber gedacht, auf den Sie täglich zugreifen können. Ein Begleiter, der am besten in greifbarer Nähe in Ihrem Büro liegt.

Damit Sie sich in der Arbeit mit diesem Buch besser zurechtfinden, wurden die einzelnen Kapitel nach der Chronologie der Vertragsgestaltung aufbereitet. Zu Beginn beschäftigen wir uns daher mit sämtlichen Aspekten, die es bereits vor einer Vertragsverhandlung zu beachten gilt, bis hin zu den wichtigsten Tipps, was Sie bei und nach Vertragsabschluss beachten sollten.

Mit welcher Einstellung sollten Sie in eine Vertragsverhandlung gehen? Unter welchen Bedingungen erweist sich eine weitere

Verhandlung für Sie nicht mehr als rentabel? Aber auch auf die Frage, wie Sie eine Vertragsverhandlung führen können oder wann die Verhandlungsgespräche am besten abgebrochen werden sollten, gehe ich detailliert ein.

Vielleicht müssen Sie einmal einen Vertrag in englischer Sprache abschließen. Auch für diese Situationen erhalten Sie von mir sehr viele Empfehlungen, etwa mit welchen Kosten Sie in solchen Fällen zu rechnen haben und was es dabei insgesamt zu beachten gilt.

Ich selbst beschäftige mich inzwischen seit über 15 Jahren mit Vertragsrecht und habe unzählige Mandanten bei ihren Vertragsverhandlungen juristisch beraten. Das waren oft beeindruckende Unternehmen, und nicht selten ging es um acht- bis neunstellige Eurobeträge. Im Laufe der Jahre erlebte ich die verrücktesten Situationen, wie beispielsweise Verhandlungspartner, die kurz vor Abschluss eines gewaltigen Geschäftes plötzlich wegen einer Kleinigkeit beleidigt aufstanden und den Verhandlungstisch verließen. Oder der Geschäftsführer, der in Urlaub ging, bevor die Verträge unterschrieben wurden, und die nächsten zwei Wochen einfach nicht erreichbar war. In beiden Fällen fehlte nicht viel und diese Deals wären doch noch geplatzt. Von diesen und vielen weiteren Geschichten erzähle ich Ihnen in diesem Buch. Diese Anekdoten sind dabei nicht nur sehr unterhaltsam, sondern sie sind auch wertvolle Erfahrungen, aus denen Sie lernen können.

Als Rechtsanwalt beschäftige ich mich natürlich auch mit Vertragsstreitigkeiten. Manchmal geht es dann vor Gericht, und da ticken die Uhren bekanntlich wieder anders. Was Sie in solchen Fällen erwartet, erfahren Sie ebenfalls in diesem Buch. Vor allem erzähle ich Ihnen, wann es sich überhaupt lohnt, vor Gericht zu ziehen, und welche sinnvollen Alternativen es gibt.

Am Ende eines jeden Kapitels steht eine Checkliste, in der die wichtigsten Informationen übersichtlich zusammengestellt werden.

Falls Sie also zu einem bestimmten Thema etwas nachschlagen wollen, brauchen Sie nicht erst das gesamte Kapitel erneut zu lesen, sondern Sie finden in dieser Übersicht die Antworten in kompakter Form. Infokästen behandeln in komprimierter Form Themen rund um die Vertragsgestaltung. Zusätzlich finden Sie am Ende dieses Buches eine Zusammenstellung der häufigsten Fragen (FAQs) und Probleme im Zusammenhang mit dem Abschluss eines Vertrages.

Was Sie in diesem Buch vergeblich suchen werden, sind endlose Aufzählungen von Paragrafen und Präzedenzfällen, also Fälle, die der Rechtsprechung als Beispiele für künftige vergleichbare Urteile dienen. Aus meiner Erfahrung werden juristische Laien dadurch eher verwirrt, als dass es ihnen nützt. Ich habe bewusst auf formaljuristische Phrasen und Fachbegriffe verzichtet, um diesen Ratgeber möglichst gut verständlich und damit im Alltag anwendbar zu machen.

Übrigens richtet sich dieses Buch in seiner Anrede immer an Damen und Herren gleichermaßen. Das bedeutet im Umkehrschluss, selbst wenn Sie beim Lesen vorwiegend die männliche Form vorfinden, spreche ich damit auch Sie – liebe Leserin – an. Beide Formen im Buch zu integrieren stört den Lesefluss enorm, wie ich finde, daher habe ich darauf verzichtet, beide Geschlechter stets im gleichen Satz zu benennen.

Nun wünsche ich Ihnen viel Spaß beim Lesen dieses Ratgebers und hoffe, Ihnen nicht nur viele wertvolle Tipps und Empfehlungen zu liefern, sondern Sie zusätzlich an der einen oder anderen Stelle zum Schmunzeln zu bringen.

Ihr

Jörg Kupjetz

Kapitel 1 – Bevor die Vertragsverhandlung beginnt

Der mit heißer Nadel gestrickte Vertrag

Vor einigen Jahren betreute ich als Anwalt ein großes Handelsunternehmen mit etwa 800 Mitarbeitern. Das Unternehmen benötigte Geld und verhandelte daher mit einer großen Bank um ein entsprechendes Darlehen. Alles lief unter großem Zeitdruck ab, und als das Bankhaus den Vertrag vorlegte, nahm mein Klient zwar einige meiner Anmerkungen und Hinweise zu möglichen Risiken im Vertrag zur Kenntnis, gleichzeitig sagte er mir jedoch: »Das Ding muss jetzt abgeschlossen werden.« Dieser Vertrag wurde also mit heißer Nadel gestrickt, wie es so schön heißt.

Das »Ding« wurde schließlich zum Abschluss gebracht, das Unternehmen erhielt frisches Geld und alles schien sich in die richtigen Bahnen zu bewegen. So weit, so gut? Mitnichten.

Ungefähr acht Wochen später rief mich der Geschäftsführer an. Er sagte mir, es gebe Probleme mit dem Vertrag. Sein Unternehmen könne die vertraglich zugesicherte monatliche Berichterstattung an die Bank nicht einhalten, und diese drohe nun mit Vertragskündigung.

»Was kann uns im schlimmsten Fall passieren?«, fragte er mich schließlich.

»Im schlimmsten Fall macht der Vertragspartner von seinem Kündigungsrecht Gebrauch und fordert mit sofortiger Wirkung das gesamte Darlehen zurück, inklusive Zinsen«, war meine Antwort.

»Das wäre sehr schlecht«, gab er trocken retour.

Klar, denn das hätte die Insolvenz bedeutet. Das Problem an heißen Nadeln ist, dass man sich an ihnen die Finger verbrennt, sobald man einen unvorsichtigen Handgriff durchführt. Und genau das passierte hier.

Ich erfuhr in diesem Telefongespräch, wovon mich das Unternehmen bereits weit früher hätte informieren sollen: Die Bank machte nämlich die fortlaufende Gewährung des Darlehens von einer vertraglich zugesicherten Berichterstattung zur Geschäftsentwicklung des Handelsunternehmens abhängig. Damals hatte ich den Geschäftsführer gefragt, ob er diesen Punkt garantiert erfüllen könne, also ob die dafür erforderliche Software existiere und ob das Unternehmen die entsprechenden Kapazitäten besitze. Schließlich bedeutet es auch einen gewissen Arbeitsaufwand, diese Zahlen bereitzustellen, und im schlimmsten Fall muss sich ein Mitarbeiter ausschließlich damit beschäftigen. Damals antwortete er mir, dass dieser Vertragspunkt die Zeit nicht wert sei, weiter darüber nachzudenken.

Jetzt stellte sich heraus: Das Unternehmen verfügte weder über die entsprechende Software noch existierte in der Buchhaltung der dafür notwendige Mitarbeiter.

»Wegen einer solchen Kleinigkeit machen die so ein Fass auf?«, beschwerte sich der Geschäftsführer am Telefon.

Ja, das machen die. Und wenn etwas in einem Vertrag definiert und von beiden Seiten unterschrieben wurde, dann ist es egal, wie klein eine Kleinigkeit ist. Sie muss erfüllt werden.

Im Laufe dieses Telefongespräches erfuhr ich vom kaufmännischen Geschäftsführer, dass er sich mit seinem Kollegen – dem zweiten Geschäftsführer – in einer Art Machtkampf befand. Mein Ansprechpartner war erst vor wenigen Monaten in das Unternehmen gekommen und kannte daher die inneren Systeme und Abläufe noch nicht so gut. Außerdem befand sich die Befehlsgewalt über die Buchhaltung und das Controlling in der Hand seines Widersachers. Anders ausgedrückt, der kaufmännische Leiter sagte in den Vertragsverhandlungen einen Punkt zu, von dem er gar nicht wusste, ob ihn das Unternehmen umsetzen konnte.

Letztlich blieb dem Unternehmen nichts anderes übrig, als eine neue Software anzuschaffen sowie eine zusätzliche Arbeitskraft anzustellen, um den geforderten Vertragspunkt zu erfüllen. Es entstanden also Mehrkosten im knappen sechsstelligen Bereich, die man eventuell hätte vermeiden können – beispielsweise, indem man diesen Vertragspunkt mit einem Spezialisten aus der Buchhaltung besprochen hätte. Ich bin mir sicher, die Bank hätte auch einer anderen Form der Berichterstattung zugestimmt, doch derartige Vereinbarungen gelingen normalerweise nur während der Vertragsverhandlung. Sobald ein Vertrag unterschrieben wurde, kann jede nachträgliche Änderung nur über Zugeständnisse erreicht werden, und diese kosten das Unternehmen am Ende des Tages immer Geld.

Was lernen wir aus diesem Beispiel?

Ich muss jeden Vertragspunkt erfüllen können, sobald ich diesem zugestimmt, sprich: unterschrieben habe. Vertragsverhandlungen sollten immer Chefsache sein, keine Frage, doch gleichzeitig sollte man unklare Vertragspunkte intern mit den entsprechend qualifizierten Personen besprechen, um zu prüfen, ob sich der eine oder andere Punkt überhaupt umsetzen lässt. Dafür muss ja nicht gleich der ganze Vertrag vorgelegt werden, sondern es genügt, lediglich diese eine Klausel intern zu besprechen.

Auch sollten Sie es grundsätzlich vermeiden, Verträge unter Zeitdruck abzuschließen. Fast immer kommt es anschließend zu Streitigkeiten unter den Vertragspartnern. Da wurde dann der eine oder andere

Punkt doch unterschiedlich verstanden oder es können Vereinbarungen nicht so umgesetzt werden, wie sie im Vertrag definiert wurden.

Schließlich empfehle ich Ihnen dringend, sich selbst gegenüber stets ehrlich zu bleiben. Reden Sie sich einen Vertrag nie schön, kalkulieren Sie grundsätzlich mögliche Störungen in Abläufen mit ein, oder anders ausgedrückt: Setzen Sie niemals nur das Best-Case-Szenario an und machen es zur Grundlage dieses Vertrages. Was passiert, wenn einer Ihrer Sublieferanten ausfällt? Können Sie dann noch immer die in der Vereinbarung zugesicherte Lieferzeit Ihrer Ware einhalten? Oder sollte doch besser ein zeitlicher Puffer eingebaut werden?

Hier geht es nicht um Katastrophenszenarien, sondern darum, realistische Annahmen zu treffen. Schönreden kann richtig ins Geld gehen.

Realistische Vertragspunkte und das Datum der Vertragsunterzeichnung

In einem ähnlichen Fall handelte eine Gesellschaft mit einer Bank ein zusätzliches Darlehen aus, damit bestimmte Investitionen getätigt werden konnten. Die Verhandlungen mit der Bank befanden sich gerade in der heißen Phase, man stand also kurz vor Vertragsabschluss, da kündigte einer der Gesellschafter an, dass er sich nun in den bereits vor längerer Zeit gebuchten Urlaub begeben werde. Gut, das kann ja mal vorkommen. Wenn Sie sich als Unternehmer oder als Selbstständiger in Vertragsverhandlungen befinden, sollten Sie jedoch Ihren Urlaub nicht unbedingt exakt in den Zeitraum der voraussichtlichen Vertragsunterzeichnung legen. Falls sich dies tatsächlich als unausweichlich erweist, da ansonsten der familiäre Haussegen gefährlich schief hängt, empfiehlt es sich, im Unternehmen eine entsprechende Vertretung einzusetzen, die einen solchen Vertrag auch rechtsgültig unterschreiben kann. Falls so etwas nicht möglich ist, beispielsweise weil Sie als Einzelunternehmer schlicht keine weitere Person beschäftigen, dann prüfen Sie zumindest, wie weit Sie an Ihrem Urlaubsort noch arbeitsfähig bleiben. Die wichtigsten Voraussetzungen sind hier ein Faxgerät, ein Telefonanschluss, eine Internetverbindung mit einem modernen Computer, der idealerweise nach der Jahrtausendwende angeschafft wurde, und ein Postamt in erreichbarer Nähe.

Im vorhin erwähnten Beispiel machte dieser Gesellschafter den Vertragsteilnehmern ernsthaft klar, er habe im Urlaub weder die Möglichkeit, etwas zu unterschreiben, noch ein Fax zu erhalten oder etwas mit der Post zu verschicken. Er verbrachte seinen Skiurlaub nämlich irgendwo in den Alpen, und zwar in einem schicken, jedoch technisch hoffnungslos unterentwickelten Hotel fernab jeglicher Zivilisation.

Ich habe nie erfahren, woran die restlichen Vertragsteilnehmer spontan dachten, als sie davon erfuhren, doch so ein Vertrag kann durchaus auch scheitern, wenn eine simple Unterschrift fehlt.

Wie hätte man mit diesem Fall besser umgehen können?

Insbesondere bei sehr wichtigen Vertragsverhandlungen, wenn der Fortbestand des Unternehmens hiervon abhängt, sollte einer weiteren Person eine entsprechende Vollmacht übertragen werden. Zumindest sofern man nicht alleinvertretungsberechtigt ist. Diese zusätzlich unterschriftsberechtigte Person könnte beispielsweise ein weiterer Gesellschafter sein. Schließlich kann immer etwas passieren, und gerade bei größeren Unternehmen sollte dessen Schicksal nicht an einer einzigen Person hängen. Außerdem empfiehlt es sich, als Geschäftsführer, Gesellschafter oder auch als Einzelunternehmer bei laufenden Vertragsverhandlungen den wohlverdienten Urlaub vielleicht nicht am so ziemlich entlegensten Ort der Welt zu verbringen.

In einem anderen Fall befand sich ein Klient von mir ebenfalls irgendwo mitten auf der grünen Wiese im Urlaub, und als ich ihm klarmachte, dass ich die Vertragspartner nicht mehr länger hinhalten könne, sicherte er mir zu, mit seinen Unterlagen in die 30 Kilometer entfernte nächstgelegene Stadt zu fahren, um dort alles abzuwickeln.

Sie erkennen schon an diesen wenigen Beispielen, wie wichtig die Vorbereitung vor und während der Vertragsverhandlung ist. In der Tat vermeiden Sie mit einer sorgfältigen Planung etwa 90 Prozent aller Kopfschmerzen, die Ihnen der Vertrag später bereiten würde. Wie Sie sich perfekt vorbereiten und worauf Sie besonders achten sollten, erfahren Sie in den nachfolgenden Kapiteln.

Gut zu wissen: Wie entsteht ein Vertrag?

Beschäftigen wir uns zu Beginn mit der grundlegenden Frage, ab wann überhaupt ein Vertrag entsteht, oder anders ausgedrückt: Was ist eigentlich ein Vertrag?

Kurz gesagt handelt es sich dabei um zwei übereinstimmende Willenserklärungen – das sogenannte Angebot und die sogenannte Annahme. Diese können grundsätzlich per Handschlag, schriftlich oder mündlich erfolgen.

Wenn Sie heute im Supermarkt Ihrer Wahl ein Kilogramm Äpfel an der Kasse auf das Förderband legen, dann nimmt die Kassiererin Ihr Geld dafür entgegen und akzeptiert damit Ihr Angebot zum Abschluss eines Kaufvertrages. Sie haben an dieser Stelle einen Vertrag geschlossen, nämlich einen Kaufvertrag.

Die mündliche Vereinbarung funktioniert im einfachen geschäftlichen Miteinander sehr gut, reicht jedoch bei komplexeren Geschäftsbeziehungen nicht mehr aus. Schließlich müssen beide Seiten auch noch nach Jahren wissen, was sie ursprünglich vereinbart hatten, und dafür braucht es schriftliche Verträge.

An unserem Supermarktbeispiel haben Sie auch schon eine wichtige Besonderheit für Ihren Geschäftsverkehr kennengelernt: Die Auslage von Waren und das Bewerben von Produkten wird zwar umgangssprachlich als Angebot bezeichnet, juristisch ist dies aber nur die Einladung an den Kunden, ein Angebot abzugeben, das dann der Verkäufer annehmen kann.

Der Beginn der Vertragsverhandlung

Was meinen Sie, wann beginnt überhaupt die Vertragsverhandlung? Gibt es dafür einen offiziellen Startschuss, vergleichbar mit dem Knall, der einen 100-Meter-Sprint einleitet?

Tatsächlich kann eine solche Verhandlung bereits mit dem ersten Telefongespräch, der allerersten E-Mail beginnen. Jedes Zugeständnis, das Sie in dieser frühen Phase machen, kann von Ihrem Gegenüber als Vertragsbestandteil betrachtet werden. Natürlich können Sie alles nochmals neu verhandeln, sofern noch nichts mit einer Unterschrift besiegelt wurde. Doch welches Bild wird Ihr Vertragspartner dann von Ihnen haben? Behalten Sie diese Überlegung stets im Hinterkopf und machen Sie in diesem frühen Stadium niemals Zugeständnisse, die Sie nicht auch vertraglich zusichern würden.

Ganz gleich, ob Sie der Inhaber oder Geschäftsführer eines mittelständischen Betriebes mit mehreren Mitarbeitern, Selbstständiger oder Einzelunternehmer sind: Überlegen Sie sich bereits vor der Vertragsgestaltung, welchen Zweck Sie damit verfolgen. Handelt es sich dabei um den künftigen Standardvertrag, beispielsweise den Wartungsvertrag, der am besten einheitlich eingesetzt wird, oder gilt das Vertragswerk nur für diesen einen Fall? Soll der Vertrag zweisprachig verfasst werden oder genügt als Vertragssprache Deutsch? Dieser Punkt kann dann interessant werden, wenn es sich bei Ihrem Unternehmen um die Tochter eines Konzerns handelt und die Muttergesellschaft in Südkorea auch noch einen Blick darauf werfen möchte. Bedenken Sie dabei: eine professionelle Übersetzung eines Vertrages kostet etwa 60 bis 80 Euro pro Seite. Somit verschlingen bei einem 100-seitigen Vertrag bereits die Übersetzungskosten in etwa 8000 Euro.

Selbst in den Vertragsverhandlungen kann eine Fremdsprache durchaus eine Hürde darstellen. Wenn der Unternehmer beispielsweise der englischen Sprache nicht mächtig ist, wird ihm nichts anderes übrig bleiben, als eine zusätzliche Person mitzunehmen, sollten die Verhandlungen in dieser Sprache geführt werden.

Als juristischer Berater erlebte ich diese Situation bereits einige Male. Etwa eine Stunde nach Verhandlungsbeginn gestand mir der Geschäftsführer, kein Wort von dem zu verstehen, was bisher besprochen worden ist. In diesem Fall mussten wir die Verhandlung vertagen, und das nächste Mal nahm ein Prokurist mit entsprechenden Sprachkenntnissen an den Gesprächen teil.

Für welchen Einsatz ist der Vertrag also gedacht? Soll er am Ende so gestaltet sein, dass Sie den (Muster-)Vertrag auch Ihren Vertriebsmitarbeitern in die Hand geben können? Soll er ohne juristische Endkontrolle eingesetzt werden oder laufen alle Ihre Verträge noch mal durch die hauseigene Rechtsabteilung, eine Situation, in der sich Selbstständige und kleine Unternehmen wohl eher seltener befinden?

Soll es sich am Ende um einen autarken Vertrag handeln oder muss ihn jedes Mal ein Jurist überprüfen, bevor er ihn nach draußen – ins stürmische Geschäftsleben – schickt?

Soll es ein autarker Vertrag sein, sollte er in jedem Fall von einem darauf spezialisierten Anwalt geprüft werden. Bei ausgesprochen individuellen Verträgen sollten Sie natürlich die anfallenden Kosten für die juristische Beratung entsprechend mit einkalkulieren. Meine Empfehlung für häufig wiederkehrende Geschäftsabläufe: Erstellen Sie einen möglichst standardisierten Vertrag, den Sie nicht jedes Mal juristisch absegnen lassen müssen. Hier gilt schließlich das Gebot der Wirtschaftlichkeit.

Grundsätzliche Überlegungen zur Vertragsgestaltung

Wenn zwei Geschäftspartner miteinander verhandeln, stellt sich irgendwann die Frage, wer denn nun das Vertragswerk gestaltet. Wie sollten Sie sich in diesem Fall verhalten? Ist es besser, auf einem eigenen Vertrag zu bestehen oder doch lieber die gegnerische Verhandlungspartei ein derartiges Schriftstück aufsetzen zu lassen und erst mal gemütlich abzuwarten, was passiert?

Meine Empfehlung lautet: Versuchen Sie immer, soweit es nur irgendwie möglich ist, von Ihrer Seite aus den Vertragsentwurf vorzulegen. Schließlich erweist es sich in der Praxis immer als einfacher, das eigene Dokument zu nehmen, dieses dem Verhandlungspartner zu schicken, der es dann mühevoll durchlesen und mit Kommentaren versehen muss.

Im anderen Fall müssen nämlich Sie sehr sorgfältig nachprüfen, ob Ihre Vertragspunkte und Ihre Vorstellungen im Vertragsentwurf der Gegenseite auch entsprechend erfasst wurden. Das bedeutet für Sie stets einen höheren Aufwand. Es sollte also in Verhandlungen ganz früh geklärt werden, wer den Vertrag entwirft – und zwar möglichst Ihre Seite.

Letztlich ist es jedoch auch immer eine Frage der Machtverhältnisse zwischen beiden Parteien und ob Sie überhaupt in der Position sind, das Vertragswerk zu gestalten.

Stellen Sie sich vor, Sie suchen einen neuen Internetanbieter für Ihr Büro. Nehmen wir an, Sie haben sich für Vodafone entschieden und sagen dem Unternehmen, dass Sie einen Vertrag entwerfen und diesen der Konzernzentrale zuschicken werden. Vermutlich wird der Mitarbeiter des Callcenters am anderen Ende der Telefonleitung einen Moment lang verstummen. Wohl weniger aus Freude, da Sie ihm damit Arbeit abnehmen, sondern aus purer Fassungslosigkeit. Schließlich liegt in diesem Fall das Machtverhältnis eindeutig auf der Seite von Vodafone, ganz gleich, ob die etwas von Ihnen wollen oder umgekehrt. Hier kommt es auf die Unternehmensgröße an. Wenn Sie als Einzelunternehmer mit einem Konzern verhandeln, wird Ihnen Ihr Vertragspartner seinen Vertrag vorlegen und sich dabei wohl auf keine Diskussion einlassen. Abgesehen davon wäre es vermutlich auch aus wirtschaftlichen Gesichtspunkten unrentabel, diesen Vertrag selbst aufzusetzen. Dafür müssten Sie sich erst in die Materie einarbeiten, das Vertragswerk juristisch prüfen lassen, kurzum: einen unverhältnismäßig hohen Aufwand betreiben. Daraus können wir schließen, dass normalerweise jene Partei den Vertrag vorlegt, die über die entsprechende Wissensherrschaft verfügt und/oder die wirtschaftlich bessere Stellung einnimmt.

In allen anderen Fällen, wenn also ein grundsätzlicher Gleichstand bezüglich der Unternehmensgröße und des für die Vertragsgestaltung notwendigen Hintergrundwissens herrscht, sollten Sie versuchen, die Vertragsgestaltung zu übernehmen. Oder zumindest diesen Vorschlag unterbreiten.

Warum Sie alle wesentlichen Inhalte immer schriftlich fixieren sollten

Der schriftliche Vertrag dient natürlich ganz klar zu Beweiszwecken. Hier lassen Sie sich bitte nie einreden, anschließend – also nach Unterzeichnung – über weitere Details verhandeln zu können. Vertriebsmitarbeiter argumentieren gerne, dass »Sie jetzt mal den Vertrag unterschreiben, und die noch offenen Kleinigkeiten können noch immer im Nachgang besprochen werden«. Oder: »In der Praxis leben wir das schon anders, als es hier im Vertrag beschrieben wird.«

Das kann ja gut sein, doch in der juristischen Praxis gelten ausschließlich die Wahrheiten, die im Vertrag stehen. Punkt.

Häufig wollen Vertriebsmitarbeiter nämlich einfach einen schnellen Abschluss erzielen. Klar könnte in der Praxis dieses Unternehmens der eine oder andere Vertragspunkt durchaus davon abweichend gelebt werden, aber was ist, wenn nicht?

Ich empfehle Ihnen: Lassen Sie sich nicht auf solche Versprechen ein, sondern ändern Sie jene Teile des Vertrages ab, die nicht ihren Vorstellungen entsprechen, die Ihnen sozusagen »Schmerzen« bereiten! Was passiert denn, wenn der Mitarbeiter, mit dem Sie die Verhandlungen geführt haben, das Unternehmen verlässt? Dann weiß niemand mehr etwas über die gelebte Praxis, von der dieser Vertriebsmitarbeiter gesprochen hatte.

Auch sollten Sie an dieser Stelle sämtliche Nebenabreden unbedingt unterlassen. Jegliche Vereinbarung kommt in einen sauberen Vertrag. Nebenabreden, also zusätzliche Bedingungen, können verloren gehen, und nach einigen Jahren erinnert sich niemand mehr daran – gute Voraussetzungen für Streitigkeiten und juristischen Schlagabtausch.

Auch sollten Nachfragen zum Vertragsinhalt immer schriftlich erfolgen und nie per Telefon. Selbst falls es für den Vertragspartner misstrauisch wirkt, sollten Sie derartige zusätzliche Informationen, die für die Vertragsverhandlungen wichtig sind, grundsätzlich schriftlich erfassen. Das bedeutet: Wenn es ein Telefongespräch zu einem bestimmten Thema gab, dann schicken Sie bitte eine E-Mail als Zusammenfassung hinterher. Am besten noch mit Sende- beziehungsweise Empfangsbestätigung. Das wirkt vielleicht etwas hölzern, doch letztlich hilft es nur, Streitigkeiten im Nachgang zu vermeiden. Gehen Sie nach diesem System aber bitte nur bei wirklich wichtigen Themen vor. Nicht jedes Telefongespräch muss auch automatisch schriftlich abgesichert werden.

Wer entscheidet und wie hoch ist der Erfolgsdruck auf der Gegenseite?

Ich empfehle immer, bereits in einem frühen Gesprächsstadium den Verhandlungspartner – auf höflichem Wege – zu fragen, ob dieser die nötige Entscheidungskompetenz besitzt oder ob er den Vertrag noch anderen Personen zeigen muss. Gerade wenn Sie mit Beratern oder Verkäufern sprechen, kann diese Frage sehr wichtig werden.

Insbesondere wenn Sie mit asiatischen Unternehmen verhandeln, werden Sie selten bis nie den kompetenten Entscheider vor sich haben, sondern Sie verhandeln normalerweise mit der untersten Garde, die alles an die nächsten zwei bis drei Ebenen weitertragen muss.

Die Frage nach der Entscheidungskompetenz Ihrer Verhandlungspartner entscheidet darüber, wie lange es dauert, bis es zu einem unterschriftsreifen Vertragswerk kommt.

Nehmen wir an, Sie sind Webdesigner und ein japanisches Unternehmen fragt an, ob Sie den Internetauftritt für die deutsche Niederlassung gestalten möchten. Selbstverständlich wollen Sie das, daher sitzen Sie nun zwei Vertretern dieses Unternehmens gegenüber und verhandeln den Leistungskatalog, den beide Seiten erbringen sollen. Bis daraus ein Vertrag wird, dauert es mindestens zwei, eher drei Monate. Dies kann wiederum spannend werden, wenn Sie vor der Frage stehen, ob Sie andere Projekte durchführen können oder sich die Zeit für das japanische Großprojekt offenhalten sollten.

Auch die Frage, wann ein Vertrag geschlossen wird, kann von Bedeutung sein. Falls Ihr Geschäftspartner im September die Lieferbedingungen für eine bestimmte Ware mit Ihnen verhandeln möchte und Sie wissen, dass er bis Jahresende noch Ergebnisse erzielen muss, dann befinden Sie sich automatisch in einer stärkeren Verhandlungsposition. An dieser Stelle können Sie eventuell den einen oder anderen Vorteil rausholen. Hier sollten Sie idealerweise vor Beginn der Verhandlungen recherchieren, wie groß der Druck auf der gegnerischen Seite ist und worin deren Motivation für den Verhandlungserfolg liegt.

Wie sich eine derartige Situation auswirken kann, erfuhr ich selbst vor etwa drei Jahren. Mein altes Fahrzeug befand sich sozusagen im Rentenalter und ich überlegte mir, welches Auto ich denn nun kaufen sollte. Im Dezember war es endlich so weit, meine Entscheidung stand fest, daher ging ich mit konkreter Kaufabsicht zu einem Autohaus. Im Lauf des Gespräches sagte mir der Verkäufer klipp und klar, er habe seine Ziele bereits im Oktober erfüllt. Für ihn bestand also überhaupt kein Verkaufsdruck, und so hielt sich sein Interesse, mir irgendwelche Zugeständnisse zu machen, sehr in Grenzen. Ich ging wieder nach Hause, verlängerte die Lebenszeit meines in die Jahre gekommenen Autos und verschob den Autokauf auf den Januar. Der Verkaufsdruck des Verkäufers stieg zwischenzeitlich auf ein für mich attraktives Niveau an und wir erzielten einen für beide Seiten zufriedenstellenden Abschluss.

Damit möchte ich Ihnen vermitteln, dass es durchaus vorkommen kann, dass ein Verhandlungspartner die Verhandlung in die Länge zieht, sofern es sich für ihn in irgendeiner Weise lohnt.

Wie Sie an diesen letzten Beispielen erkennen können, sollten Sie sich vor Verhandlungsbeginn grundsätzlich Informationen über das andere Unternehmen einholen. Das geht los mit einem ganz normalen Handelsregisterauszug. Darin wird beispielsweise vermerkt, ob Ihr Verhandlungspartner überhaupt vertretungsberechtigt ist. Handelt es sich bei ihm also um den Geschäftsführer oder zumindest um einen Prokuristen? Sollte dies nicht der Fall sein, lassen Sie sich seine (Handlungs-)Vollmacht zeigen. Besitzt er auch diese nicht, wissen Sie sofort, dass diese Person über keine Entscheidungsgewalt verfügt und sämtliche Gesprächsergebnisse intern zusätzlich abzusegnen sind.

Sie sollten auch zusätzliche Recherchen über das Unternehmen durchführen, mit dem Sie sich in Vertragsverhandlungen befinden. Über das

Internet lässt sich so etwas heutzutage ausgesprochen leicht anstellen, es ist also kein Hexenwerk.

Ich vertrat vor einigen Jahren ein mittelgroßes Bankhaus und wir befanden uns in Verhandlung mit einem Unternehmen, das eine neue Finanzierungsrunde brauchte.

Im Zuge meiner Recherchen stellte ich fest, dass dieses Unternehmen ein paar Monate zuvor Besuch vom Staatsanwalt erhalten hatte. Da gab es also in irgendeiner Form Redebedarf zwischen diesem Unternehmen und dem deutschen Staat. Auf der einen Seite wurde mir dadurch sehr schnell klar, weshalb diese Gesellschaft weiteres Geld benötigte, andererseits versucht ein Darlehensgeber immer, sein Risiko bestmöglich zu minimieren. Mit anderen Worten: Für eine Bank macht es nur dann Sinn, Geld zu verleihen, wenn sie von einer ausgesprochen hohen Wahrscheinlichkeit ausgehen kann, dieses wieder zurückzubekommen. In diesem Fall wurde dabei die Luft ziemlich dünn, und das wirkte sich auch auf die anschließenden Verhandlungen aus, in denen die Frage nach den Sicherheiten plötzlich eine besondere Bedeutung bekam.

Selbst nach Vertragsabschluss empfehle ich, den Vertragspartner nicht aus den Augen zu verlieren, vor allem, wenn es sich um eine Partnerschaft handelt, von der Ihr unternehmerisches Wohlbefinden abhängt.

Wie führen Sie diese Recherchen durch? Am einfachsten finden Sie Informationen über andere Unternehmen im Internet unter handelsregister.de oder bei unternehmensregister.de. Gegen eine geringe Gebühr erhalten Sie hier entsprechende Auskünfte. Auskunfteien wie Schufa, Creditreform und weitere Anbieter liefern gewisse Ansätze zur Bonität eines Unternehmens. Bedenken Sie jedoch, die Informationen, die Sie beispielsweise von der Schufa bekommen, gestatten immer nur einen Blick in die Vergangenheit dieses Unternehmens. Auch der Jahresabschluss zeigt lediglich stichtagsbezogen, wie das Unternehmen im letzten Geschäftsjahr gewirtschaftet hat. Die wirtschaftliche Situation kann sich innerhalb weniger Monate drastisch verändern, also stellen diese Informationen niemals eine hundertprozentige Sicherheit dar, jedoch erhalten Sie auf diese Weise ein Gesamtbild, und so können Sie sehr wohl eine Entscheidung treffen, ob es sich lohnt, mit diesem Unternehmen künftig zusammenzuarbeiten.

Sehen Sie genau hin: Mit welchem Vertragspartner schließen Sie den Vertrag ab?

Es stellt sich auch die Frage, mit wem Sie überhaupt einen Vertrag abschließen. Nehmen wir an, Sie verhandeln mit dem Unternehmen »Meyer und Söhne« mit Sitz in Hamburg, und am Ende bekommen Sie einen Vertrag der chinesischen Muttergesellschaft vorgelegt. Jetzt könnte man sagen: »Das ist erst einmal egal, denn die Unterschrift leistet sowieso der Herr Meyer. Persönlich.«

Das mag vollkommen korrekt sein, keine Frage, doch selbst wenn Herr Meyer eine Unterschriftsbefugnis besitzt, sollten Sie unbedingt prüfen, in welcher Funktion Herr Meyer unterzeichnet und wo Ihr Vertragspartner sitzt, für den Herr Meyer unterzeichnet. Befindet sich dieser plötzlich nicht mehr in Hamburg, sondern irgendwo in China, wird es für Sie beliebig kompliziert, wenn Sie in die Situation kommen, dass Sie diesen verklagen müssen. Beispielsweise weil Sie dem Unternehmen Ware geliefert haben und es einfach nicht zahlt. Herr Meyer wird dann wahrscheinlich sagen, dass es ihm unendlich leidtue und er auch schon ein ganz schlechtes Gewissen habe, aber die Zahlungen führe die chinesische Muttergesellschaft durch, mit der Sie ja den Vertrag geschlossen haben. Dummerweise sieht dort der Fünfjahresplan vor, dass Sie erst einmal kein Geld sehen werden. Erwähnte ich bereits, dass es mit solchen Konstellationen schnell mal beliebig kompliziert werden kann? Vor allem dann, wenn sich auch noch der Gerichtsstand in einer Stadt in China befindet, dessen Namen Sie nicht einmal aussprechen können, geschweige denn auf der Landkarte finden. Jetzt nehmen wir mal an, der Gerichtsstand – den wir später noch ausführlicher behandeln werden – befindet sich sogar hier in Deutschland, und zwar praktischerweise in Hamburg. Gehen wir weiterhin davon aus, dass außerdem nach deutschem Recht verhandelt wird. Ganz egal, wo sich der Gerichtsstand befindet, der Vertragspartner muss erst einmal vor Gericht erscheinen. Erscheint er nicht, gibt es ein Versäumnisurteil. Falls der Gegner dann auch noch auf einen Einspruch verzichtet, haben Sie auf diese Weise die Klage gewonnen, und dazu gratuliere ich Ihnen. Damit Sie jedoch Ihre Forderungen eintreiben können, sprich: damit Sie an Ihr Geld kommen, muss das Gerichtsurteil auch vollstreckt werden, und das geht nur beim Schuldner persönlich. Bei der chinesischen Muttergesellschaft mit Sitz irgendwo in China müssen Sie also jetzt – mal ganz vereinfacht ausgedrückt – einen chinesischen Gerichtsvollzieher finden und ihn für die Durchsetzung Ihrer Forderung begeistern, damit er dieses Gerichtsurteil vollstreckt. Dazu sollten Sie am besten sich und den Anwalt Ihres Vertrauens in den Flieger packen und ins Reich der Mitte reisen, damit Sie das örtliche Gericht von Ihrer Mission überzeugen können. Wie so etwas letztlich ausgehen wird, können Sie sich vermutlich selbst ausmalen. Das Geld ist mit extrem hoher Wahrscheinlichkeit weg. Nur am Rande: Es existiert auch noch eine weitere Möglichkeit, um – in diesem Beispiel – an das Geld zu kommen, doch diese gestaltet sich um einen Hauch komplexer: Alternativ zur Reise nach China könnten Sie in die Anteile vollstrecken, die von der chinesischen Muttergesellschaft am deutschen Tochterunternehmen gehalten werden. Natürlich klappt das nur, sofern es sich dabei auch tatsächlich um ein Tochterunternehmen handelt. Eine Sicherheit über diese Vollstreckung in die Anteile ist jedoch strukturell nachrangig. Das heißt, dass diese Möglichkeit zur Vollstreckung ins Wasser fällt, falls die eigentlichen Vermögenswerte, die sozusagen hinter den Anteilen stecken, bereits an andere zur Sicherheit gegeben wurden. Beispielsweise wenn das Anlage- oder Umlaufvermögen, Forderungen gegen Kunden und sämtliche Bankguthaben schon zur Sicherstellung für eine Finanzierung eingesetzt wurden. Dann besteht diese Tochtergesellschaft lediglich aus einer »Hülle«, und diese ist in der Regel wertlos. So etwas kommt auch vor.

Vertragsjuristen sagen immer: »Jeder trägt selbst das Insolvenzrisiko seines Partners«, und spätestens an dieser Stelle wird klar, wie unendlich wichtig es ist, sich über das Unternehmen und die Verhandlungspartner zu informieren, mit denen man später einmal zusammenarbeiten möchte.

Wir Deutschen besitzen ja eine Vollkasko-Mentalität. Das bedeutet, wir versuchen immer, uns gegen alles abzusichern. Leider funktioniert das im Vertragswesen so nicht immer.

Einer meiner Mandanten beauftragte mich, in einer insolvenznahen Situation einen Mietvertrag abzuwickeln. Dieses Unternehmen unterhielt mehrere Standorte in Deutschland und schloss dafür in der Vergangenheit langfristige Mietverträge ab. Jetzt starb dieses Unternehmen jedoch – wirtschaftlich betrachtet –, und da nützt es leider wenig, als Vermieter mit dem langfristigen Mietvertrag zu wedeln. Trotzdem jammerten einige von ihnen lauthals, da ihr prächtiges Objekt nun leer stand. An dieser Stelle höre ich dann immer wieder den Ruf nach dem Gesetzgeber, der uns vor solchen Situationen schützen müsse.

Das stimmt sicherlich, und über besondere Härtefälle kann auch regierungsseitig diskutiert werden.

Letztlich suchen wir uns jedoch unseren Vertragspartner selbst aus. Wenn etwas schiefläuft, ist das natürlich schlimm, doch andererseits hat uns ja auch niemand gezwungen, mit diesem Unternehmen einen Vertrag abzuschließen. Manchmal – wie in diesem Fall – genügt es bereits, die Tageszeitung aufzuschlagen, um zu erkennen, dass eines meiner vermieteten Objekte möglicherweise bald leer stehen könnte. Leider sind viele Unternehmer viel zu vertrauensselig, verzichten auf Recherchen und fallen dann aus allen Wolken, wenn etwas schiefläuft.

Viele lassen sich durch Äußerlichkeiten blenden. Doch selbst wenn der Verhandlungspartner mit dem großen Auto auftaucht, der Anzug perfekt sitzt und die Webseite seines Unternehmens hochwertig wirkt, bedeutet das noch überhaupt nichts.

Verfügt das Unternehmen über Erfahrung in diesem Bereich? Kann es mir überhaupt die 10 000 Teile pro Monat liefern, die ich benötige?

Sehen Sie sich das Unternehmen auch mal persönlich an. Passt das alles zusammen? Bei einem »internationalen Marktführer«, der sein Büro im Keller des elterlichen Einfamilienhauses betreibt, wäre ich schon mal tendenziell vorsichtiger. Wie sieht die Produktionsstätte aus? Es muss sich ja nicht um eine hypermoderne Anlage handeln, die mit Alien-Technologie arbeitet, aber wenn die Bude beinahe auseinanderfällt, weil sie in etwa zur gleichen Zeit erbaut wurde wie Stonehenge und seitdem noch nie renoviert wurde, könnte so etwas durchaus Misstrauen erwecken. Recherchieren Sie im Internet, ob Presseberichte über Ihren Verhandlungspartner existieren, und wenn ja, was schreiben die Zeitungen – zumeist regionale Blätter – über ihn? Je mehr Informationen Sie besitzen, umso besser fühlt sich der Vertragsabschluss an, glauben Sie mir.

Ich kann Ihnen nur dringend empfehlen, bereits in einer frühen Verhandlungsphase Kompetenz, Erfahrung, Lieferfähigkeit, eben jene Qualitäten, die für die künftige Zusammenarbeit von hoher Bedeutung sind, kritisch zu hinterfragen.

Um ein Gefühl für Ihren potenziellen Vertragspartner zu entwickeln, stellen Sie einfach folgende Fragen:

»Kann ich mir die Kapazitäten mal ansehen? Am besten vereinbaren wir einen Termin und treffen uns bei Ihrem Lager.«

»Mit wem haben Sie denn bereits in vergleichbarer Weise zusammengearbeitet? Mit welchem Ansprechpartner in diesem Unternehmen könnte ich mich denn mal austauschen?«

Die Antworten auf diese Fragen zeigen, welches Potenzial tatsächlich in Ihrem Verhandlungspartner steckt.

Hier habe ich schon die abenteuerlichsten Geschichten erlebt, und möglicherweise kennen Sie bereits die Erzählung vom Manager im Armani-Anzug. Dieser trat nach außen hin smart, eloquent und stets gut gekleidet auf, lebte jedoch in seinem Auto, da er sich keine Wohnung leisten konnte. So extrem muss es nicht sein, doch das »weltweit agierende Unternehmen«, das letztlich nur aus einer Webseite und Visitenkarten besteht, erlebe ich häufiger, als mir lieb ist.

Mit welcher Vorbereitung sollten Sie in die Vertragsverhandlungen einsteigen?

Wenn der Vertrag erst einmal unterschrieben ist, also die Tinte getrocknet ist, kostet jede Vertragsänderung Geld, da jedes weitere Zugeständnis immer mit Forderungen von der Gegenseite verbunden ist. Niemand wird eine Vereinbarung einfach nur so ändern.

Nach der Unterschrift kommen Sie nicht mehr so leicht aus dem Vertrag heraus. Selbst wenn sich anschließend herausstellt, dass das »großzügige Warenlager« aus einer Ecke in Omas Bügelzimmer besteht, können Sie nicht so ohne Weiteres Vertragsbrüchigkeit geltend machen.

Angenommen, Ihr angehender Vertragspartner erfüllt alle für Sie wichtigen Kriterien. Dann steht einer ersten Verhandlungsrunde im Prinzip nichts im Wege. Idealerweise bringen Sie in dieses erste Treffen bereits einen groben Entwurf mit, in dem Sie Ihre Erwartungen für die künftige Zusammenarbeit formuliert haben.

Am besten ist es, Sie nehmen dafür ein leeres Blatt Papier zur Hand und formulieren darauf alle für Sie wirtschaftlich bedeutungsvollen Themen. Sie notieren also, welche Ziele Sie mit diesem Vertrag erreichen wollen. Dabei kann es sich um eine bestimmte Preisspanne handeln, spezielle Lieferbedingungen oder andere Punkte, die Ihnen wichtig sind. Auf diese Weise wissen Sie auch gleich, wo Ihre persönlichen Grenzen liegen, also unter welchen Bedingungen es beispielsweise keinen Sinn mehr macht, die Vertragsverhandlungen weiterzuführen.

Anschließend notieren Sie sich, welche Haftung Sie von Ihrem Vertragspartner erwarten und welche Sie bereit sind zu übernehmen. Definieren Sie dann Leistungsort, Leistungszeit und Leistungszeitraum.

Falls Warenlieferungen zum Vertragsgegenstand gehören, sollten Sie außerdem notieren, wer das Transportrisiko trägt. Wie geht man bei Schadensfällen vor? Auch das gilt es abzuwägen und im Entwurf festzuhalten, bevor Sie in die Verhandlung einsteigen.

Überlegen Sie sich, welches Szenario realistisch betrachtet eintreten könnte. Hier macht es Sinn, sich einen Moment lang zu überlegen, wie die künftige Zusammenarbeit konkret ablaufen wird. Sämtliche eventuell strittigen Punkte sollten auf Ihrem Blatt Papier erfasst werden. Mit diesem Thema beschäftigen wir uns übrigens ausführlicher in Kapitel 7 (Die wichtigsten Bestandteile eines Vertrages).

Wer soll mit in die Verhandlungen?

Der nächste wichtige Punkt betrifft die Überlegung, wen Sie in die Verhandlung schicken. Idealerweise befinden sich beide Verhandlungspartner auf Augenhöhe, daher macht es durchaus Sinn, die Gegenseite vorab zu fragen, wer an den Verhandlungen teilnimmt und wie viele Personen es sein werden.

Aber auch die persönlichen Eigenschaften sollten nicht unterschätzt werden. Versuchen Sie, Ihren Verhandlungspartner bereits im Vorfeld kennenzulernen. Handelt es sich bei ihm um eine impulsive oder um eine ruhige Persönlichkeit? So etwas lässt sich in einem Telefongespräch durchaus herausfinden. Wie sind Sie selbst gestrickt? Sollte Ihr Temperament zu sehr von dem ihres Gegenübers abweichen, empfehle ich Ihnen, eine zusätzliche Person mit den passenden Eigenschaften mitzunehmen.

So kann die Frage nach dem Geschlecht alles andere als trivial sein. Ich habe erlebt, dass ein Unternehmen vier Männer ins Gespräch schickte, und auf der Gegenseite saß dann eine Frau. Auch in diesem Fall wird es für beide Seiten schwer werden, Verhandlungserfolge zu erzielen. Das kann natürlich klappen, doch bleibt in solchen Fällen immer ein Restrisiko, da sich Verhandlungen durch eine geschlechterbedingt unterschiedliche Herangehensweise unter Umständen in die Länge ziehen können.

Stellen Sie daher Ihrem Verhandlungspartner durchaus die Frage, wer überhaupt zur geplanten Verhandlung kommt, also physisch anwesend sein wird.

Die Entscheidung, wen Sie in eine Vertragsverhandlung schicken, hängt natürlich davon ab, ob Sie mit Ihrem Unternehmen überhaupt in der Lage sind, eine andere Person in dieses Gespräch zu entsenden. Als Solo-Unternehmer wird Ihnen diese Manpower schlicht fehlen. Sollten Sie jedoch feststellen, dass Ihre Persönlichkeit nicht zum Verhandlungspartner passt, dann nehmen Sie eine Person Ihres Vertrauens mit, die einen ausgleichenden Part einnimmt. Notfalls jemanden aus Ihrer Familie oder Ihrem Freundeskreis. Aus vielen Verhandlungen kann ich Ihnen nur zu dieser Vorgehensweise raten. Glauben Sie mir, am Ende kommt mit Sicherheit ein weitaus besseres Ergebnis für beide Seiten heraus.

Aber auch die Frage, welche Abteilung auf der Gegenseite die Verhandlung führt, kann ein wichtiger Punkt sein. Der Vertrieb, die technische Abteilung oder ist es sogar die Rechtsabteilung, die in den meisten Fällen noch weiter weg vom Kunden sitzt und gewisse gelebte Gepflogenheiten gar nicht kennt?

Vorbereitung ist alles

Zum Abschluss dieses Kapitels rate ich Ihnen dringend, niemals unvorbereitet in eine Vertragsverhandlung zu gehen, ganz nach dem Motto »Ich lasse mich mal überraschen, was sich der andere so überlegt hat«.

Auch das habe ich schon unzählige Male erlebt. Da kam beispielsweise einmal ein Geschäftsführer in die Verhandlung, natürlich eine halbe Stunde zu spät, und ließ sogleich alle Beteiligten wissen, dass »wir auf die Tube drücken sollten«. Als die ersten Vertragspunkte auf den Tisch kamen, fragte er schließlich, worum es denn heute überhaupt gehe.

Neben der Respektlosigkeit, die ein solches Verhalten zeigt, begibt man sich damit sehr schnell in eine nachteilige Verhandlungsposition.

Prägen Sie sich am besten diesen Grundsatz ein:

Je schlechter Ihre Vorbereitung vor Verhandlungsbeginn ist, umso teurer wird das Ergebnis für Sie ausfallen.

Wenn Sie beispielsweise in ein Autohaus gehen und sagen: »Ich hätte gerne ein Auto«, wird der Verkäufer versuchen, Ihnen das teuerste Fahrzeug zu verkaufen. Am Ende kommen Sie immer mit einer höheren Investition heraus, als Sie zu Beginn geplant hatten.

Erinnern Sie sich noch an das Blatt Papier? Jenes, auf dem sich Ihre wirtschaftlich wichtigsten Punkte befinden? Dieses Blatt kleben Sie sich am besten auf die linke Seite im Aktenordner, in dem sich auch der Vertragsentwurf befindet. So können Sie jederzeit einen Blick darauf werfen.

Auf diese Weise sind Sie bereits ausreichend vorbereitet, und vor allem übersehen Sie dadurch nicht jene Themen, die Ihnen besonders wichtig sind.

Checkliste: Grundlegende Vorbereitungen

- ☐ Welchen Zweck soll der auszuhandelnde Vertrag erfüllen? Soll er als neues Standardwerk verfasst werden oder soll er nur einmalige Verwendung finden?
- ☐ Falls es sich um einen Standardvertrag handelt: Soll dieser von den (Vertriebs-)Mitarbeitern ohne juristische Endkontrolle nutzbar sein und ist er damit auch für den juristischen Laien verständlich? Kann er von diesem korrekt ausgefüllt werden?
- ☐ Haben Sie über Ihren Vertragspartner ausreichend Informationen eingeholt (Sitz, wirtschaftliche Situation, Abschlussdruck, besondere Situation der verhandelnden Personen etc.)?
- ☐ Ist der Vertragspartner in der Lage, die von Ihnen geforderten Bedingungen zu erfüllen? Besitzt er ausreichende Erfahrung und Kapazitäten?
- ☐ Welche Seite entwirft den Vertrag?
- ☐ In welcher Sprache soll der Vertrag verfasst werden?
- ☐ Kommt eine Zweisprachigkeit des Vertrages in Betracht?

- ☐ Falls Sie einen Mustervertrag verwenden: Wurde dieser auf Ihre Bedürfnisse zugeschnitten und wurde er von einer Ihrem Unternehmen nahestehenden Institution entworfen?
- ☐ Mit wem verhandeln Sie auf der Gegenseite? Verfügt diese Person über die nötige Verhandlungs- und Abschlusskompetenz?
- ☐ Wer verhandelt auf Ihrer Seite? Passt er/sie zum Team des Vertragspartners?
- ☐ Können die anstehenden Verhandlungen auf Augenhöhe in der vereinbarten Fremdsprache stattfinden? Wer sollte eventuell aus Ihrem Unternehmen hinzugezogen werden?
- ☐ Wurden die mit dem Vertrag zu erreichenden Ziele definiert?
- ☐ Haben Sie Ihre persönlichen Grenzen für die Verhandlung definiert und schriftlich fixiert?
- ☐ Wurden die entsprechenden Fachabteilungen rechtzeitig einbezogen?
- ☐ Können die vereinbarten Klauseln tatsächlich und technisch im laufenden Geschäftsbetrieb erfüllt werden?
- ☐ Haben Sie sichergestellt, dass im Vertrag alles geregelt wird, was Sie geregelt haben wollen?
- ☐ Wird im Vertrag alles so geregelt, wie Sie es geregelt haben wollen, und falls nicht, sind Sie mit den Änderungen einverstanden oder entfernen Sie sich zu weit von dem ursprünglich Gewollten?

- ☐ Ist die Kostenkalkulation realistisch und ist ein Worst-Case-Szenario vorgesehen?
- ☐ Ist der Zeitraum bis zum Abschluss des Vertrages definiert und so festgelegt, dass er auch realisierbar ist?
- ☐ Ist die Unterzeichnung des Vertrages am geplanten Tag sichergestellt (gegebenenfalls durch einen Vertreter)?
- ☐ Welche Person auf der Gegenseite wird am Ende den Vertrag unterzeichnen?
- ☐ Ist die technische Infrastruktur am Tag der geplanten Unterzeichnung ausreichend?

Kapitel 2 – Der Anwalt, das unbekannte Wesen

Hollywood-Filme wie »Staatsanwälte küsst man nicht« aus dem Jahr 1986 mit Robert Redford in der Hauptrolle und »Im Auftrag des Teufels« (1997) mit Keanu Reeves als skrupellosem Anwalt, der niemand Geringeren als den Teufel höchstpersönlich zu seinen Mandanten zählt, sorgten in etwa für vergleichbare Beliebtheitswerte bei Juristen wie der Film »Der weiße Hai« beim gleichnamigen Meerestier. Laut einer Studie aus dem Jahr 2014 empfinden nur noch 27 Prozent der heimischen Bevölkerung großes Vertrauen in diese Berufsgruppe, während es Ende der 1990er noch 37 Prozent waren. Das zumindest wurde in einem Artikel auf audimax.de festgestellt, einer Stellenbörse speziell für Akademiker.[1]

Tatsächlich befindet sich der Beruf eines Anwaltes weit von der Welt entfernt, die uns Hollywood, aber auch TV-Sendungen wie »Richterin Barbara Salesch« oder »Edel und Starck« weismachen wollen. Vielmehr verbringt der Rechtsanwalt seine Arbeitszeit vor allem in seiner Kanzlei oder im Büro eines Mandanten und wühlt sich durch das schier undurchdringliche Dickicht an Gesetzestexten. Immer mit dem Ziel, seine Mandanten bestmöglich zu beraten und nach außen zu vertreten.

Nach diesem flammenden Plädoyer für meinen Berufsstand versuche ich in diesem Kapitel, Ihnen einige Empfehlungen mitzugeben, unter welchen Voraussetzungen sich die Beauftragung eines Anwaltes lohnt und wie Sie mit einem Rechtsbeistand am besten zusammenarbeiten sollten.

Gut zu wissen: Brauche ich überhaupt einen Anwalt?

Diese Frage lässt sich sehr schwer pauschal beantworten. Dahinter verbirgt sich wohl eher die Überlegung, wie man dessen Rolle betrachtet.

Beispielsweise engagieren viele Unternehmen einen Anwalt, damit dieser durch seine Teilnahme an den Verhandlungen seinem Mandanten die nötige Sicherheit gibt. Etwa indem er an den entsprechenden Stellen wohlwollend nickt oder einen kritischen Blick aufsetzt. In diesem Fall erfüllt der Rechtsanwalt mehr einen symbolischen oder psychologischen Auftrag, denn häufig sind diese Auftraggeber an einer Änderung im Vertrag überhaupt nicht mehr interessiert. Oder gilt es, konkrete Fragen zum Vertragsentwurf zu beantworten?

Egal, für welche Zwecke ein Anwalt im Rahmen der Vertragsverhandlung oder bei der Formulierung eines Vertragswerkes beauftragt wird: Er sollte möglichst von Anfang an dabei sein.

Häufig werden Rechtsanwälte erst ganz zum Schluss hinzugezogen, also kurz vor der finalen Unterschrift. Die Aufgabenstellung lautet in diesen Fällen immer, »einen letzten Blick auf das Vertragswerk zu werfen«. Hier spielt somit der fromme Wunsch des Mandanten eine Rolle, dass dieser Vertrag vom Anwalt nur noch abgesegnet wird. Auf diese Weise hofft das Unternehmen, einiges an Kosten zu sparen. Meist erfüllt sich dieser Wunsch aber nicht, da jeder Anwalt selbst in dieser fortgeschrittenen Phase normalerweise eine ganze Menge an Punkten findet, die dringend abgeändert werden müssen. Die Mandanten fallen dann für gewöhnlich aus allen Wolken, da sie ein beinahe päpstliches Absegnen ihres Vertragswerks erwartet hatten und dann doch ein Schriftstück retour erhalten, das in etwa so viele Anmerkungen enthält wie eine mittelmäßig gelungene Schularbeit.

Der Trick, einen Anwalt erst am Ende der Vertragsgestaltung hinzuzuziehen, um Kosten zu sparen, funktioniert also in den meisten Fällen nicht. Vor allem bei komplexeren Verträgen kommt es günstiger, einen Rechtsanwalt gleich von Anfang an in die Verhandlungen zu involvieren.

Ein Anwalt ist schließlich kein Jasager, das ist nicht sein Job.

Den passenden Anwalt finden und Gebühren verhandeln

Die Wahl des richtigen Anwaltes entscheidet mitunter über Erfolg oder Misserfolg Ihres Vertrages. Es versteht sich von selbst, dass Sie niemals (ebenso wenig wie ich) aufgrund der Internetpräsenz automatisch auf die fachliche Qualifikation eines Rechtsanwaltes und dessen juristische Fähigkeiten schließen können. Nach einem ersten Gespräch sieht die Sache bereits wieder anders aus, daher sollten Sie diese Möglichkeit durchaus nutzen, sobald Sie einen Anwalt in Ihre engere Wahl gezogen haben. Außerdem können Empfehlungen, die Sie von Freunden oder von Branchenkollegen erhalten, doch einen gewissen Gradmesser darstellen. Es sei denn, Ihre Freunde erlauben sich einen Scherz mit Ihnen und schicken Sie zur denkbar schlechtesten Wahl, die sich in Ihrem Umkreis anwaltlich niedergelassen hat. In diesem Fall sollten Sie vielleicht die Auswahl Ihres Freundeskreises überdenken. Aber Spaß beiseite – es gibt sehr wohl einige Dinge, die Sie bei der Wahl des richtigen Anwaltes beachten sollten.

Der wichtigste Punkt besteht in der Branchenexpertise des Anwaltes, passend zum Marktumfeld, in dem Sie sich mit Ihrem Unternehmen bewegen. Mit anderen Worten: Konsultieren Sie nur jemanden, der sich auch tatsächlich mit Ihrem Thema beschäftigt.

Vermeiden Sie es, zum »Fachanwalt für Recht« zu gehen, denn dieser hat zwar von sämtlichen Bereichen eine allgemeine Kenntnis, jedoch niemals so detailliert, wie Sie es möglicherweise brauchen. Diese Kategorie von Anwaltskanzleien kann mit dem »Facharzt für Allgemeinmedizin« verglichen werden, also Ihrem Hausarzt, und den konsultieren Sie auch nicht, wenn Sie ein eitriger Backenzahn quält.

Suchen Sie daher besser einen passenden (Fach-)Anwalt auf, und dabei gilt die Grundregel: Je spezifischer Ihr Problem ist, umso spezialisierter sollte Ihr Anwalt sein.

Selbstverständlich positionieren sich große Kanzleien – mit vielleicht zehn und mehr Anwälten – in verschiedenen Bereichen, damit sie insgesamt ein möglichst umfangreiches Themenfeld abdecken. Auf diese Weise sprechen sie eine große Zielgruppe an. Falls Sie auf eine derartige Kanzlei in Ihrer Nähe stoßen, dann informieren Sie sich unbedingt vorneweg, ob es dort einen Anwalt gibt, der zu Ihrem aktuellen juristischen Problem passt und womit dieser sich beschäftigt.

Widmet er sich ausschließlich der Vertragsgestaltung und vielleicht maximal einem weiteren Bereich, der thematisch zum Vertragsrecht passt, befinden Sie sich grundsätzlich auf der richtigen Fährte.

Entwickeln Sie ein gewisses Misstrauen, sollte sich dieser Anwalt neben dem Vertragsrecht noch zusätzlich als Profi in den Bereichen Verkehrsrecht sowie Scheidungsrecht präsentieren. Sollte es sich bei ihm außerdem um einen internationalen juristischen Experten in atomaren Abrüstungsfragen handeln, empfehle ich Ihnen, schnellstmöglich das Weite zu suchen. Sie verstehen, was ich meine?

Wissen Sie, die juristischen Herausforderungen für uns Anwälte sind in den letzten Jahrzehnten so dermaßen komplex geworden, dass man sich auf ein Fachgebiet spezialisieren *musste*. Zumindest, wenn man seinen Mandanten mit der nötigen vertieften Kenntnis eines Themas beraten möchte.

Wenn Sie einen passenden Rechtsanwalt ausfindig gemacht haben, empfehle ich Ihnen im nächsten Schritt, seine Referenzen zu prüfen. Entweder finden Sie diese bereits auf der Webseite seiner Kanzlei oder, falls nicht, hinterfragen Sie diese im kostenlosen Erstgespräch. Nehmen wir an, der Anwalt beschäftigt sich zwar ausschließlich mit Verträgen – vielleicht sogar passend zu Ihrer Branche, etwa dem Internetmarketing. Dann kann es trotzdem noch schwierig werden, wenn zu dessen Kunden hauptsächlich Konzerne wie Google, Microsoft und Facebook zählen. Hier entsteht aus meiner Sicht zwar kein Ausschlusskriterium für eine künftige Zusammenarbeit, jedoch sollten Sie versuchen herauszufinden, inwieweit er in der Lage ist, sich in Ihre Situation hineinzudenken.

Zu guter Letzt sollten Sie auch menschlich miteinander klarkommen. Darunter verstehe ich, falls Ihnen dieser Anwalt schon im ersten Gespräch so richtig unsympathisch ist, kann er fachlich zwar der beste sein, den Sie je finden können. Sie werden aber trotzdem nie ein gutes Team sein. Zwischen Anwalt und Mandant muss ein Vertrauensverhältnis bestehen, und dieses bedingt im ersten Schritt immer gegenseitige Sympathie. Aus meiner Erfahrung kann ich Ihnen nur dringend raten, diesen Faktor nicht zu unterschätzen.

Und wenn am Ende die Verhandlung auch noch in englischer Sprache geführt werden soll, fragen (und prüfen) Sie bitte die Sprachkenntnisse des Anwalts ab. Sicherlich eine der unangenehmeren Fragen, aber auch hier habe ich schon wirklich erschreckende Auftritte erlebt.

Angenommen, Sie haben den passenden Rechtsbeistand gefunden, dann empfehle ich Ihnen, so bald wie möglich seine Honorarvorstellungen zu hinterfragen und gegebenenfalls mit ihm zu verhandeln.

Letztlich sind Anwälte auch nur Unternehmer, die sich im Wettbewerb mit ihren Kollegen befinden. Es besteht also ein gewisser Marktdruck, den Sie nutzen können. Nach meiner Erfahrung bewährt sich in den meisten Fällen eine fixe Gebühr. Das bedeutet, Sie vereinbaren einen festgelegten Betrag für die Erbringung einer Leistung, beispielsweise die Formulierung eines Vertrages. Auch bei Rechtsstreitigkeiten lässt sich so eine Vereinbarung anwenden, jedoch nur, solange es nicht vor Gericht geht. Dann wird Ihr Anwalt sein Honorar neu mit Ihnen verhandeln, da ab diesem Moment ein anderer Aufwand betrieben werden muss. Vor Gericht gilt grundsätzlich eine Gebührenordnung, die sich wiederum nach der Höhe des Streitwertes regelt. Diese Gebühren muss die im Prozess unterlegene Partei auch bezahlen, also für den eigenen Anwalt ebenso wie für den gegnerischen Rechtsanwalt. Sollte Ihr Rechtsbeistand über diese Gebühren seinen normalerweise kalkulierten Stundensatz nicht erreichen –, weil der Streitwert dafür zu gering ist – wird er versuchen, diese Differenz bei Ihnen herauszuholen. Das bedeutet gleichzeitig: Sie bezahlen diesen Betrag selbst dann, wenn Sie das Verfahren gewonnen haben. Dieser »Aufschlag« auf die Gebühren der Gebührenordnung sind somit Ihr Privatvergnügen, das Sie nicht auf die gegnerische Partei abwälzen können. In solchen Fällen kommt es schon mal zu Summen in der Höhe von einigen Tausend Euro, vor allem, wenn sich ein Gerichtsverfahren in die Länge zieht. Auch das sollten Sie bedenken.

Alternativ besteht die Möglichkeit, eine entsprechende Honorarnote für einzelne Leistungen zu verhandeln. Hier haben Sie grundsätzlich viele Freiheiten in der Gestaltung des Honorars, und jede vernünftige Lösung ist denkbar, natürlich sofern Sie sich einigen.

Im Falle von umfangreicheren Themen könnte eine gemeinsame Budgetplanung höchst sinnvoll werden. Der Anwalt weiß somit, wie weit er gehen kann, und er informiert Sie rechtzeitig, wenn – angenommen – 80 Prozent dieses Budgets verbraucht wurden. Auch diese Form der Zusammenarbeit entspricht durchaus der gängigen Praxis. Sie sollten jedoch darauf achten, welche Leistungen sich in diesem Budget befinden. Mit welchen Annahmen haben Sie diese Kalkulation verhandelt oder besser gesagt: Auf welcher Grundlage haben Sie Ihre Berechnung angestellt? Beinhaltet das Budget lediglich den außergerichtlichen Teil oder soll diese Summe auch ein mögliches Gerichtsverfahren abdecken? Je ausführlicher Sie diese Punkte mit Ihrem Anwalt im Vorfeld besprechen, umso weniger Überraschungen erleben Sie an späterer Stelle.

In jedem Fall sollten Sie ihn zumindest danach fragen, mit welchen Kosten Sie voraussichtlich rechnen können. Auf diese Weise bleiben Ihnen die bereits vorhin zitierten unliebsamen Überraschungen erspart und Sie vermeiden den sicheren Herzanfall, wenn die erste Rechnung kommt.

Sie dürfen also keine falsche Scheu besitzen, die finanziellen Rahmenbedingungen ihrer Zusammenarbeit zu hinterfragen und diese gegebenenfalls zu verhandeln. So etwas ist vollkommen normal, und schließlich haben Sie auch kein Geld zu verschenken, nicht wahr?

Warum werden Anwälte so selten nach ihren Honorarsätzen gefragt?

Nehmen wir an, Sie planen, einen Rechtsanwalt mit der Formulierung eines Vertrages zu beauftragen. Fragen Sie zu Beginn nach seinem Honorar?

Interessanterweise wird mir diese Frage relativ selten gestellt, und es verwundert mich immer wieder aufs Neue. Wenn Sie sich beispielsweise dafür entscheiden, Ihr Badezimmer umbauen zu lassen, dann kontaktieren Sie zuerst einmal einen passenden Handwerker. Nachdem dieser Ihr Bad besichtigt hat, schätzt er den voraussichtlichen Aufwand ab. Normalerweise fragen Sie spätestens an dieser Stelle, was denn der Spaß kosten wird. Uns Anwälten wird diese Frage fast nie gestellt. Seltsamerweise. Ich kann Sie übrigens beruhigen: Es existiert kein Gesetz, wonach die Frage an einen Anwalt nach dessen mutmaßlichen Aufwendungen für einen Vertragsentwurf verboten wäre. Kein Jurist wird Sie deswegen verklagen, Ehrenwort. Möglicherweise schwirrt vielen Menschen die irrige Annahme im Kopf herum, dass

Anwälte – ähnlich, wie es bei Notaren der Fall ist – fix definierte Sätze haben, doch das ist – außerhalb von Prozessen – nicht der Fall.

Natürlich richten sich sämtliche Anwaltskosten danach, wie umfangreich der Vertrag werden soll. Aus nachvollziehbaren Gründen fällt für einen zehnseitigen Vertrag ein geringeres Honorar an als bei einem epischen Werk mit einem Umfang von 100 Seiten. Außerdem macht es in der Kalkulation einen großen Unterschied, ob Ihr Anwalt den Vertrag entwerfen soll oder ob sich die Gegenseite darum kümmert und Ihr Anwalt ihn lediglich überprüft und kommentiert. Im Gegenzug behalten Sie natürlich die Dokumentationshoheit, wenn Sie den Vertrag gestalten. Das kommt somit also zwar teurer, doch dafür bestimmen Sie den wesentlichen Inhalt des Vertragswerkes. Für welchen Weg Sie sich entscheiden, bleibt letztlich immer eine Frage der Abwägung.

Achten Sie übrigens stets darauf, dass nur *ein* Jurist Ihren Fall bearbeitet. Insbesondere in großen Kanzleien bearbeiten oft mehrere Anwälte denselben Mandanten. Versuchen Sie, das zu verhindern, oder stellen Sie zumindest sicher, dass Sie immer *einen* gleichbleibenden Ansprechpartner haben.

Checkliste: Auswahl des Anwaltes

- ☐ Haben Sie interne Anwälte oder mussen Sie auf externe zurückgreifen?
- ☐ Haben die internen Anwälte zeitliche Kapazitäten und verfügen über ausreichende Expertise?
- ☐ Besitzt der ausgewählte Anwalt das notwendige Spezialwissen? Kennt er sich insbesondere mit Ihrer Branche und den Gepflogenheiten aus?

- ☐ Konnte der ausgewählte Anwalt ausreichende Referenzen vorlegen?
- ☐ Falls in englischer Sprache verhandelt wird: Ist der Anwalt in Wort und Schrift verhandlungssicher?
- ☐ Haben Sie mit dem ausgewählten Anwalt über alternative Vergütungsmodelle gesprochen?
- ☐ Haben Sie die Kosten des Anwaltes in Ihrer Gesamtkalkulation berücksichtigt?
- ☐ Haben Sie dem ausgewählten Anwalt Ihr Unternehmen ausreichend vorgestellt, sodass er Ihre Perspektive versteht und quasi wie ein Mitarbeiter denken kann?
- ☐ Wurde sichergestellt, dass der Anwalt rechtzeitig genug involviert wurde, dass er noch entscheidende Weichen in der Verhandlung stellen kann?

Kapitel 3 – Vertrag oder nicht Vertrag?

Immer wieder taucht in meinen Beratungsgesprächen der Punkt auf, wie weit sich die Begriffe »Vertrag«, »Vereinbarung« oder »Auftragsbestätigung« voneinander unterscheiden. Manchmal wird mir die Frage gestellt, ob das Wort »Vertrag« vor Gericht mehr »Wert« besitzt als beispielsweise der weniger hart anmutende Begriff »Vereinbarung«.

So haben Laien oft die Vorstellung, dass bei einer Rechtsstreitigkeit, die vor Gericht landet, der Richter in etwa folgendermaßen vorgeht: »Na, was haben wir denn da? Aha, der Kläger behauptet also, die beklagte Partei wurde vertragsbrüchig, soso. Welche Bezeichnung trägt das diesem Fall zugrunde liegende Schriftstück überhaupt?« Dann blättert der Richter in den Akten herum, und plötzlich friert sein Blick an einer bestimmten Stelle ein. Beinahe zeitgleich sinkt die Temperatur im Gerichtssaal um mindestens zehn Grad.

»Dieses Schriftstück«, ergreift der ehrenwerte Richter wieder das Wort, jedoch mit deutlich sachlicherem Tonfall, »tragt die Bezeichnung ›Vereinbarung‹. Ihnen ist schon klar, Herr Rechtsanwalt des Klägers, dass es sich hierbei nicht um einen Vertrag handelt? Sondern dass wir es lediglich mit einer Vereinbarung zu tun haben? Wissen Sie, was ich mir das nächste Mal zu Weihnachten wünschen werde? Ihre Nerven. Und jetzt verschwinden Sie, ich habe schließlich auch Besseres zu tun.«

An dieser Stelle kann ich Sie schon mal beruhigen: Bei einem Vertrag handelt es sich – wie bereits in Kapitel 1 erwähnt – um zwei übereinstimmende Willenserklärungen von zwei verschiedenen Personen. Der eine sagt: »Möchten Sie diese Maschine für 1000 Euro kaufen?«, und der andere sagt: »Ja.« Damit hat man sich geeinigt. Angebot und

Annahme, übereinstimmende Willenserklärungen. Das ist ein Vertrag. Ob Sie dieses Schriftstück jetzt »Vertrag« oder »Vereinbarung« nennen, macht keinen Unterschied.

Gut zu wissen: Der Unterschied zwischen der Auftragsbestätigung und dem kaufmännischen Bestätigungsschreiben

Oftmals begegnet man im Geschäftsverkehr dem Begriff »Auftragsbestätigung«. Hierbei handelt es sich um nichts anderes als um die Annahme eines zuvor gemachten Angebotes, sie stellt also die zeitlich nachfolgende Willenserklärung dar. Dazu ein Beispiel: Der Kunde erteilt einem Unternehmer einen Auftrag, um beispielsweise sein Auto zu reparieren, dieser nimmt das Angebot durch das Erstellen einer Auftragsbestätigung an. Diese Bestätigung kann in schriftlicher Form erfolgen, aber auch genauso gut dadurch, dass Kunde und Unternehmer sich tief in die Augen schauen und nicken oder, nach hanseatischer Tradition, mit Handschlag das Zustandekommen des Vertrages besiegeln.

Etwas völlig anderes und von der Auftragsbestätigung scharf getrennt zu betrachten ist das sogenannte kaufmännische Bestätigungsschreiben. Es wird beispielsweise mit folgenden Worten eingeleitet: »Wir beziehen uns auf unser Gespräch vom 25.2. und bestätigen nochmals die folgenden Konditionen: [...]«. Dieser sogenannte Handelsbrauch findet ausschließlich zwischen Kaufleuten Anwendung, ist also im Endkundengeschäft irrelevant. Dabei gilt es, die verhandelten Konditionen – meist Preise, Rabatte und Lieferbedingungen – nochmals festzuhalten. Wenn der Geschäftspartner dann nichts – und zwar unverzüglich, was der Jurist als »ohne schuldhaftes Zögern« übersetzt – erwidert, gilt dieses Schweigen als Zustimmung, mit anderen Worten als Annahme, aber auch nur in diesem Fall. Ein Vertrag ist dann mit den aufgeführten Konditionen zustande gekommen.

Vertragsabschlüsse im Internet

Angenommen, Sie bestellen etwas im Internet, beispielsweise Büromaterialien bei Amazon, dann erhalten Sie häufig unmittelbar nach Ihrer Bestellung eine »Bestellbestätigung«. Darin bedankt sich das Unternehmen artig für Ihren Auftrag, listet die einzelnen Produkte auf und nennt den voraussichtlichen Liefertermin. Damit handelt es sich um die Annahme Ihres an Amazon gerichteten Angebotes zum Kauf von Büromaterialien.

Erinnern Sie sich noch an das Beispiel mit den Äpfeln und dem Supermarkt aus dem ersten Kapitel? Auch der Shop-Betreiber im Internet bietet seine Produkte lediglich auf seinem virtuellen Marktplatz an, und wenn Sie die Ware auswählen, in den Warenkorb verschieben und schließlich auf den »Kaufen«-Button klicken, haben *Sie* ein Angebot abgegeben (und nicht, wie man vermuten könnte, derjenige, der Ihnen ein »Angebot« gemacht hat). Erst, wenn Sie die Bestätigung Ihrer Bestellung erhalten, gilt dieses Angebot als angenommen. Diesen Aspekt unterschätzen viele, insbesondere im Internethandel.

Aus Ihrer Perspektive betrachtet bedeutet es: Solange Sie dem Besteller keine Auftragsbestätigung/Bestellbestätigung schicken, müssen Sie dessen Angebot auch nicht annehmen.

Nehmen wir an, Sie betreiben einen Shop und verkaufen Laptops und sonstiges Computerzubehör. Nehmen wir weiter an, Sie haben gestern ein richtig tolles Angebot zusammengestellt, und zwar ein erstklassiges Notebook mit einer unsagbar hohen Verarbeitungsgeschwindigkeit und einer riesigen Menge Speicherplatz. Nicht nur das, dieses Schmuckstück enthält bereits so viel sinnvolle Software, dass Ihre Kunden normalerweise alleine dafür Fort Knox ausrauben müssten, um das alles bezahlen zu können.

Nachdem Sie wochenlang kalkuliert und mit den verschiedenen Lieferanten um jeden einzelnen Cent verhandelt hatten, konnten Sie endlich den Preis festsetzen, nämlich 1990 Euro. Ein Schnäppchen für dieses fantastische Teil asiatischer Handwerkskunst.

Kurz nachdem Sie dieses Sonderangebot in Ihrem Webshop eingestellt haben, kommt bereits die erste Bestellung. Sie trauen Ihren Augen kaum. Dieser Kunde bestellt doch tatsächlich zehn Einheiten. Wenige Minuten später flaut Ihr Freudentaumel langsam ab und Sie prüfen diese Bestellung etwas kritischer, denn welcher normale Mensch kauft so viele Laptops auf einmal? Erst jetzt bemerken Sie Ihren Fehler: Sie haben dieses Produkt für 199 statt für 1990 Euro auf Ihre Webseite gestellt.

Sofort schreiben Sie dem Besteller zurück, dass es sich hier um einen Schreibfehler handelt, denn wie man sich wahrscheinlich vorstellen könne, koste dieses unglaubliche Produkt nicht 199 Euro, sondern – noch immer extrem günstig – 1990 Euro. Sie setzen in diesem Schreiben sicherheitshalber ergänzend hinzu, dass Sie vergessen haben, eine Null anzuführen, wodurch es zu diesem Missverständnis kam. Keine fünf Minuten später erhalten Sie bereits eine Antwort per E-Mail, ganz als ob der Besteller nur auf ein Schreiben von Ihnen gelauert hätte. Darin zeigt er durchaus Verständnis für Ihren Fehler und dass so etwas eine »fürchterlich dumme« Sache sei, doch er besteht darauf, die Ware zu diesem Preis zu erhalten. »Schließlich«, fügt er zusätzlich an, »haben Sie den Laptop zu diesem Preis angeboten, und vielleicht führt diese Erfahrung dazu, dass Sie künftig Ihre Angebote genauer prüfen, bevor Sie diese im Internet einstellen.«

Was meinen Sie, müssen Sie diese Bestellung nun zähneknirschend ausliefern? Schon deswegen, weil Sie auch noch direkt unter den Preis in großen Buchstaben »Sonderangebot« geschrieben haben? Schließlich steckt in diesem Wort bereits der Begriff »Angebot«.

Während sich der Besteller die Hände reibt vor lauter Freude über das Schnäppchen seines Lebens, tippen Sie nun in aller Seelenruhe eine erneute E-Mail, begrüßen ihn darin mit überschwänglicher Freude und weisen darauf hin, dass Sie gar nichts müssen. Sie erklären ihm kurz die Definition des Wortes »Angebot«, nämlich dass *er* mit seiner Bestellung erst ein solches abgegeben hat. Außerdem erwähnen Sie gelassen den Hinweis, der auf Ihrer Homepage zu finden ist: »Schreib- und Druckfehler vorbehalten«.

Höchstwahrscheinlich wird der Besteller in diesem Moment – angesichts des sich nun in Luft auflösenden Megaschnäppchens – nicht nur die Hände heiß gerieben haben, sondern jetzt zusätzlich mit Schaum vorm Mund vor seinem Rechner sitzen. Darauf lässt nämlich wiederum seine Antwort schließen, in der er Ihnen damit droht, Sie auf Heller und Pfennig zu verklagen.

Sie bleiben erst einmal entspannt, denn Sie haben ja mittlerweile gelernt: Es wird an der Kasse entschieden, ob das Angebot angenommen wird oder nicht.

Wie ist es also mit den so beliebten Formulierungen »Angebot freibleibend«, »Schreib- und Druckfehler vorbehalten« und »Irrtümer vorbehalten«?

»Angebot freibleibend«: Diese Formulierung soll dem potenziellen Käufer signalisieren, dass die angepriesene Ware zum Beispiel ausverkauft ist, in Ihrem Lager durch welche Umstände auch immer vernichtet wurde oder die Ware das Lager niemals erreicht hat. Dann kann niemand Sie zum Abschluss eines Kaufvertrages zwingen. Dies ist letztlich nur eine Darstellung der Rechtslage, und nebenbei ist die Formulierung auch falsch, da die Präsentation der Ware gerade noch kein Angebot ist, sondern erst der Kunde ein solches abgibt, was dann der Verkäufer noch annehmen muss.

Etwas anderes gilt nur dann, wenn dieser Hinweis bei einer Internetauktion gegeben wird: Hier verläuft der Abschluss eines Kaufvertrages gerade umgekehrt. Derjenige, der einen Artikel zur Auktion bringt, macht ein Angebot an die Öffentlichkeit, und derjenige, der innerhalb einer vorgegebenen Zeit das höchste Gebot abgibt, bekommt den Zuschlag, das bedeutet, er spricht die abschließende Annahme aus. Wenn den Verkäufer dann aufgrund eines niedrigen Preises der Vertragsschluss reut, kann er sich nicht einfach mit dem Hinweis »Angebot freibleibend« wieder vom Vertrag lösen.

»Schreib- und Druckfehler vorbehalten«: Und dann gibt es noch den Hinweis auf Schreib- und Druckfehler und sonstige Irrtümer, die man sich vorbehalten möchte. Kann sich der Verkäufer damit stets herausreden? Nun, wenn das Produkt auf einem gedruckten Produkt beworben wurde (Katalog, Flyer etc.), wird man dem Verkäufer zugestehen müssen, dass nachträglich auffallende Fehler nicht ohne großen Aufwand wieder behoben werden können. In der Welt des Internethandels sieht dies aber ein wenig anders aus. Hier ist es dem Verkäufer durchaus zuzumuten, erkannte Fehler schnell zu korrigieren und die richtigen Zahlen und Daten online zu stellen. Da die Gerichte die Formulierung »Irrtümer vorbehalten« sehr kritisch sehen, sollten Sie im Onlinehandel hierauf verzichten. Und im Fall des Laptop-Verkaufs wird man im Streitfall sehr genau prüfen, ob und wann Sie den Fehler entdeckt und korrigiert haben.

Das persönliche Angebot

Wie verhält es sich aber nun, wenn Sie einem Interessenten ein persönliches Angebot erstellen?

Nehmen wir an, Sie verdienen als Werbegrafiker Ihr Geld und formulieren einem Kunden ein schriftliches Angebot. In diesem konkreten Fall möchte Ihr möglicher neuer Auftraggeber den gesamten visuellen Auftritt eines demnächst im Markt erhältlichen Produktes von Ihnen gestalten lassen.

In diesem Angebot umfassen Sie nicht nur Ihre Leistung, sondern Sie kalkulieren natürlich auch die dafür notwendige finanzielle Gegenleistung. Dummerweise tippen Sie statt den dafür anfallenden 4900 Euro nur 490 Euro. Richtig, Sie haben mal wieder die Null vergessen (keine Frage, jetzt wird es langsam ärgerlich mit den vergessenen Nullen glücklicherweise handelt es sich hier nur um Beispiele).

Wenn Ihnen Ihr Fehler nicht sofort auffällt und der Kunde Ihr Angebot annimmt, können Sie in diesem Fall nicht so einfach entgegnen, dass Sie zu diesem Preis nicht tätig werden. So problemlos kommen Sie aus dieser Sache leider nicht mehr raus. Sollten Sie also feststellen, dass Sie einen falschen Preis bei einem individuellen Angebot angesetzt haben, empfehle ich Ihnen, diese Willenserklärung namens Angebot unverzüglich anzufechten.

Schicken Sie in diesem Fall sofort das korrigierte Angebot hinterher und begründen Sie, warum plötzlich dieses zweite Schreiben kommt. Normalerweise stoßen Sie bei Ihrem Kunden auf Verständnis, jedoch können Sie sich nicht darauf verlassen. Wenn Ihrem Auftraggeber durch diesen Schreibfehler ein nachgewiesener Schaden entstanden ist, kann er diesen geltend machen, und Sie müssen dafür aufkommen. Beispielsweise weil der Kunde auf dieses Angebot vertraut hat und nun einen finanziellen Nachteil erleidet.

Nehmen wir an, ein Mitbewerber hat ebenfalls ein Angebot für diese Dienstleistung abgegeben und dafür 3500 Euro kalkuliert. Nach Ihren unschlagbaren – jedoch leider irrtümlich angegebenen – 490 Euro sagte dieser Kunde dem anderen Anbieter sofort ab, wodurch dieser auch nicht mehr mit seinem Angebot zur Verfügung stand. Plötzlich erhält er von Ihnen das zweite Schreiben mit den korrigierten 4900 Euro. In diesem Fall kann es Ihnen passieren, dass Sie für die Differenzsumme von 1400 Euro aufkommen müssen. Zumindest wäre es eine ziemlich unglückliche Ausgangssituation für eine künftige Zusammenarbeit. In einem solchen Fall liegt häufig ein sogenannter Erklärungsirrtum vor, der entsprechend anfechtbar ist und dann höchstwahrscheinlich gegen Sie entschieden wird.

Natürlich schützt das Gesetz immer nur den Gutgläubigen, wobei dies stets für beide Seiten gilt. Wenn dem Kunden beispielsweise vollkommen klar sein muss, dass dieses Angebot so nicht stimmen kann, ist er auch nicht mehr schutzwürdig.

Lassen Sie es jedoch nicht so weit kommen. Meine Empfehlung an dieser Stelle lautet: Arbeiten Sie bitte immer sorgfältig, lesen Sie Ihren Entwurf mehrmals durch und wenden Sie, wenn möglich, das Vier-Augen-Prinzip an.

Weshalb Sie Ihre Texte immer prüfen lassen sollten

Vielleicht fragen Sie sich gerade, warum eine zusätzliche Person den von Ihnen verfassten Entwurf lesen sollte. Dafür gibt es eine einfache Erklärung: Unser Gehirn neigt dazu, unsere eigenen Texte zu vervollständigen, sprich: Wenn Sie etwas tippen, dann sehen Sie nicht immer das, was Sie tatsächlich geschrieben haben, sondern das, was Sie schreiben *wollten*. Unser Gehirn gaukelt und also gerne mal ein falsches Ergebnis vor. Dadurch überlesen wir sehr häufig nicht nur Rechtschreibfehler, wir übersehen auch fehlerhafte Zahlenangaben wie beispielsweise einen zu geringen Verkaufspreis.

Dieser Falle begegnen Sie am besten dadurch, dass Sie jemand anderen Ihren Entwurf gegenlesen lassen, also mit besagtem Vier-Augen-Prinzip.

Gerade bei technischen Geräten kommt es häufig zu fehlerhaften Typenbezeichnungen durch Zahlendreher. Dann steht im Angebot »MV455« statt der korrekten Bezeichnung »MV544«, und keinem der beiden Vertragspartner fällt etwas auf, bis der Auftraggeber ein gewaltiges Gerät von drei mal drei Metern im Ausmaß vor die Türe gestellt bekommt, mit dem normalerweise Großdruckereien arbeiten. Dabei wollte er lediglich einen handlichen Laserdrucker bestellen.

Dieses Vier-Augen-Prinzip empfehle ich auch bei Vertragsverhandlungen.

Ich habe oft genug erlebt, dass in derartigen Meetings über Stunden geredet und verhandelt wurde und sich alle Seiten darüber einig waren, endlich eine vertragsreife Vorlage zu haben. Dann las sich eine dritte Person diesen Entwurf durch und stellte fest, dass noch einige Unstimmigkeiten vorliegen, dieser Vertrag also zwangsläufig zu Streitigkeiten geführt hätte.

In Verhandlungen, die sich über einen längeren Zeitraum erstrecken, neigen Verhandlungsparteien dazu, sich sozusagen »heißzureden«. Das bedeutet, sie verlieren irgendwann den großen Zusammenhang, wodurch wichtige Details verloren gehen können. Aus meiner Erfahrung erkennt ein Außenstehender diese so entstandenen »logischen Lücken« viel besser.

Ich kann Ihnen das Vier-Augen-Prinzip nur dringend empfehlen. Scheuen Sie diesen kleinen Aufwand nicht, denn sonst kann es richtig teuer werden.

Ich habe einmal selbst erlebt, wie wichtig es sein kann, dass eine dritte Person einen Blick auf ein Angebot oder einen Vertrag wirft. Ein Unternehmen benötigte ein Darlehen, da es in eine ziemlich große und teure Maschine investieren musste. Die Investitionssumme befand sich in einem respektablen sechsstelligen Euro-Bereich, und nach einigen Verhandlungsrunden einigten sich das Bankhaus und das Unternehmen schließlich. Die Darlehenssumme sollte stückweise abgerufen werden, ähnlich wie beim Hausbau nach Baufortschritt. An einem bestimmten Tag war es endlich so weit und es galt, eine größere Summe direkt an den Maschinenhersteller anzuweisen.

Die Bank veranlasste die Überweisung entsprechend der im Vertrag hinterlegten Kontonummer, und dann passierte erst mal nichts. Ausgelöst durch einen Zahlendreher in der Kontonummer. Damals existierte noch kein SEPA-Verfahren, daher freute sich eine völlig unbeteiligte Person über den unerwarteten Geldsegen. Darin bestand jetzt weniger das Problem, denn der Betrag konnte wieder zurückgeholt werden. Viel schlimmer jedoch war, dass der Verkäufer der Maschine zum vereinbarten Termin kein Geld erhielt. In diesem Fall kamen Vertragsstrafen zum Tragen, und das Unternehmen – also der Käufer – musste dafür haften, denn dort hatte niemand den Zahlendreher in der Kontonummer bemerkt. So verteuerten die dadurch fälligen Verzugszinsen den Anschaffungspreis der Maschine empfindlich. Letztlich ein dummer Fehler, der leicht zu vermeiden gewesen wäre, wenn man auf das Vier-Augen-Prinzip geachtet hätte.

Handle ich als Privatperson oder als Unternehmen?

Wenden wir uns mal wieder dem Internet zu. Auf der einen Seite genießen wir dort den besonderen Komfort, etwas mit nur wenigen Klicks zu bestellen. Gleichzeitig kann sich dies schnell als heimtückische Falle herausstellen, wenn man plötzlich einen Artikel bestellt hat, den man überhaupt nicht möchte.

»Dafür gibt es doch das Widerrufsrecht«, könnten Sie mir jetzt entgegenhalten. Damit haben Sie natürlich vollkommen recht. Jedoch – und nun kommt die ernüchternde Einschränkung – nur, wenn Sie als Privatperson etwas bestellen. Als Unternehmen, also im sogenannten Business-to-Business-Bereich, greifen diese Schutzmechanismen nur noch ausgesprochen eingeschränkt.

Ich habe einen Fall mit einem Geschäftsführer erlebt, der mich beauftragte, ihn beim Widerruf eines Kaufvertrages zu unterstützen. Er hatte ein Fahrrad bestellt, ein Trekkingrad mit dicken Reifen und besonders leichtem Rahmen. So leicht, dass er beim geringsten Wind abzuheben drohte. Also ein absolut edles Stück, bei dem das Herz eines jeden Fans der stillen Freiheit auf zwei Rädern höherschlägt. Jetzt bestellte dieser Geschäftsführer dieses anthrazitfarbene Fahrrad zwar für sich privat, bezahlte die Rechnung aber zunächst über das Firmenkonto und gab als Liefer- und Rechnungsadresse die Firmenadresse an. Aus Sicht des Verkäufers handelte es sich bei diesem Besteller um ein Unternehmen. Als mein Mandant mit der Qualität des Trekkingrades dann doch nicht so zufrieden war, also die Reifen doch nicht dick genug waren und die Leichtigkeit des Rahmens zu wünschen übrig ließ, wollte dieser von seinem Widerrufsrecht Gebrauch machen. Das klappte tatsächlich nicht mehr.

Gerade als Einzelunternehmer oder als kleineres Unternehmen mag es zwar interessant sein, sich die Umsatzsteuer zu sparen. Doch rechtlich begibt man sich damit in eine ganz andere Situation, als wenn man als Privatperson eingekauft hätte. Dies sollten Sie unbedingt beachten, wenn Sie im Rechtsverkehr zum Beispiel als Käufer auftreten.

Nebenabreden

Eines sollten Sie bei der Vertragsgestaltung sowie im laufenden Verhandlungsprozess in jedem Fall beachten, wenn Sie mit dem Vertragspartner an den Einzelheiten feilen: Vermeiden Sie Nebenabreden! Fixieren Sie immer alles schriftlich und lassen Sie sich niemals auf Vereinbarungen ein, die neben dem eigentlichen Vertrag geschlossen werden sollen. Keine unter dem Schreibtisch versteckten Vereinbarungen, gerade wenn es um Verträge im Drei-Personen-Verhältnis geht, also wenn drei Parteien den Vertrag unterschreiben. Eine andere Möglichkeit für Nebenabreden entsteht auch, wenn Vertragspartner mehrere Verträge abschließen und diese in irgendeiner Form miteinander zu tun haben.

Vor einiger Zeit vertrat ich ein Unternehmen, das mit zwei Banken um ein Darlehen verhandelte. Alles lief so weit zufriedenstellend. Kurz vor der Unterzeichnung des Darlehensvertrages kontaktierte eines der beiden Bankhäuser meinen Kunden und verlangte von ihm als zusätzliche Bedingung weitere 100.000 Euro zur Motivation. Nach einem erläuternden, knapp einstündigen Telefongespräch erhielt mein Klient von diesem Bankhaus eine E-Mail inklusive Anhang mit einer ausschweifend formulierten Ergänzung, also ein Schriftstück, das ganz allgemein als sogenannte Nebenabrede bekannt ist. Der Geschäftsführer des Unternehmens rief mich an und fragte, ob er diese zusätzliche Bedingung unterschreiben könne. So beiläufig stellte er die – aus seiner Sicht wahrscheinlich rhetorisch gemeinte – Frage, wie weit diese Nebenabrede rechtlich haltbar sei.

Es existiert kein Gesetz, das die Formulierung derartiger Sideletters, wie Nebenabreden auch häufig bezeichnet werden, verbietet. Ein solches Vorgehen ist somit nicht gesetzeswidrig, das wäre daher nicht das Problem. Die Schwierigkeit von Nebenabreden liegt vielmehr in den Konflikten, die extrem oft erst im Nachgang entstehen. Es kann immer an irgendeiner Stelle zu einem späteren Zeitpunkt zu unterschiedlichen Ansichten der Vertragspartner kommen, die dann entweder vor Gericht landen oder zumindest in nicht unerheblichem Maße deren Anwälte beschäftigten, die sich natürlich sehr über den Arbeitsaufwand freuen.

In diesem konkreten Fall gab es noch einen dritten Vertragspartner – das zweite Bankhaus –, der nichts über diese zusätzliche Bedingung erfahren sollte. Zumindest nach der Vorstellung der anderen Bank. Wie reibungslos derartige Vereinbarungen funktionieren, können Sie wahrscheinlich erahnen. Geheime Absprachen gelingen nicht einmal in der Familie, geschweige denn im geschäftlichen Miteinander. Wenn die Tante ihrer Cousine etwas anvertraut und diesem Geheimnis mit den Worten »Aber erzähl bloß nichts dem Onkel Gustav« den gehörigen Schuss an Dramaturgie verleiht, was meinen Sie, wie lange es dauert, bis besagter Onkel davon erfährt? Ich schätze, innerhalb weniger Tage macht ein solches Geheimnis die familiäre Runde, und im Geschäftsleben verhält es sich nicht viel anders.

Was wäre denn passiert, wenn der Darlehensvertrag zwischen den beiden Banken und meinem Klienten inklusive der bereits erwähnten

Nebenabrede abgeschlossen worden wäre? Zunächst einmal sind alle Vertragspartner glücklich, schließlich wurde eine für alle Seiten zufriedenstellende Vereinbarung getroffen. Irgendwann erfährt jedoch das eine Bankhaus von der geheimen Absprache, und dann gibt es gehörigen Diskussionsbedarf, das verspreche ich Ihnen. Vertragspartner, vor allem in einem solchen Dreiecksverhältnis, fühlen sich extrem schnell übervorteilt. Das führt wiederum zu einem inneren Prozess der Ablehnung, der eine sehr rasante und gefährliche Eigendynamik entwickelt und letztlich fast immer in einem offenen Konflikt mit anschließender anwaltlicher Klärung der Sachlage endet. All diese Szenarien durfte ich bereits erleben, und aus dieser Erfahrung heraus empfehle ich Ihnen, diese Absprachen stets offenzulegen. Begehen Sie niemals den Fehler und halten Sie einen Vertragspartner für dumm, insbesondere bei mehreren Parteien.

Daher sollten Sie jegliche Nebenabreden, jegliche Form von »inoffiziellen Abstimmungen« und jede Art Mauschelei grundsätzlich unterlassen.

Alle Themen müssen offen auf den Tisch kommen und alle Punkte sollten zu dritt besprochen werden. Formulieren Sie besser einen soliden Vertrag, der sämtliche Details der Zusammenarbeit beinhaltet. Das macht den Vertrag langfristig nicht nur sehr viel übersichtlicher, sondern hat auch ganz praktische Gründe. Denn nicht selten erlebe ich es, dass genau diese Nebenabrede dann nicht mehr gefunden wird. Jahre später benötigen Sie die Vereinbarung, und plötzlich weiß niemand mehr, wo dieses Papier abgelegt wurde.

So etwas kann Ihnen nicht passieren, meinen Sie? Das habe ich auch schon öfter gehört, doch dann arbeitet die Assistentin, die das Dokument damals archivierte, nicht mehr im Haus, die Abteilung zog in ein anderes Büro um oder sämtliche Ordner aus diesem Jahrgang verschwanden im Keller. In solchen Fällen fehlt die Beweiskraft für eine getroffene Vereinbarung, und so etwas kann sich als extrem unangenehm erweisen. Wenn alles direkt im Vertrag festgehalten wird, kann es Ihnen natürlich ebenfalls passieren, dass Sie den ganzen Vertrag nicht mehr finden, doch das kommt weitaus seltener vor.

Weshalb Sie mündliche Vereinbarungen vermeiden sollten

Auch ausschließlich mündliche Vereinbarungen kommen häufiger vor, als man denkt. In den meisten Fällen existiert ein Vertrag, und Ihr Ansprechpartner verspricht Ihnen zusätzlich besondere Vorteile, die von den getroffenen Bedingungen im Vertragswerk abweichen. In solchen Situationen kommt es spätestens dann zu Problemen, wenn diese Person das Unternehmen verlässt. Dann erinnert sich niemand mehr an die mündliche Vereinbarung, und Sie haben den Salat.

»Wir hatten doch vereinbart, dass das so gemeint sein soll. Der Maier hat mir das alles fix zugesagt, das weiß ich noch ganz genau.« So in etwa lautet meistens die Beschwerde, die an mich herangetragen wird, und zusammenfassend kann ich Ihnen mit großer Sicherheit sagen, dass Sie damit auf der Strecke bleiben werden. Selbst wenn eine bestimmte Form einer persönlichen Vereinbarung über Jahre hinweg gepflegt wurde – beispielsweise die kostenlose Lieferung der Ware, obwohl im Vertrag Lieferkosten von 500 Euro pro Auftrag vereinbart wurden –, können Sie darauf nicht zwingend einen Anspruch geltend machen. Die Chance, damit vor Gericht durchzukommen, ist in diesen Fällen ausgesprochen gering.

Deshalb sollten Sie immer sämtliche Punkte schriftlich fixieren, die für Sie in der Zusammenarbeit mit Ihrem Vertragspartner wichtig sind, auch wenn Ihr Ansprechpartner des Unternehmens hoch und heilig beteuert, dass »es völlig überzogen und absolut unnötig ist, derartige Sondervereinbarungen im Vertrag zu erfassen«.

Aus meiner Erfahrung handelt es sich in solchen Fällen meistens um Bedingungen, die das andere Unternehmen nur ausgesprochen ungern akzeptiert, mehr noch: Höchstwahrscheinlich handelt es sich bei dieser besonderen Kondition um eine Einzelaktion Ihres Ansprechpartners, und diese wird Ihr Vertragspartner ohnehin bei der nächstbesten Möglichkeit zu kippen versuchen.

Es ist verständlich, dass Sie nur ungern Ihren Verhandlungspartner damit nerven wollen, welche Vertragspunkte zusätzlich aufgenommen werden sollen. Nehmen wir an, Sie konnten die Bedingung verhandeln, keine Lieferkosten zu bezahlen, obwohl im Vertragsentwurf von 500 Euro pro Warenlieferung die Rede ist. Ihr Verhandlungspartner hat Ihnen hoch und heilig versprochen, »intern einen Vermerk setzen zu lassen, dass Sie von den Zustellgebühren befreit sind«. Den Satz beendete er mit dem Hinweis: »Das sind Standardverträge und die will das Unternehmen so haben. Wenn ich denen sage, wir wollen das anders machen, dann wird das auch so umgesetzt.«

Kennen Sie derartige Situationen oder haben Sie einen vergleichbaren Fall bereits erlebt? Möglicherweise dachten Sie damals, es kommt einem Vertrauensbruch gleich, sollten Sie in dieser Situation darauf bestehen, diesen Punkt trotzdem in den Vertrag aufzunehmen, also den »Standardvertrag« abzuändern. Schließlich muss Ihr Ansprechpartner in diesem Fall davon ausgehen, dass Sie ihm nicht so weit vertrauen, dass er diese gesonderte Bedingung hausintern auch umsetzt. Mir ist völlig klar, wie unangenehm derartige Gespräche sein können, allerdings kann ich Ihnen aus meiner Erfahrung als Jurist nur empfehlen, für Sie bedeutende Vertragspunkte immer schriftlich zu fixieren. Wenn es Ihnen letztlich egal ist, ob Sie die 500 Euro pro Lieferung bezahlen oder nicht, belassen Sie von mir aus die mündliche Vereinbarung so, wie sie ist. Sollte jedoch dieses eine Zugeständnis besonders bedeutungsvoll für Sie sein, dann muss das in den Vertrag hinein. Ohne Wenn und Aber.

»Bitte verstehen Sie das nicht falsch, mir ist dieser Vertragspunkt halt wichtig. Das ist nicht gegen Sie persönlich gerichtet, doch stellen Sie sich vor, Sie befinden sich morgen nicht mehr im Unternehmen, dann sollte dieser Punkt auch allen Nachfolgern klar sein.« So in etwa könnten Sie Ihren Wunsch formulieren.

Rahmenvertrag oder Einzelvertrag?

Wenn Sie mit einem Geschäftspartner langfristig zusammenarbeiten, kann es durchaus sinnvoll sein, einen Rahmenvertrag zu vereinbaren.

Greifen wir das Beispiel von vorhin auf und nehmen wir an, Sie arbeiten als selbstständiger Werbegrafiker. Ein Unternehmen, das ihre Produkte hauptsächlich über einen Katalog verkauft, möchte Ihre Dienstleistung für die nächsten drei Katalogausgaben buchen. In diesem Fall empfiehlt es sich, einen Rahmenvertrag abzuschließen, in dem die Zahlungsvereinbarungen, Zahlungszeiträume, Zahlungsziele, Verzugszinsen etc. geregelt werden. Die konkrete Leistung, die Sie nun für die jeweilige Ausgabe erbringen sollen, regeln Sie höchstwahrscheinlich in einem Einzelvertrag, der sich wiederum auf den Rahmenvertrag bezieht.

Dieses Vorgehen ergibt durchaus Sinn und erleichtert die Zusammenarbeit untereinander, da beide Seiten vor allem Zeit sparen. Aber Achtung: Wird dem Vertragspartner ein standardmäßig verwendeter Rahmenvertrag nur hingelegt mit der Bitte, diesen zu unterzeichnen, so werden die Regelungen dieses Rahmenvertrages als allgemeine Geschäftsbedingungen (AGBs) angesehen – Näheres dazu im nächsten Kapitel – und unterliegen einer gesetzlichen Kontrolle.

Weiterhin sollten Sie darauf achten, nach einiger Zeit zu prüfen, ob der Rahmenvertrag noch aktuell ist, und gegebenenfalls Änderungen vorzunehmen. Insbesondere wenn diese Vereinbarung bereits vor mehreren Jahren unterzeichnet wurde, empfehle ich Ihnen, diese dahingehend zu hinterfragen, wieweit die damaligen Inhalte des Rahmenvertrages mit der inzwischen gelebten Praxis übereinstimmen.

Gleichzeitig gebe ich zu bedenken, dass jeder einseitige Wunsch zur Vertragsänderung seinen Preis hat. Hier gilt für den Rahmenvertrag das Gleiche wie für alle weiteren Verträge auch: Wenn Sie eine Vertragsänderung fordern, wird die Vertragspartei in irgendeiner Weise Zugeständnisse erwarten (siehe Kapitel 1). Im Zweifel geht es dann um die Überarbeitung einer anderen Klausel oder um bessere Konditionen. Ich habe noch keinen Fall erlebt, in dem eine einseitige Änderung stattfand, ohne dass der Vertragspartner eine Gegenleistung gefordert hätte.

Im Anhang dieses Buches habe ich eine Liste der in der Praxis am häufigsten auftretenden Fragen zum Abschluss und zur Loslösung von Verträgen mit meinen Empfehlungen (FAQs) zusammengestellt. So finden Sie bei typischen Fragen und Problemstellungen schnell eine Antwort, ohne lange im Buch blättern zu müssen.

Checkliste: Liegt bereits ein Vertrag vor?

- ☐ Wurde Ihr Vertrag so gestaltet, dass es sich bei Ihrem »Angebot« wirklich um ein Angebot handelt, oder muss der Kunde erst ein Angebot abgeben, das Sie annehmen können?
- ☐ Haben Sie Ihr Angebot vor Absenden noch einmal sorgfältig geprüft?
- ☐ Falls Sie einen Schreib- oder Tippfehler entdecken: Ist die Anfechtung wegen Irrtum erklärt worden?
- ☐ Handeln Sie und Ihr Vertragspartner als Kaufmann beziehungsweise als Unternehmer oder als Verbraucher?

- ☐ Hat Ihnen Ihr Vertragspartner ein kaufmännisches Bestätigungsschreiben geschickt, auf das es zu reagieren gilt?
- ☐ Kann Ihr Vertrag als Rahmenvertrag ausgestaltet werden oder ist nur der Einsatz von Einzelverträgen sinnvoll?
- ☐ Gibt es zum Vertrag Nebenabreden, die in den Vertrag einbezogen werden müssen?
- ☐ Gibt es mündliche Vereinbarungen zum Vertrag und ist sichergestellt, dass diese noch in den Vertrag aufgenommen werden?

Kapitel 4 – Die geheimnisvolle Welt der AGBs

In diesem Kapitel widmen wir uns nun einem Thema, das vermutlich besonders häufig für Verunsicherung unter juristischen Laien sorgt: den AGBs.

Die allgemeinen Geschäftsbedingungen (AGBs) zählen für viele Personen höchstwahrscheinlich zu einem der letzten Mysterien auf diesem Planeten. Vielleicht sogar noch vor der geheimen Militärbasis Area 51 in Nevada (USA)[2] und Atlantis, der sagenumwobenen Welt, die angeblich irgendwann im Meer versank.[3] Meist lesen sich durchschnittlich verfasste AGBs wie eine längst ausgestorbene Sprache, und gedruckt ist das Ganze noch in einer Schriftfarbe, die von der des Papiers kaum zu unterscheiden ist, ganz zu schweigen von der Schriftgröße: gerade mal groß genug, damit ein paar Moleküle auf den einzelnen Buchstaben Platz finden.

All das sollten Sie unbedingt vermeiden, wollen Sie Ihren Kunden und Geschäftspartnern gegenüber Vertrauen aufbauen. Formulieren Sie daher die allgemeinen Geschäftsbedingungen immer möglichst leicht verständlich und achten Sie bitte darauf, dass das Schriftbild immer gut lesbar ist. Daraus ergibt sich eine Schriftgröße von mindestens 10 Punkt und eine Schriftfarbe, die einen gut leserlichen Kontrast erzeugt. Andernfalls könnte durchaus die Vermutung bei Ihren Kunden aufkommen, Sie versuchten, irgendwelche Gemeinheiten zu verbergen.

Dann haftet den AGBs der Nimbus der Unveränderlichkeit an, und irgendwie enthält dieser Umstand auch etwas Beruhigendes: In einer Welt voller Veränderung, in der wir heute nicht wissen, mit welcher Technologie wir übermorgen in die Arbeit fahren werden, können wir uns zumindest auf die AGBs verlassen. Einmal verfasst, und das für die Ewigkeit. Im geschäftlichen Miteinander akzeptiert man sie, oder der Geschäftsabschluss kommt nicht zustande. Sozusagen ein Fels im wilden Gewässer des Vertragswesens.

So in etwa dürfte die weitverbreitete Meinung über einen Vertragsbestandteil lauten, auf den wir überall treffen, sobald Waren oder Dienstleistungen gegen Geld getauscht werden.

Ob dem tatsächlich so ist, erfahren Sie einige Absätze später, doch zuvor möchte ich Ihnen beweisen, dass AGBs nicht immer sterbenslangweilige Textwüsten sein müssen, die komplizierter klingen als eine experimentalphysikalische Abhandlung zur String-Theorie.[4]

AGBs regeln Produkteinsatz bei einer Zombie-Apokalypse

Der Konzern Amazon besitzt ein Tochterunternehmen namens Amazon Web Services (AWS). Dieses Unternehmen bietet unter anderem das Produkt »Lumberyard« an. Dabei handelt es sich um eine Softwarelösung zur Erstellung komplexer Computerspiele. Natürlich verfügt AWS über seine eigenen AGBs, die sich sehen lassen können. Auf 74 DIN-A4-Seiten werden dort sämtliche Regelungen beschrieben, die das geschäftliche Miteinander betreffen. In der US-Version wird jedoch auch peinlich genau aufgeschlüsselt, wie Lumberyard im Falle einer Zombie-Apokalypse eingesetzt werden darf.

Während diese AGBs einige Absätze zuvor regelt, dass

> »… die Lumberyard-Materialien nicht zur Nutzung in lebenswichtigen oder sicherheitskritischen Systemen, beispielsweise medizinischer Ausrüstung, automatischen Transportsystemen, Flugzeugen und Luftverkehrskontrollen, Nuklearanlagen, bemannter Raumfahrt oder militärischer Anwendungen im Kampfeinsatz …«

gedacht sind, ist danach folgender Text zu lesen:

> »Wie auch immer: Diese Einschränkungen entfallen, falls sich (bestätigt vom United States Centers for Disease Control and Prevention oder dessen Nachfolgeorganisation) eine Virusinfektion ausbreitet, die über Bisse oder den Kontakt mit Körperflüssigkeiten übertragen wird und dazu führt, dass menschliche Leichen zum Leben wiedererweckt werden und versuchen, menschliches Fleisch, Blut, Hirn oder Nervenfasern zu konsumieren, was wahrscheinlich zum Zusammenbruch der Zivilisation führen wird.«[5]

Nun, sicherlich könnte man einräumen, falls es zu besagter Zombie-Apokalypse kommen sollte, hat Amazon bereits mitgedacht und in seinen AGBs ein für alle Seiten zufriedenstellendes Regelwerk geschaffen. So vermeidet der Konzern freundlicherweise einen eventuell auftretenden Rechtsstreit, falls sich einer der Überlebenden den Kopf darüber zerbrechen sollte, ob er jetzt Lumberyard einsetzen darf, um die Menschheit zu retten, oder eben nicht. In einem derartigen Umfeld könnten solche Fragen schnell mal existenzielle Bedeutung und damit durchaus ihre Berechtigung haben. Falls zu diesem Zeitpunkt überhaupt noch Gerichte oder Ähnliches existieren. Also gut, das war etwas übertrieben. Nun aber wieder ernsthaft:

Was sollten Sie am besten in Ihre AGBs schreiben, worauf sollten Sie achten, wenn Sie im Rahmen von Vertragsverhandlungen damit konfrontiert werden, und welche Bedeutung kommt AGBs überhaupt zu? Diesen Fragen widmet sich dieses Kapitel.

Sinn und Nutzen von AGBs

Zunächst einmal ist das AGB-Recht im Bürgerlichen Gesetzbuch (BGB) in den Paragrafen (§§) 305 bis 310 geregelt. Dort finden Sie eine Definition, was AGBs sind, und auch Fälle, in denen bestimmte Klauseln für unwirksam erklärt werden. All dies liest sich eher mühsam, und Ihre AGBs sollten stets durch einen kompetenten Anwalt einer Endkontrolle unterzogen werden.

Grundsätzlich verbergen sich hinter dem Begriff der allgemeinen Geschäftsbedingungen Regelungen, die für eine Vielzahl von Verträgen und Situationen entworfen wurden. Sie wurden also geschaffen, damit nicht bei jedem Vertrag mit jedem Vertragspartner Details mühsam neu verhandelt werden müssen, die ohnehin immer gleich bleiben. Dabei spielt es keine Rolle, ob die für eine Vielzahl von Fällen verwendeten Regelungen tatsächlich auf dem Papier als »allgemeine Geschäftsbedingungen« bezeichnet werden oder nicht. Mit anderen Worten: Wenn Sie zum Beispiel für Ihre Vertragsverhältnisse immer wieder ein und dasselbe Vertragsmuster verwenden, handelt es sich auch schon um AGBs. Es muss nicht immer das eng beschriebene Blatt Papier sein, das am Vertrag anhängt.

Das Gegenstück zu AGBs ist die sogenannte **Individualvereinbarung**. Diese liegt immer dann vor, wenn beide Vertragsparteien eine Klausel oder den gesamten Vertrag ausverhandelt haben. Der Vertrag wird auch dann zur Individualvereinbarung, wenn er – so die Rechtsprechung – der Gegenseite ernsthaft zur Disposition gestellt wurde. Will heißen, dem Vertragspartner wird die echte Chance eingeräumt, über jede Klausel zu verhandeln. Im ungünstigsten Fall ist dann eine Klausel eine Individualvereinbarung und die nächste muss als AGB qualifiziert werden.

Was gehört in die AGBs hinein?

Gehen wir einmal vom typischen Fall aus, in dem einem Vertrag AGBs angefügt werden. Was muss nun dort geregelt werden? Selbstverständlich könnten Sie als Webdesigner in Ihren AGBs auch regeln, wie Ihre programmierten Internetseiten im Fall einer weltweiten Apokalypse benutzt werden dürfen, doch ich möchte Ihnen doch dringend raten, seriös zu bleiben. Und regeln Sie nur das, was regelmäßig wiederkommt.

Wie erstellen Sie nun am besten Ihre AGBs, das berühmte Kleingedruckte? Entweder Sie holen sich aus dem Internet entsprechende Vorlagen oder Sie beauftragen einen Anwalt damit. Doch auch hier gilt, wie bereits im ersten Kapitel beschrieben: Überlegen Sie sich zu Beginn, welche Fälle Sie überhaupt regeln möchten.

Wie in der generellen Vertragsgestaltung nimmt der Verwender – so wird die Person genannt, die die AGBs aufsetzt – eine besonders starke Position ein. Schließlich legt er im konkreten Fall seine AGBs auf den Tisch, deutet auf die rechte untere Ecke und sagt: »Hier unterschreiben!«

Damit Vertragspartner nicht jedes Mal Hunderte Seiten klein gedruckter AGBs durchlesen müssen, um am Ende nicht etwa eine Niere spenden zu müssen, schob der Gesetzgeber durch die oben genannten §§ 305–310 einen Riegel vor. Daher gilt der Grundsatz »im Zweifel gegen den Verwender«.

Einzige Einschränkung: Derart umfassenden Schutz finden wir in dieser Form nur im Endkundengeschäft wieder, im sogenannten Business-to-Customer-Bereich, während zwischen Firmen weniger strikte rechtliche Vorgaben herrschen. Die Unterschiede, die für Unternehmen in Bezug auf AGBs zu beachten sind, je nachdem, ob sie für andere Unternehmen oder für Endkunden gelten sollen, werden später in diesem Kapitel noch ausführlich beschrieben.

Ungeachtet dieser Unterschiede empfehle ich grundsätzlich, die AGBs komplett durchzulesen, doch – ehrlich gesagt – mache ich das leider auch nicht immer. Denn oft sind sie in einer Weise formuliert, dass es einem das Lesen zur Qual macht.

Nur allzu häufig erlebte ich als juristischer Berater ein böses Erwachen bei meinen Klienten, wenn plötzlich die Transportkosten übernommen werden sollen und sich dadurch die Kalkulation gefährlich in die Verlustzone verschiebt. Beispielsweise erinnere ich mich an einen Fall, bei dem selbst die Anforderungen an die Transportversicherung in den AGBs geregelt wurden. Also nicht nur der Umstand, dass der Lieferant die Transportkosten zu tragen hatte und sich um die Versicherung kümmern musste, sondern sogar die Anforderungen an die Qualität der Versicherung selbst waren Bestandteil dieser AGBs. Plötzlich sah sich der Vertragspartner der Frage ausgesetzt, ob er einfach eine Versicherungsgesellschaft mit einer Vertretung in der Nähe mit der Transportversicherung beauftragen durfte, oder ob – wie in den AGBs gefordert – ausschließlich ein Weltkonzern mit 357 Niederlassungen auf allen Kontinenten dieser Erde dafür infrage käme. In diesem Fall betraf es ein Unternehmen, das eben aus genau diesem Grund zu meinem Klienten wurde, da sich dort niemand die AGBs durchgelesen hatte, und das nun, wie man mir später kleinlaut gestand, am Rande einer betriebswirtschaftlichen Katastrophe stand.

Aus meiner Erfahrung kann ich sagen: Die meisten Streitigkeiten wegen allgemeiner Geschäftsbedingungen entstehen, weil eine Vertragspartei diese nicht gelesen hat. Und bitte nicht vergessen: Sobald Sie als Unternehmer und nicht als Verbraucher am Rechtsverkehr teilnehmen, gilt der Schutz des AGB-Rechts für Sie nur sehr eingeschränkt.

Vor einiger Zeit kaufte ich mir eine Wohnzimmerlampe. Als Privatperson und nicht als Jurist. Als ich das gute Stück aus dem Versandkarton befreite, gefiel es mir plötzlich überhaupt nicht mehr: Viel zu mickrig, viel zu billig wirkte diese LED-Leuchte und entsprach somit überhaupt nicht den Abbildungen im Internet, wo ich sie bestellt hatte. Ich entschloss mich dazu, die Ware zurückzuschicken. Doch bevor ich alles wieder einpackte, las ich mir die AGBs dieses Unternehmens durch. Dort fand ich tatsächlich eine Stelle, in der dieses Unternehmen im Falle von Retoursendungen 20 Prozent des Verkaufspreises als Lagergebühr einbehält. Bei einem Warenwert von beispielsweise

500 Euro fallen also immerhin 100 Euro dafür an, dass jemand die Retourware auspackt und wieder zurück in ein Regal legt. Ich kontaktierte das Unternehmen und fragte, ob man denn glaube, dass diese AGBs wirksam seien. Prompt schrieb mir das Unternehmen: »Aus Kulanz sind wir bereit, auf diesen Punkt in den AGBs zu verzichten.«

Damit wahrten beide Seiten ihr Gesicht und ich schickte meine Lampe zurück, ohne einen Teil des Verkaufspreises bezahlen zu müssen.

Dieses Beispiel zeigt zwei wichtige Aspekte auf:

Zum einen sollten Sie die AGBs unbedingt immer lesen, bevor Sie einen Vertrag unterschreiben. Sonst kann es später irgendwann zu Rechtsstreitigkeiten kommen.

Zum Zweiten existieren in vielen AGBs Stellen, die eben nicht dem normalen geschäftlichen Miteinander entsprechen. Als Verbraucher bin ich dann entspannt, denn man kann in diesem Fall von »überraschenden Klauseln« sprechen (was wohl in meinem Beispiel mit der Lampe auch dem Verkäufer klar war). Hätte ich aber als Unternehmer gehandelt, wäre die Angelegenheit für mich eventuell nicht so günstig ausgegangen.

Worauf sollten Unternehmen bei ihren AGBs im Rechtsverkehr mit Endverbrauchern achten?

Wie bereits vorhin erwähnt, unterscheidet der Gesetzgeber in ziemlich restriktiver Weise, ob Sie Ihre Geschäfte mit einem anderen Unternehmen betreiben oder mit einem Verbraucher (oder Endkunden). Das betrifft viele Bereiche und selbstverständlich auch die Einbeziehung und Kontrolle der AGBs. Warum existieren diese Unterschiede?

Sollten Sie an dieser Stelle die Diskriminierung der ohnehin schwer gegängelten Unternehmer wittern, dann brauchen Sie nicht gleich eine Beschwerde beim Europäischen Gerichtshof einzureichen, denn es gibt einen einfachen Grund für diese unterschiedliche Behandlung. Der Gesetzgeber geht grundsätzlich davon aus, dass sich Unternehmen und selbstständige Unternehmer weitaus besser in den juristischen Feinheiten zurechtfinden als der normale Endverbraucher. Das bedeutet, aus der Sicht des Gesetzgebers verfügt ein Unternehmer über ein ausreichendes kaufmännisches, finanzielles und juristisches Wissen, da er ansonsten überhaupt kein eigenes Geschäft eröffnen und betreiben kann. Beim Endkunden besteht diese Annahme nicht.

Was müssen Unternehmen nun bei ihren AGBs für Endkunden beachten? Grundsätzlich muss von Unternehmensseite auf eine wirksame Einbeziehung der allgemeinen Geschäftsbedingungen geachtet werden, und diese setzt voraus, dass zunächst einmal der Verbraucher ausdrücklich auf das Vorhandensein von AGBs hingewiesen wird. Außerdem soll dieser die Möglichkeit haben, diese allgemeinen Geschäftsbedingungen in zumutbarer Weise einzusehen. Es genügt also nicht, wenn Sie Ihren Endkunden zwar in riesigen Buchstaben auf jedem Angebot über Ihre AGBs informieren, diese sich jedoch an einer geheimen Stelle auf den Kokos-Inseln im Pazifik befinden, inmitten eines Schlangennestes. Schließlich muss der Endverbraucher mit der Geltung der AGBs einverstanden sein. Dieses Einverständnis bedeutet: Der Kunde muss die AGBs vor Vertragsabschluss einsehen können und diese akzeptieren. Also: Entweder hängen Sie diese in Ihrem Ladenlokal sichtbar aus oder – falls Sie Ihre Produkte und Dienstleistungen über das Internet verkaufen – Sie legen die AGBs auf einer entsprechenden Internetseite ab und weisen gut erkennbar darauf hin. Der Begriff »ausdrücklich« bedeutet übrigens nicht automatisch, dass der Hinweis auf AGBs immer schriftlich zu erfolgen hat. Auch ein mündlicher Hinweis auf die AGBs reicht aus, sofern dieser klar und unmissverständlich erfolgt.

Falls Sie einen dieser Punkte verletzen, bleibt zwar die Gültigkeit des Vertrages erhalten, jedoch gelten in diesem Fall die AGBs nicht, da sie nicht wirksam in den Vertrag einbezogen worden sind.

Liegt eine wirksame Einbeziehung vor, so steht das Gesetz dem Verbraucher sehr weitgehend zur Seite. Die §§ 307–309 BGB (lesen Sie sich diese ruhig mal durch!) führen eine Vielzahl von Unwirksamkeitsgründen für Ihre AGBs auf. Bevor Sie aber nach Lektüre dieser Paragrafen und anschließender Betrachtung Ihrer eigenen AGBs vor Schreck den Raum verlassen, möchte ich Sie beruhigen: Sollte tatsächlich einmal eine Klausel in Ihren AGBs gegen die oben zitierten Vorgaben des BGB verstoßen, wird damit nicht automatisch der gesamte Vertrag unwirksam. Die einzelne Regelung in den AGBs gilt zwar nicht mehr, sie wird jedoch durch diejenige Regelung ersetzt, die der Gesetzgeber im BGB vorgesehen hatte. Dadurch kann der Vertrag weiterhin gelebt werden. Dennoch ist dies nicht als Freibrief zu verstehen, irgendwelche unfreundlichen Regelungen in die AGBs aufzunehmen, nach dem Motto »Wird schon gut gehen, und wenn nicht, dann fällt die Klausel halt raus«. Lassen Sie die AGBs, wie schon oben erwähnt, durch einen Anwalt prüfen und auch aktualisieren, da die Gerichte in regelmäßigen Abständen neue Urteile zum AGB-Recht produzieren. Daraus ergibt sich oft Änderungsbedarf auch an Ihren AGBs.

Worauf sollten Unternehmen bei ihren AGBs im Rechtsverkehr mit anderen Unternehmen achten?

Wie bereits in diesem Kapitel erwähnt, gelten im geschäftlichen Verkehr zwischen Unternehmen weniger strikte Vorgaben für den Verfasser von AGBs. Konkret gibt es nur besagten § 307, der zur Unwirksamkeit einzelner Klauseln führen kann. Hier gilt auch nicht die oben beschriebene Einbeziehungsregel mit ihren drei Punkten (Hinweis auf das Vorhandensein von AGBs, Einsichtnahme in zumutbarer Weise und Einverständnis der AGBs). Jedoch muss auf eine sogenannte rechtsgeschäftliche Einbeziehungsabrede geachtet werden. Das bedeutet: Der Gesetzgeber geht davon aus, dass beide Unternehmen dafür Sorge tragen, einerseits auf die AGBs hinzuweisen und andererseits diese auch eigenverantwortlich zur Kenntnis zu nehmen. Während also beispielsweise ein Endverbraucher bei einer Internetbestellung ausdrücklich bestätigen muss, die AGBs gelesen und verstanden zu haben, ist diese Bestätigung zwischen Geschäftsleuten nicht erforderlich. In der Praxis muss daher das Unternehmen, das als Kunde auftritt, den AGBs widersprechen, sollte es damit nicht einverstanden sein. Fehlt dieser Widerspruch, gelten die AGBs als akzeptiert.

Falls sich die allgemeinen Geschäftsbedingungen beider Unternehmer einander widersprechen sollten – das kann durchaus vorkommen –, hat der Gesetzgeber bereits vorgesorgt. Wenn also beispielsweise die Lieferbedingungen des verkaufenden Unternehmens andere Rahmenbedingungen fordern als jene des kaufenden Unternehmens, findet laut Gesetz das Prinzip der **Kongruenzgeltung** Anwendung. Dabei behalten jene Bestandteile der jeweiligen AGBs ihre Gültigkeit, die sich nicht widersprechen. Die strittigen Klauseln hingegen werden gar nicht erst Gegenstand des Vertrages, sondern in diesen Fällen gelten dann die gesetzlichen Bestimmungen.

Können AGBs verhandelt werden?

Haben Sie schon mal versucht, den Inhalt der allgemeinen Geschäftsbedingungen zu verhandeln? Nehmen wir an, Sie möchten für Ihr Büro einen neuen Computer kaufen. In einem Web-Shop finden Sie das perfekte Produkt, exakt auf Ihre geschäftlichen Bedürfnisse angepasst. Jetzt lesen Sie in den AGBs dieses Unternehmens, dass als Transportkosten 50 Euro verrechnet werden. Wie gehen Sie damit um?

Die meisten Menschen, mit denen ich über dieses Thema rede, gehen davon aus, dass AGBs akzeptiert werden müssen. Sie haben die Vorstellung, es handle sich dabei um ähnlich bedeutende Schriften wie die Zehn Gebote, und die wurden schließlich in Stein gemeißelt. Vermutlich ahnen Sie bereits, worauf ich hinaus will, und ja, die allgemeinen Geschäftsbedingungen können – und sollen – im Zweifel genauso verhandelt werden wie jeder andere Vertragsbestandteil auch.

Natürlich macht es dem Unternehmen keinen Spaß, dieses »Fass aufzumachen« und anzufangen, über ihre AGBs zu diskutieren.

Ich habe als juristischer Berater einige Situationen erlebt, in denen Verhandlungsteilnehmer bestimmte Ziffern in den AGBs infrage stellten, und diese wurden dann entsprechend angepasst. Klar muss man in solchen Fällen eine zusätzliche Verhandlungsschleife drehen, doch anpassen lassen sich AGBs allemal. Sie werden dann halt zu Individualvereinbarungen.

Mit anderen Worten: Die weitverbreitete Annahme, AGBs könnten nicht verändert werden, ist völliger Quatsch. Die Frage dabei lautet eher: Wie groß ist die Chance, wirklich etwas daran zu verändern? Nehmen wir das Beispiel aus dem ersten Kapitel, jenes mit Vodafone. Bei so großen Unternehmen muss man realistisch bleiben, denn hier kann man davon ausgehen, dass diese AGBs die gesamte interne juristische Abteilung durchlaufen haben. Wenn wir in diesem Fall eine Ziffer ändern lassen möchten, ernten wir als Antwort höchstwahrscheinlich einen Lachanfall. Falls Sie sich aber mit Ihrem Verhandlungspartner auf Augenhöhe befinden, ist es durchaus legitim, über Anpassungen der AGBs zu sprechen.

Sie sollten sich übrigens auch nie scheuen nachzufragen, wenn Sie einen Vertragspunkt nicht verstehen. Gerade weil AGBs gerne extrem umständlich formuliert werden, gibt es keine »dummen Fragen«, sobald es um die Vertragsgestaltung geht.

Im Gegenteil: Es kann sogar richtig teuer oder zumindest nervenaufreibend für Sie werden, wenn Sie eine Stelle im Vertrag nicht verstanden haben und trotzdem unterschreiben.

Sie fragen Ihren Arzt ja auch, was er damit meint, wenn er Ihnen etwas von einer »fulminanten Dysfunktion« erzählt. Der Herr Doktor ist sich nämlich durchaus bewusst, dass er mit Fachtermini nur so um sich wirft und vielleicht zunächst nicht verstanden wird. So ähnlich verhält es sich manchmal auch mit Ihrem Vertragspartner, also fragen Sie ruhig nach.

Wohin mit den AGBs?

Nehmen wir an, Sie haben Ihre allgemeinen Geschäftsbedingungen verfasst, und jetzt werden sie zum Bestandteil Ihrer geschäftlichen Aktivität. Ich bekomme nun häufig die Frage gestellt, ob man die AGBs zwingend an jedes Angebot oder jede Auftragsbestätigung anhängen muss oder ob man auch an die entsprechende Stelle auf der Homepage verweisen kann.

Falls Ihnen ähnliche Fragen den nächtlichen Schlaf rauben, möchte ich Sie schon mal beruhigen: Kein Vertrag auf dieser Welt wird unwirksam, nur weil er auf allgemeine Geschäftsbedingungen verweist, die auf einer Homepage stehen. Selbst wenn Sie überhaupt keinen Verweis auf die AGBs im Vertrag anführen, behält der Vertrag seine Gültigkeit. Kein Auftraggeber kann sich beispielsweise davor drücken, Ihnen ein Honorar zu zahlen, nur weil Sie keine Angaben zu Ihren AGBs gemacht haben. Andererseits wird es Ihnen im Streitfall allerdings nicht viel helfen, wenn Sie die AGBs lediglich auf Ihre Webseite gestellt haben. Geben Sie also im Vertrag zumindest immer die Stelle an, wo diese zu finden sind, und lassen Sie sich vom Vertragspartner zusätzlich die Kenntnisnahme der AGBs bestätigen. Sie können dazu folgende Formulierung verwenden:

> Es gelten die allgemeinen Geschäftsbedingungen (AGBs), die unter folgendem Link eingesehen werden können:

Dann folgt der exakte Link zur entsprechenden Seite auf Ihrer Homepage. Damit verweisen Sie ganz klar auf Ihre AGBs.

Aus juristischer Sicht ist es also egal, ob man bei jedem seiner Verträge die AGBs an das Vertragswerk heftet oder ob Sie auf die entsprechende Stelle im Internet verweisen. Für mich stellt sich jedoch eher die Frage, wie offen Sie gegenüber Ihrem Geschäftspartner auftreten wollen.

Überlegen Sie sich, welches Verhalten Sie sich als Vertragspartner wünschen würden: Die AGBs, ausgedruckt am Ende des Vertrags oder lediglich ein Hinweis darauf und Sie müssen sich noch extra an den Rechner setzen, um diese zu lesen. Letztlich bleibt es eine Frage des persönlichen Geschmacks und hängt von der Art des Vertrages ab, wie Sie mit den allgemeinen Geschäftsbedingungen umgehen.

Was soll in den AGBs beschrieben werden?

Auf die Frage, was genau in die AGBs hineingehört und was nicht, gibt es keine einheitliche und vor allem keine richtige Antwort. Der Inhalt und Umfang der allgemeinen Geschäftsbedingungen hängt stark davon ab, in welchem Geschäftsumfeld Sie sich bewegen. So fallen die AGBs eines Bankhauses meist um einiges umfangreicher aus als die eines Verkaufstrainers.

Wie ich bereits im ersten Kapitel zur Vertragsgestaltung schrieb, richtet sich die Gestaltung Ihrer AGBs danach, welche Rahmenbedingungen Sie schaffen wollen. Die AGBs sind Regelungen, die für Ihre sämtlichen Geschäftsvorgänge gelten sollten.

Normalerweise beginnen sie mit einer **Leistungsbeschreibung**, also etwa: »Wir liefern in der Größe X und in der Qualität Y.«

Welche Form der Dienstleistung oder welche Produkte bieten Sie an? Formulieren Sie unter diesem Punkt Ihr grundsätzliches Angebot.

Als Nächstes kommt der **Leistungszeitraum:** Wann soll geliefert werden?

Definieren Sie nun den **Leistungsort** und sämtliche **Angaben zur Lieferung:** Wohin soll geliefert werden? Wer übernimmt die Transportkosten und die Haftung? Wie wird gehaftet, für welche Fälle und wo schließe ich meine Haftung aus?

Auch die Frage der **Verjährung** können Sie in die AGBs schreiben. Diesen Punkt finden wir natürlich ebenso im Gesetz wieder, doch wenn Sie beispielsweise eine längere Verjährungsfrist für etwas geben oder eine Garantie gewähren möchten, dann sollten Sie in den AGBs definieren, für welche Fälle diese Garantie *nicht* gilt. Sie können auch noch zusätzlich formulieren, unter welchen Voraussetzungen diese gelten und wann nicht. Idealerweise sollten Sie an dieser Stelle Kontaktdaten hineinsetzen, falls Sie der Kunde in dieser Angelegenheit kontaktieren möchte.

Mit Sicherheit fallen Ihnen noch weitere Punkte ein, die regelmäßig auftauchen und für eine Vielzahl von gleichartigen Fällen geregelt werden sollten.

Checkliste: Verwendung von AGBs

- ☐ Ist der Einsatz von AGBs in Ihrem Unternehmen überhaupt sinnvoll – zum Beispiel wenn eine Vielzahl gleichartiger Geschäftsvorfälle geregelt werden soll?
- ☐ Sind Ihre Verträge, da häufig verwendet, bereits AGBs?
- ☐ Welche häufig auftretenden Situationen sollen in Ihren AGBs geregelt werden?
- ☐ Sind die AGBs stets auf dem aktuellen Stand der Rechtsprechung und wurde in Ihrem Unternehmen ein System der regelmäßigen Überprüfung und Überarbeitung installiert?
- ☐ Sind Ihre AGBs für den Kunden ohne große Mühen einsehbar?
- ☐ Sind Ihre AGBs für den Kunden ausreichend klar formuliert?
- ☐ Falls Sie AGBs vorgelegt bekommen: Haben Sie diese sorgfältig gelesen und die Möglichkeit der Verhandlung einzelner Punkte in Betracht gezogen?
- ☐ Haben Sie alle Punkte in den vorgelegten AGBs verstanden?
- ☐ Sind die AGBs wirksam einbezogen worden?

Kapitel 5 – Wie soll der Vertrag verfasst werden?

Als junger Anwalt lernte ich folgende Regel: Verfassen Sie ausschließlich Verträge, die Sie auch selbst verstehen.

Das bedeutet natürlich, es soll in Vertragswerken kein Kauderwelsch stehen, das mehr Ähnlichkeit mit Klingonisch besitzt als mit der eigentlich angepeilten Vertragssprache. Außerdem sollte es niemals das Ziel sein, einen Vertrag mit Fachausdrücken zu überfrachten oder in einem Juristendeutsch zu verfassen, bei dem zwar jeder Anwalt in Verzückung gerät, jedoch der Rest der Menschheit vollkommen ratlos zurückbleibt.

Worauf kommt es also bei der Formulierung eines Vertragswerkes an? Muss ein Vertrag tatsächlich unzählige Fachtermini enthalten oder sind Sie mit einer leicht verständlichen Formulierung besser beraten? Mit der Beantwortung dieser Fragen beschäftigt sich dieses Kapitel. Außerdem erhalten Sie Empfehlungen, wo Sie geeignete Vertragsvorlagen finden und worauf auch hier zu achten ist. Schließlich gehe ich auch noch darauf ein, was passieren könnte, wenn Sie im Vertrag eine falsche Formulierung verwenden.

Woher bekomme ich eine Vorlage für meinen Vertragsentwurf?

Sollten Sie sich in der Situation befinden, einen neuen Standardvertrag zu entwerfen, dann empfehle ich Ihnen, sich zuerst einmal bei der IHK, Ihrer jeweiligen Interessenvertretung oder bei einem Verband, in dem Sie Mitglied sind, schlauzumachen. Diese Institutionen verfügen meist über aktuelle Musterverträge, die von Juristen verfasst wurden.

Selbst im Internet nach kostenlosen Vorlagen zu recherchieren und diese als Vorlage zu benutzen, davon rate ich Ihnen dringend ab. Glauben Sie mir, das geht daneben. Nämlich spätestens dann, wenn es zu einer Streitigkeit kommt und der gegnerische Anwalt Unstimmigkeiten zwischen einzelnen Vertragspunkten findet. Mit hoher Wahrscheinlichkeit wird dieser Ihren Vertrag zerlegen wie ein frisch geschossenes Wildschwein.

Das wilde Raubkopieren aus dem Internet macht nur dann Sinn, wenn Sie Ihre geplante Vertragsvorlage anschließend einem Juristen oder Ihrer juristischen Abteilung, sofern Sie für ein größeres Unternehmen tätig sind, zur abschließenden Prüfung vorlegen.

Gehen wir jetzt mal davon aus, Sie verwenden einen Mustervertrag der IHK. Überlegen Sie sich nun, welche Inhalte für Sie passen und welche nicht. Gestalten Sie den Entwurf ganz nach Ihren Bedürfnissen. Als Einzelunternehmer liegt dieser Arbeitsschritt allein bei Ihnen. Falls Sie mehrere Mitarbeiter beschäftigen, sollten Sie den entsprechenden Spezialisten hinzuziehen, beispielsweise den Techniker, sollte es sich um einen Servicevertrag handeln. In dieser Phase unterliegt alles der profanen Frage: Was muss in den Vertrag noch hinein und was kann rausgestrichen werden?

In jedem Fall empfehle ich Ihnen, einen Anwalt zu beauftragen, das Vertragswerk am Ende zu prüfen, damit auch wirklich alles stimmig verfasst wird.

Gut zu wissen: Wo finde ich die passende Vorlage?

Wo findet man überhaupt einen für Ihre Situation passenden Mustervertrag? Normalerweise sollte dafür der zuständige Verband als erste Adresse gelten. Beispielsweise vertritt der Verein für Anlagenbauer in erster Linie seine Mitglieder, und dessen Musterverträge wurden sicher auch entsprechend optimiert. Es gilt jedoch immer zu beachten, aus welcher Rolle heraus dieser Vertrag erstellt wurde – aus der des Verkäufers oder des Käufers. Die einzelnen Vertragspunkte können dann durchaus unterschiedlich ausfallen.

Während Musterverträge von Verbänden in der Regel meist aktuell gehalten werden, finden sich im Internet zwar auf verschiedensten Seiten geeignete Vertragsmuster, jedoch entsprechen diese häufig nicht mehr dem neuesten Stand der Gesetzgebung und/oder Rechtsprechung. Das heißt, aktuelle Musterverträge gibt es durchaus, doch der Verfasser des Vertrages – also einer der beiden Verhandlungspartner – achtet für gewöhnlich nicht auf deren Aktualität, wenn er sie einmal heruntergeladen hat. Dann fügt er eigene Ergänzungen hinzu, und diese beschreiben sehr oft mit anderen Worten, was ohnehin bereits weiter oben im Mustervertrag steht. Dann entstehen unnötige Dopplungen. Das ist zwar kein Fehler, doch derartige Wiederholungen blähen den Vertrag unnötig auf und sorgen meist für Verwirrung.

Die Prüfung des Vertragsentwurfes

Falls Sie den Vertrag nicht selber entworfen, sondern von Ihrem Vertragspartner im Entwurf erhalten haben: Überlegen Sie sich, ob die dort niedergelegten Formulierungen alle für Sie nachvollziehbar klingen. Wenn nicht, führen Sie die notwendigen Änderungen durch. Markieren Sie die Stellen am rechten Seitenrand und fügen Sie dort Kommentare ein. Oder, falls Sie das Dokument elektronisch erhalten haben, nutzen Sie am besten die Kommentarfunktion Ihrer Text-Software und schicken Sie es dem Vertragspartner zurück.

Wenn Sie Geschäftsführer eines Unternehmens mit mehreren Mitarbeitern sind, dann bestehen Sie darauf, immer den finalen Vertragsentwurf vorgelegt zu bekommen. Schließlich tragen Sie die haftungsrechtliche Verantwortung, und daher sollten Sie stets darüber Bescheid wissen, was in den Verträgen steht.

Der Entwurf soll also auf der Arbeitsebene entworfen und auf der Geschäftsführerebene final geprüft werden.

Nehmen wir an, Sie müssen als Einzelunternehmer einen Vertrag entwerfen, doch allein der Gedanke daran erzeugt bei Ihnen Flecken im Gesicht, sprich: Sie haben überhaupt keine Lust, sich mit dieser Aufgabe auseinanderzusetzen. Welche Möglichkeiten haben Sie in diesem Fall?

Hier habe ich eine ganz klare Antwort für Sie: An irgendeiner Stelle *müssen* Sie sich immer mit dem Vertrag beschäftigen. Das nimmt Ihnen keiner ab. Sollte Ihr Unternehmen aus nur wenigen Mitarbeitern bestehen, bleibt Ihnen sowieso nichts anderes übrig, als die Vertragsinhalte zu notieren. Es macht nämlich überhaupt keinen Sinn, einem Anwalt zu sagen, er solle beispielsweise einen Servicevertrag für Sie entwerfen. Dieser Jurist kennt schließlich weder Ihre persönlichen Vorstellungen noch das Unternehmen, noch weiß er, worauf bei diesen speziellen Maschinen zu achten ist, die Ihr Unternehmen betreut.

Der Anwalt kann nur das umsetzen, was ihm aufgetragen wird. Hier dürfen wir den Grundsatz der Vertragsgestaltung nicht außer Acht lassen: Der Vertrag folgt dem wirtschaftlich Gewollten und nicht umgekehrt.

Halten Sie Verträge immer einfach und verständlich

Höchstwahrscheinlich ahnen Sie bereits, wofür ich appelliere: Schreiben Sie Verträge stets in anschaulicher Weise, und umgekehrt sollten Sie dies auch von Ihrem Vertragspartner einfordern.

Besonders wenn Sie den Vertrag selbst formulieren und Textstellen aus Musterverträgen oder aus dem Internet übernehmen, achten Sie unbedingt darauf, dass Sie auch deren Bedeutung verstehen. Vor allem sollten Sie sich über die möglichen Auswirkungen im Klaren sein.

Falls die Vertragshoheit bei der gegnerischen Partei liegt, diese also den Vertragstext erstellt, und Ihnen erscheint eine Textstelle wie das berühmte böhmische Dorf, dann fragen Sie unbedingt nach. Es bringt nämlich wenig, wenn Sie nur vorgeben, inhaltlich alles zu verstehen. Erfahrungsgemäß kommen Unklarheiten nach Vertragsunterzeichnung immer irgendwann an die Oberfläche, spätestens dann, wenn der Vertrag gelebt wird. So etwas führt dann immer zu Streitigkeiten, und das sind denkbar schlechte Voraussetzungen für eine langfristige Geschäftsbeziehung.

Stellen Sie deshalb auch bei Ihrem Verhandlungspartner sicher, dass er den Vertragsinhalt voll und ganz verstanden hat.

Ich empfehle meinen Mandanten immer, die Vertragspunkte so zu formulieren, wie sie ihnen gerade in den Sinn kommen. Einfach mal ganz simpel so niederschreiben, wie man es auch sagen würde. Dann wissen Sie zumindest, welche Punkte unbedingt im Vertrag stehen müssen, und können den Text im zweiten Schritt weiter verfeinern.

Dass man die Qualität von Verträgen daran erkennt, wie kompliziert und wie umfangreich sie formuliert sind, ist ein Mythos. Vermutlich denken Sie dabei an Gesetzestexte, die in den meisten Fällen tatsächlich so niedergeschrieben wurden, als seien sie von einer fremden Zivilisation aus einer weit entfernten Galaxis erschaffen worden.

Offenbar haben wir Anwälte eine unauslöschliche Neigung, Verträge möglichst verklausuliert zu formulieren. Lassen Sie sich davon aber nicht in die Irre führen. Es ist viel besser, ein Schriftstück so zu formulieren, dass es jeder versteht, vor allem Ihr Verhandlungspartner, auch wenn er nicht die Hälfte seines Lebens in einer juristischen Fakultät verbracht hat.

Verträge sind ein in Wörter umgesetztes kaufmännisches Verständnis.

Behalten Sie dies immer im Hinterkopf und handeln Sie beim Aufsetzen eines Vertrages dementsprechend »verständnisvoll«.

Es sei denn, Sie wollen ganz bewusst die gegnerische Partei verwirren, doch ich bin mir sehr sicher, dass Sie so jemand nicht sind. Selbstverständlich ist es Ihr Wunsch, das Vertragswerk in möglichst klaren wie eindeutigen Worten zu verfassen. Doch nehmen wir einmal an, es beschleicht Sie bei Ihrem Verhandlungspartner genau das gegenteilige Gefühl. Ihnen scheint es so, als versuche die Gegenseite, Sie mit unverständlichem Kauderwelsch zu verwirren. Nun liegt ein Vertrag vor Ihnen auf dem Tisch, von dem Sie kein Wort verstehen, egal, wie oft Sie ihn lesen. Wie gehen Sie in diesem Fall am besten vor?

In diesem Fall sollten Sie erst recht jede Unklarheit hinterfragen, denn möglicherweise verfolgt die gegnerische Partei eine Verwirrungstaktik, und das dürfen Sie sich niemals gefallen lassen. Ich habe Situationen erlebt, in denen Verträge so kompliziert formuliert wurden, dass sie schließlich komplett umgeschrieben werden mussten. Wäre dies nicht geschehen, hätten wir die Vertragsverhandlungen abgebrochen.

Wenn Sie sich mit Ihren Vertragspartnern auf Augenhöhe befinden, sollten Sie mit der Forderung nach leicht verständlichen Formulierungen durchkommen. Bei anderen Ausgangssituationen – beispielsweise wenn Sie als Kleinunternehmer mit einem Weltkonzern verhandeln – wird das nicht so einfach möglich sein. Dann wird es für Sie unvermeidlich, einen Anwalt hinzuzuziehen, damit Sie eventuelle geschickt formulierte Fallen vermeiden.

Kommt es im Vertrag auf jedes Wort an?

Stellen Sie sich vor, Sie setzen einen Vertrag auf, und nach gegenseitiger Unterschrift entdecken Sie einen falsch verwendeten Begriff. Vor Schreck gelähmt starren Sie dieses Wort an: Jetzt haben Sie an einer

Stelle im Vertrag tatsächlich »Auftraggeber« geschrieben, stattdessen hätte es »Kunde« lauten sollen.

Ihre Gedanken kreisen nun schon seit Stunden um die möglichen Konsequenzen: Verliert der gesamte Vertrag nun seine Gültigkeit und müssen Sie jetzt mit horrenden Vertragsstrafen rechnen? Summen, mit denen Sie sich eine hübsche kleine Insel in der Karibik hätten kaufen können? Was passiert, wenn dieser Vertrag irgendwann vor Gericht kommt und ein Richter bekommt dieses Schriftstück zu Gesicht? Werden Sie dann sofort verurteilt und für die nächsten 50 Jahre ins Gefängnis gesteckt, weil Sie dem armen Vertragsgegner ein fehlerhaftes Vertragswerk untergejubelt haben? Und was hätten Sie mit der Karibikinsel überhaupt anfangen sollen, wo Sie doch lieber die Zugspitze hinaufkraxeln?

So oder ähnlich sieht die Schreckensvorstellung vieler Laien aus. Dahinter steckt die Angst, durch eine kleine fehlerhafte Formulierung unermesslichen Schaden zu verursachen.

Um zu erfahren, ob so ein kleiner Fehler wirklich so katastrophale Folgen haben kann, lesen Sie den folgenden Kasten hier und auf der nächsten Seite.

Gut zu wissen: Der Unterschied zwischen Zivilrecht und Strafrecht

Eines schon mal vorweg: Niemand braucht zu befürchten, wegen eines fehlerhaften Vertrages ins Gefängnis zu kommen. Dennoch hält sich bei vielen juristischen Laien der Mythos ausgesprochen hartnäckig, dass bei einem fehlerhaft formulierten Vertragswerk der Staat schnell mit der ganzen Härte des Strafgesetzbuches zuschlägt. Das ist ein grundsätzlicher Irrtum. Zu seiner Aufklärung muss man nur Folgendes wissen:

In der deutschen Rechtsprechung werden zwei grundlegende Rechtsbereiche voneinander unterschieden: das **Zivilrecht** und das **Strafrecht.** Ersteres betrifft immer das Verhältnis zwischen zwei (oder mehreren) Personen, während das Strafrecht unsere Gesellschaft und deren Werte schützen soll.

Angenommen, Unternehmer Maier setzt aus irgendwelchen Gründen einen zu hohen Kaufpreis in Rechnung und Unternehmer Müller fühlt sich übers Ohr gehauen. Nach längeren Streitigkeiten geht es deswegen schließlich vor Gericht. Der Richter befindet den Kaufpreis tatsächlich als zu hoch und entscheidet auf eine teilweise Rückzahlung der von Maier geforderten Summe. Das bedeutet also: Immer wenn sich zwei Personen streiten und vor Gericht landen, wird das Zivilrecht angewendet. Der Zivilprozess kann mit einem Urteil oder einem Vergleich enden. Bei Letzterem handelt es sich um eine Art Kompromiss, bei dem beide Seiten einen bestimmten Beitrag zu leisten haben.

Ob jetzt im Streit »Maier gegen Müller« ein strafrechtliches Delikt vorliegt, folglich ob dieser Fall eine Gefahr für unsere Wertegemeinschaft darstellt, der weiterverfolgt werden muss, wird von der Staatsanwaltschaft entschieden. Also falls festgestellt wird, dass Maier gewerbsmäßigen Betrug betreibt und hinter diesem erhöhten Preis irgendein System steckt, dann tritt der Staat als Kläger auf. Doch dabei handelt es sich um eine ganz andere Geschichte, die vollkommen getrennt von der vorherigen Streitigkeit behandelt werden muss.

Falsche Formulierungen

Beschäftigen wir uns jetzt mal mit dem ausschließlich vertraglichen Teil und nehmen wir an, unser Vertrag beinhaltet das bereits vorhin erwähnte falsch eingesetzte Wort. Nämlich »Auftraggeber« statt »Kunde«. Was könnte uns in diesem Fall tatsächlich passieren?

Gehen wir davon aus, die gegnerische Partei lässt sich von Ihnen Ware liefern und verweigert daraufhin die Zahlung mit der Begründung, dass der Vertrag keine Rechtsgültigkeit habe, weil ebendiese beiden Begriffe vertauscht wurden. Kurz: Ihr Kunde behauptet, die getroffene Vereinbarung tauge nichts, deswegen brauche er auch keinen Cent zu bezahlen. Lassen wir an dieser Stelle alle anderen juristischen Aspekte außer Acht, bei denen einem Anwalt das Wasser im Mund zusammenläuft, und nehmen wir an, Ihr Kunde geht gegen Sie vor Gericht. Natürlich kann im schlimmsten Fall alles zu Ihrem Nachteil entschieden werden, doch hier stellt sich wieder die Frage, wie realistisch ist »der schlimmste Fall«?

Ein halbwegs versierter Richter wird nicht nur diesen einen Satz prüfen, da er genau weiß, dass er sich immer ein Gesamtbild verschaffen muss. Er liest sich also den gesamten Vertrag durch.

Schließlich steht Ihnen bei dieser Verhandlung in der Regel auch ein Anwalt zur Seite, und zu seinen Aufgaben zählt es, dem Richter klarzumachen, dass bei diesem Vertrag lediglich ein Wort falsch eingesetzte wurde und deswegen nicht gleich der gesamte Vertrag hinfällig werden darf.

Wichtig ist dabei stets der gesamte Kontext, in dem ein Vertrag verfasst wurde, und niemals nur ein einzelnes Wort. Aus diesem Grund erweist sich auch die Angst vor dem berühmten »falschen Wort« im Vertrag normalerweise als völlig unbegründet, und letztlich kommt es immer auf die Auslegung an. So betrachtet könnten Sie Ihren Vertragspartner sogar als »Vertragsgegner« bezeichnen. Eine »falsche Benennung« existiert nicht, solange alle Beteiligten wissen, was unter diesem Begriff zu verstehen ist.

Lassen Sie sich jedoch jetzt nicht dazu hinreißen, künftig irgendwelche wahllos zusammengewürfelten Termini in den Vertrag zu schreiben, nach dem Motto »Es zählt ja sowieso nur der gesamte Kontext«.

So etwas geht auch mal schnell daneben, insbesondere dann, wenn ein derartiger Vertrag für Verwirrung sorgt.

Aus diesem Grund empfehle ich Ihnen, den Vertragsentwurf immer von jemand lesen zu lassen, dem Sie vertrauen, und falls diese Person alles verstanden hat, sind Sie mit dem Vertragswerk bereits auf einem guten Weg. Sollten einige Punkte unklar bleiben, sollten Sie diese entsprechend überarbeiten oder überarbeiten lassen. Führen Sie auf jeden Fall zum Schluss auch noch einmal einen Quercheck durch und prüfen Sie, ob ein und derselbe Begriff im Vertrag konsequent gleich verwendet wurde. Mit dieser Vorgehensweise befinden Sie sich stets auf der sicheren Seite.

Die Kündigung aus wichtigem Grund

Vermeiden Sie ewig lange Sätze, die sich über mehrere Zeilen ziehen und durch unzählige Kommata am Leben gehalten werden. Kurze Sätze sorgen für Klarheit, daher sollten Sie häufiger einen Punkt machen, als ein Komma zu setzen.

Mitunter lässt sich ein komplizierter und auch unbestimmter Begriff nicht umgehen. Lassen Sie diesen nicht einfach so stehen, sondern erklären Sie ihn am besten gleich im Anschluss. Nehmen wir als Beispiel den Satz: »Dieser Vertrag kann aus wichtigem Grund gekündigt werden.«

Jetzt fragt sich höchstwahrscheinlich jeder, der diesen Vertrag liest, welche Gründe damit wohl gemeint sein könnten. Bei diesem Satz handelt es sich um einen Rechtsbegriff, der letztlich alles Mögliche bedeutet. Die grundsätzliche Beschreibung lautet, der Vertrag kann dann gekündigt werden, wenn dem anderen das Festhalten am Vertrag nicht mehr zugemutet werden kann, und zwar bis zum nächsten Kündigungstermin. In diesem Fall muss also etwas Gewichtiges vorgefallen sein. Damit jedoch klar ist, wann ein derartiger wichtiger Grund eintritt, und damit beide Vertragsparteien abschätzen können, was als ebendieser betrachtet werden kann, gilt es, einige dieser »wichtigen Gründe« entsprechend zu definieren. Beispielsweise falls der andere schon seit drei Monaten nicht mehr bezahlt hat. Oder wenn er in Insolvenz geraten ist oder mindestens vier Mal hintereinander eine nachweislich schlechte Qualität abgeliefert hat. Letztlich kommt es auf den Vertrag an, welche Beispiele darin erfasst werden. Durch diese kurzen Beschreibungen wird für beide Seiten klar, welche Situationen darunter zu verstehen sind. Formulieren Sie bitte so, dass die wichtigen Gründe nur beispielhaft und nicht abschließend aufgeführt sind, sofern Sie dies nicht wünschen (»als wichtiger Grund gilt insbesondere ...«). In diesem Fall haben Sie die Möglichkeit, dem Vertragspartner auch dann zu kündigen, wenn der Umstand, der Sie zur Kündigung veranlasst, nicht ausdrücklich aufgeführt ist. Auf der anderen Seite sind Sie natürlich ebenfalls angreifbarer. Falls Sie hingegen eine abschließende Regelung wünschen, muss dies ebenfalls deutlich gemacht werden (»als wichtiger Grund gelten abschließend die nachfolgend aufgeführten Gründe: ...«).

Die Bedeutung von höherer Gewalt im Vertragswerk

Wie verhält es sich beispielsweise mit dem Begriff »höhere Gewalt«? Auch dieser Ausdruck kommt häufiger in Verträgen vor, und den meisten Personen ist nicht wirklich klar, was darunter zu verstehen ist. Natürlich entdecken wir in der Rechtsprechung entsprechende Hinweise dazu, doch Sie können zusätzlich im Vertrag die passenden Definitionen eintragen.

Gut zu wissen: Wann liegt höhere Gewalt vor?

Häufig wird die Haftung oder Pflicht zur Leistung ausgeschlossen, wenn einer Nichtleistung oder Schadenszufügung eine sogenannte höhere Gewalt zugrunde liegt.

Darunter werden meist Ereignisse wie Kriege, Naturkatastrophen oder abstrakte Fälle wie Flugzeugabstürze oder Meteoriteneinschläge verstanden.

Wenn also ein von außen kommendes Ereignis auch durch Anwendung größter Sorgfalt nicht abgewendet werden kann, liegt höhere Gewalt vor. Sobald ein Ereignis von einer der beiden Parteien zu verantworten ist, liegt keine höhere Gewalt mehr vor. Der Besuch der Schwiegermutter zum ausgedehnten Nachmittagstee, der den Auftragnehmer von der Arbeit abhält, wäre damit zwar nicht vom Auftragnehmer verschuldet, er müsste sich dies aber zurechnen lassen.

Die Folge der höheren Gewalt ist, dass derjenige, der dadurch an der Erfüllung seiner Vertragspflichten gehindert wird, diese nicht erbringen muss und gegenüber der anderen Vertragspartei nicht schadensersatzpflichtig wird. Dies kann im Vertrag auch so niedergeschrieben werden. Zusätzlich wird man aber eine Regelung aufnehmen, die das gemeinsame Bemühen um eine Lösung des durch die höhere Gewalt entstandenen Problems im beiderseitigen Sinne fixiert.

Ist es demnach der Vulkan, der ausbricht, und das Flugzeug, das mit der Ware an Bord nicht abheben kann? Oder handelt es sich dabei um die gesperrte Autobahn, weil ein Panzerkonvoi der Bundeswehr für einen Jahrhundertstau sorgt? Vielleicht zählt auch ein Streik in einem bestimmten Bereich für Sie zu einer Angelegenheit höherer Gewalt. Falls ja, sollten Sie diese Punkte erläuternd, aber nicht abschließend anführen. Jedoch bitte nur diejenigen Punkte, mit denen realistischerweise gerechnet werden kann.

Finden Sie die richtige Sprache

Ich rate Ihnen dringend von zweisprachigen Verträgen ab, da in diesen Fällen allein schon der kommerzielle Aufwand meist enorm ist. Der wirtschaftliche Aspekt dieses Themas wurde bereits im ersten Kapitel ausführlich behandelt.

Zusätzlich kommt der Zeitverzug hinzu, da diese Art der Übersetzung komplexer ist, als wenn Sie lediglich einen Werbebrief übersetzen lassen.

Sie müssen nämlich zunächst einmal einen passenden Übersetzer finden. Also jemanden, der sich in Ihrer Branche auskennt und die bei Ihnen üblichen Fachbegriffe kennt.

Nehmen wir an, der Vertrag wurde in Deutsch verhandelt und soll nun ins Englische übersetzt werden. Sie konnten den richtigen Übersetzer bekommen? Wunderbar, doch selbst dann können Sie nie komplett sicher sein, dass auch wirklich alle Vertragsbestandteile völlig korrekt übersetzt wurden. Hier liegt nämlich der sprichwörtliche Hund begraben. Übersetzer arbeiten normalerweise immer unter einem enormen Zeitdruck, daher kommt es sehr häufig vor, dass sie nicht alle Begriffe auf deren adäquate Bedeutung im Vertrag prüfen.

Außerdem sollte der Übersetzer zusätzlich die Fachtermini kennen, die in Ihrer Branche üblicherweise Anwendung finden. Nur dann können Sie sichergehen, dass diese auch korrekt übersetzt werden. Gleichzeitig bedeutet das: Je spezialisierter Ihr Markt ist, umso größer wird die Herausforderung sein, den passenden Übersetzer zu identifizieren.

Die nächste Frage lautet: Welche Version lassen Sie jeweils übersetzen? Jeden Entwurf oder nur die letzte Fassung? Schließlich gilt auch hier: Jede Übersetzung kostet Geld, und es dauert zudem einige Zeit, bis Sie den Vertrag in der übersetzten Form erhalten. An dieser Stelle sprechen Sie sich am besten mit der gegnerischen Partei ab und vereinbaren dabei gleich eine Kostenteilung. Bitte denken Sie daran, diesen Punkt schriftlich zu fixieren – beispielsweise per E-Mail –, sonst kann sich später niemand mehr daran erinnern.

Neben den auflaufenden Kosten sollten Sie unbedingt die Qualität der Übersetzungen kritisch betrachten. Hier durfte ich im Laufe der Jahre die wildesten Dinge erleben. Englische Übersetzungen können da schon mal einen ganz anderen Inhalt bekommen, als in der deutschen Urfassung steht. Vor allem wenn es schnell gehen muss, setzen Übersetzungsbüros gerne mal mehrere Übersetzer auf Ihr Vertragswerk an, und jeder übersetzt Wörter nun mal unterschiedlich. Unter Hektik wird auch die Qualitätskontrolle aufseiten des Übersetzungsbüros vor der Abgabe in etwa so rar sein wie gute Laune im Gerichtssaal.

Ich habe bereits übersetzte Verträge erhalten, die mich danach noch zusätzlich zwei Tage Arbeit kosteten, um alles in eine einheitliche Form zu bringen. Das ist besonders wichtig, wenn Begriffe nicht korrekt und einheitlich verwendet werden. Da wird plötzlich in der englischen Übersetzung einmal vom Kunden gesprochen und fünf Zeilen später ist es plötzlich der Endverbraucher.

Falls sich der zweisprachige Vertrag nicht vermeiden lässt, müssen Sie unbedingt dafür Sorge tragen, dass nur eine dieser Versionen einen rechtlich bindenden Charakter besitzt. Zunächst einmal besteht ein solches Vertragswerk aus zwei Spalten, beispielsweise kommt der deutsche Text in die linke Spalte und die englische Version nach rechts. Dann muss natürlich die maßgebliche Sprache festgelegt werden, und dies können Sie in allen Vertragsversionen mit dem Hinweis »Maßgeblich ist die deutsche Version« klarstellen.

Der Umgang mit technischen Details

In vielen Verträgen stellen Produktbeschreibungen einen wesentlichen Vertragsbestandteil dar. Oft blähen diese Beschreibungen den

Vertrag aber übermäßig auf, wodurch er schwerer lesbar und weniger übersichtlich wird. Dadurch erscheinen manche Vertragstexte langatmig, es ergeben sich doppelte Passagen und häufig entsteht ein irritierender Stilbruch in der Schreibweise der Produktbeschreibung gegenüber dem restlichen Text.

Die größte Gefahr bei umfangreichen technischen Beschreibungen, die im Vertragstext erscheinen, liegt in den Widersprüchen zu anderen Vertragspunkten. Diese entstehen, weil diese technischen Passagen – oft auch noch von Technikern erstellt – häufig erst zu einem späteren Zeitpunkt in den Vertrag eingefügt und dann nicht sorgfältig genug mit dem restlichen Text abgeglichen werden. Beispielsweise wird dann von einem 24-Stunden-Service gesprochen, der drei Seiten vorher ganz anders definiert war.

Damit die Übersicht gewahrt bleibt, sollten sämtliche technische Anleitungen grundsätzlich in den **Anhang** gestellt werden. Auf diese Weise vermeidet man die verwirrende Komplexität innerhalb des eigentlichen Vertragswerkes. Außerdem lassen sich Anhänge leichter austauschen, falls es innerhalb der Vertragsverhandlung zu Änderungen in der technischen Beschreibung kommt.

Worauf man noch achten sollte

Wenn die Gegenseite den Vertragsentwurf gestaltet, sollten Sie unbedingt auf Hinweise achten, die Ihnen verraten, wo eventuelle »Fallen« lauern könnten. Meist handelt es sich dabei um Kleinigkeiten, die wie Flüchtigkeitsfehler in der Vertragsausarbeitung wirken. Beispielsweise befinden sich mitunter zwei oder drei Leerzeilen zwischen einzelnen Wörtern. Da wurde also etwas gelöscht, und es könnte durchaus Sinn ergeben, sich zu fragen, welcher Text vorher an dieser Stelle stand. Diese Überlegungen gewinnen dann einiges an Gewicht, wenn als Entwurf offensichtlich ein Mustervertrag verwendet wurde. An solchen Änderungen erkennen Sie sehr schnell das Ziel, das die Gegenpartei verfolgt, und in welche Richtung der Vertrag gelenkt werden soll, eben worauf die gegnerische Partei ihren Fokus legt.

In dem Zusammenhang sollten Sie immer darauf achten, ob die Ziffern in den Verträgen tatsächlich fortlaufend nummeriert wurden. Wenn eine Ziffer fehlt, wurde etwas herausgenommen, was gegebenenfalls für Sie vorteilhaft hätte sein können.

Wenn Sie den Vertrag selbst verfassen und Sie stellen einen Bezug zu einer bestimmten Vertragsziffer her, schreiben Sie bitte immer beispielsweise »Ziffer 7.3« statt »unter obiger Ziffer« und benennen Sie die Ziffer mit ihrer Überschrift, falls vorhanden.

Eine besonders dringende Empfehlung von mir lautet: Speichern Sie sich alle Vertragsentwürfe ab, und zwar so, dass Sie deren unterschiedliche Versionen auch an späterer Stelle auseinanderhalten können. Es kann nämlich durchaus passieren, dass Sie auf eine dieser Versionen irgendwann im Verlauf der Verhandlungen zugreifen müssen, etwa um eine Änderung zu beweisen. Nicht selten erlebe ich es, dass sich plötzlich Preise oder bestimmte Konditionen im Laufe der Vertragsentwürfe verändern. Beispielsweise legte einer der Verhandlungspartner im ersten Entwurf eine Provision von 20 Prozent fest und in der dritten Version stehen plötzlich nur noch 15 Prozent. Ob das jetzt absichtlich umgeschrieben wurde oder irrtümlich geschah, bleibt erst mal zweitrangig. Sie können aber nur dann auf diese Änderungen hinweisen, wenn Sie noch über die älteren Versionen verfügen.

Nehmen wir an, Sie erhalten einen Vertragsentwurf mit einigen Kommentaren versehen, etwa wenn die Änderungsverfolgung in Word aktiviert wurde. Was meinen Sie, wie sollten Sie nun vorgehen? Ihre persönlichen Kommentare ebenfalls in diesem Schriftstück eintragen und dem Verhandlungspartner wieder zurückschicken?

Bevor ich diese Frage beantworte, sollten Sie sich einen Moment lang überlegen, ob die gegnerische Partei das Änderungsprotokoll vielleicht zwischendrin deaktiviert hat. Dann wurden Änderungen eingetragen und erst anschließend wieder die Protokollierung aktiviert. Auf diese Weise verschleiert die Gegenseite eine durchgeführte Überarbeitung im Vertrag. Jedenfalls auf den ersten Blick und in vielen Fällen funktioniert dieser Trick sogar, da nach einiger Zeit neue Vertragsversionen vom Verhandlungspartner meist nicht mehr so intensiv geprüft werden. All das durfte ich im Laufe meiner Berufsjahre erleben. Damit Ihnen so etwas nicht passiert, sollten Sie jede Vertragsversion einzeln abspeichern und entweder mit einer Versionsnummer oder einem Datum im Dateinamen versehen. Es bleibt Ihnen auch nicht erspart, zumindest bei der finalen Version jede einzelne Seite darauf zu prüfen, ob nicht fälschlicherweise Stellen verändert wurden.

In diesem Kapitel habe ich versucht, Ihnen häufig vorkommende Beispiele vorzustellen, auf die Sie bei der Vertragsgestaltung grundsätzlich achten sollten. Da Vertragssituationen so umfangreich sind wie Unternehmen, Branchen und Verhandlungssituationen, können niemals alle Szenarien erschöpfend beschrieben werden. Ich hoffe jedoch, dass ich Ihnen zumindest die wesentlichen Grundprinzipien der Vertragsgestaltung vermitteln konnte.

Checkliste: Verständnis und Ausgestaltung der Vertragsklauseln

Wenn Sie selbst den Vertrag entwerfen

- ☐ Verstehen Sie, was im Vertrag stehen soll?
- ☐ Falls nicht, haben Sie bei Ihrem Berater oder den internen Stellen nachgefragt und erhielten Sie zufriedenstellende Antworten?

- ☐ Hat Ihr Vertragspartner die (für Sie) relevanten Passagen des Vertrages verstanden?

- ☐ Haben Sie das Vier-Augen-Prinzip angewandt und eine Person Ihres Vertrauens den Vertragsentwurf gegenlesen lassen?

- ☐ Haben Sie den Vertrag verständlich gehalten?

- ☐ Wurden Schachtelsätze und zu lange Satzkonstruktionen vermieden?

- ☐ Wurden auslegungsbedürftige/erklärungsbedürftige/schwierige Begriffe im Vertrag erläutert?

- ☐ Wurden technische Beschreibungen und weitere nicht juristische Erklärungen, die den Lesefluss des Vertrages stören könnten, in Anlagen zum Vertrag ausgelagert?

- ☐ Soll der Vertrag später übersetzt werden, und falls ja: Welche Version soll übersetzt werden?

- ☐ Welche Sprache soll beim zweisprachigen Vertrag die rechtlich bindende sein?

Wenn Ihr Vertragspartner den Vertrag entwirft

- ☐ Verstehen Sie, was im Vertrag steht?

- ☐ Falls nicht, haben Sie bei Ihrem Berater/dem Vertragspartner/den internen Stellen nachgefragt und waren die Antworten zufriedenstellend?

- ☐ Haben Sie das Vier-Augen-Prinzip angewandt und eine Person Ihres Vertrauens den Vertragsentwurf gegenlesen lassen?
- ☐ Haben Sie den Vertrag auf Unachtsamkeiten wie Leerzeichen oder falsche Nummerierungen geprüft?
- ☐ Wurden auslegungsbedürftige/erklärungsbedürftige/schwierige Begriffe im Vertrag erläutert?
- ☐ Wurden technische Beschreibungen und weitere nicht juristische Erklärungen, die den Lesefluss des Vertrages stören könnten, in Anlagen zum Vertrag ausgelagert?
- ☐ Ist der Vertrag zweisprachig verfasst?
- ☐ Soll der Vertrag später übersetzt werden, und falls ja: Welche Version soll übersetzt werden?
- ☐ Welche Sprache soll beim zweisprachigen Vertrag die rechtlich bindende sein?

Kapitel 6 – Die Vertragsverhandlung beginnt

Wenn Sie mit einem Lieferanten oder einem Kunden in die Vertragsverhandlung gehen, sollten beide Seiten unbedingt genügend Zeit dafür einplanen. Ganz gleich, ob es sich dabei um Verhandlungen über einen Preis oder sonstige Konditionen handelt oder ob Sie Ihren Kunden davon überzeugen möchten, ein ganz bestimmtes Produkt bei Ihnen zu beziehen: Die Ergebnisqualität hängt stets von verschiedenen Faktoren ab, und eine davon ist die zur Verfügung stehende Zeit.

Gerade zu Beginn einer Verhandlung, die voraussichtlich über mehrere Runden gehen wird, sollten grundlegende Dinge zumindest abgesteckt werden. Darunter verstehe ich sozusagen das »Corpus Delicti«, sprich: Worüber wird überhaupt verhandelt? Dabei handelt es sich um das eigentliche Verhandlungsziel. Wollen Sie für ein bestehendes Produkt oder eine Dienstleistung einen besseren Preis erzielen oder soll erst einmal erarbeitet werden, in welchem Bereich die Zusammenarbeit stattfinden könnte? Vielleicht gilt es, die aktuellen Konditionen nachzuverhandeln oder das Ziel dieser Gespräche besteht sogar darin, den Lieferanten zu wechseln, und es soll das dafür entsprechende Ausstiegsszenario besprochen werden.

Worum es sich auch immer handelt, Sie sollten dieses gemeinsame Thema mit dem Verhandlungspartner vorab besprechen oder dafür sorgen, dass Sie entsprechend informiert wurden.

Neben dem Verhandlungsziel sollten Sie sich auch die Grenzen notieren, die Sie nicht unterschreiten wollen. Bei einer Preisverhandlung wäre das beispielsweise der Minimumpreis, den Sie gerade noch akzeptieren können.

Die Verhandlungsdauer

Planen Sie genügend Zeit ein, und das gilt auch für Ihren Verhandlungspartner. Das heißt, es sollte für beide Seiten im Vorfeld klar sein, dass für das bevorstehende Meeting ausreichend Zeit eingeräumt wurde.

Ich kam schon einmal mit einem Klienten in eine Verhandlung, und noch bevor wir uns setzen konnten, offenbarte uns die Gegenseite, dass sie uns für dieses Erstgespräch maximal eine Stunde zur Verfügung stellen könne. Dabei handelte es sich um eine recht ansehnliche Darlehenserhöhung für ein mittelständisches Unternehmen, damit dieses seinen Geschäftsbetrieb aufrechterhalten konnte. Ich saß als juristischer Berater auf der Seite der geldgebenden Bank. Anders ausgedrückt informierte uns der Unternehmer, der ohnehin knapp vor der Insolvenz stand, dass uns nur wenige Minuten – nämlich 60 – zur Verfügung stünden, um die Verhandlungsgrundlagen für sein wirtschaftliches Überleben zu schaffen.

Wahrscheinlich merken Sie bereits an dieser Stelle zwei Dinge:

Erstens klappt das so nicht. Ein Vertrag, der zwischen der berühmten Tür und Angel verhandelt wird, entwickelt sich mit hoher Wahrscheinlichkeit zu einem Nährboden für ein späteres Schlachtfeld.

Zweitens kann ein zu eng vorgegebener Zeitrahmen für eine Verhandlungsrunde sogar als schmutziges Taktieren interpretiert werden. In diesem oben beschriebenen Fall verstand es die Bank nämlich auch genau so. Wir vermuteten, der Unternehmer versuchte uns unter zeitlichen Druck zu setzen, um auf diese Weise den einen oder anderen Vorteil herausholen zu können.

Dieser Versuchung sollten Sie selbst unbedingt widerstehen. Lassen Sie auch niemals zu, dass jemand dieses Spiel mit Ihnen treibt!

Verhandlungen zu führen bedeutet, einen gewissen Zeitaufwand in Kauf zu nehmen, vor allem dann, wenn für Sie bedeutsame Anschaffungen, Veränderungen oder Investitionen Inhalt dieser Gespräche sind.

Vielleicht fragen Sie sich, wie die Geschichte mit dem mittelständischen Unternehmen ausging. Wir zogen uns zwei Minuten zurück und berieten uns über die weitere Vorgehensweise. Anschließend teilte der Verhandlungsführer auf der Seite der Bank dem anderen Team mit, dass unter diesen Rahmenbedingungen keine Gespräche stattfinden werden, und wir gingen wieder. Diese Verhandlungsrunde dauerte also insgesamt keine 15 Minuten. Später erfuhr ich, dass der Unternehmenslenker noch am selben Tag bei der Bank anrief und sich für dieses »Missverständnis« entschuldigte. Die Verhandlungen wurden später fortgesetzt, jedoch lag die Stimmung zwischen den beiden Parteien auf einem deutlich kühleren Niveau.

Vermeiden Sie es besser grundsätzlich, eine Vertragsverhandlung zwischen zwei Termine zu quetschen. Insbesondere wenn der Auftakt einer Vertragsverhandlung bevorsteht, sollten Sie – und Ihr Verhandlungspartner – genügend Zeit dafür einplanen. Zum einen, da in diesem Gespräch normalerweise grundlegende Abläufe und Rahmenbedingungen besprochen werden, zum anderen, weil sich beide Seiten auf Augenhöhe treffen sollten, und ein drängelnder Gesprächspartner mit dem Finger auf der Uhr erfüllt dieses Kriterium nicht unbedingt.

Unterschiedliche Verhandlungskulturen

Sobald Vertragsverhandlungen mit internationalen Unternehmen geführt werden, trifft man automatisch auf kulturell bedingte Abweichungen im geschäftlichen Umgang miteinander. Gleichzeitig muss nicht einmal so weit gedacht werden: Durch die immer stärkere Globalisierung sitzen einem heute bereits in ausschließlich deutschen

Unternehmen Verhandlungspartner unterschiedlichster Länder und Kontinente gegenüber.

Das Thema der Verhandlungskulturen füllt inzwischen ganze Regale in den heimischen Buchhandlungen, außerdem gehen diese Ratgeber auf wichtige Punkte ein, die es bei Vertragsverhandlungen mit Vertretern anderer Kulturkreise zu beachten gilt.

Verhandlungsrunden mit asiatischen Partnern laufen für gewöhnlich weitaus formaler ab – man könnte es auch »ritualisierter« nennen –, als es der Deutsche gewohnt ist. Selbstverständlich bestehen mitunter große Unterschiede zwischen den japanischen, koreanischen und chinesischen Kulturen, doch existieren gleichzeitig einige Gemeinsamkeiten.

So erhält man – selbst wenn es dem asiatischen Verhandlungspartner noch so unmöglich erscheint, zuzustimmen – so gut wie nie eine klare Absage zu einem bestimmten Verhandlungspunkt. Stattdessen wird dieser immer wieder mit neuen Argumenten kommen, und zwar so lange, bis die Gegenseite von sich aus diesen Punkt entweder verwirft oder entsprechend abändert.

Asiatische Verhandlungspartner bevorzugen außerdem ältere Gesprächspartner, und häufig befindet sich auch ein ebensolcher in ihrem Verhandlungsteam, der sich meist im Hintergrund aufhält. Der Grund dafür liegt in der Erfahrung und der Weisheit, die – aus der Sicht der asiatischen Kultur – bei diesen Personen in größerem Umfang vorhanden ist.

Asiaten neigen dazu, Verhandlungen in die Länge zu ziehen. Oft liegt das daran, dass der Verhandlungspartner auf der anderen Seite des Tisches nicht über die entsprechende Entscheidungsbefugnis verfügt, dies aber niemals zugeben würde. Amerikaner hingegen werden eher auf den schnellen Abschluss drängen. Nach der Vertragsverhandlung mit einem amerikanischen Verhandlungspartner kann es durchaus passieren, dass nachträgliche Anpassungen am Vertrag vorgenommen werden müssen. Bei Asiaten kommt das so gut wie nie vor, und auch darauf sollte man sich einstellen.

Amerikaner geben sich in Verhandlungen zwar gerne jovialer, treten jedoch nach außen hin auch häufig härter auf. Gleichzeitig werden sie immer darauf achten, dass alle Vertragspunkte die Compliance-Richtlinien des Unternehmens erfüllen. Diese Haltung liegt am US-amerikanischen Rechtssystem, wonach Rechtsverstöße sehr teuer werden können.

Verhandlungspartner aus dem Nahen Osten nehmen sehr oft eine ausgesprochen freundschaftliche Haltung ein. Das liegt daran, dass in dieser Kultur Geschäfte in erster Linie unter Freunden geschlossen werden, auch verhandeln sich Preisnachlässe auf diese Weise viel leichter.

Der arabische Geschäftspartner wird immer Zugeständnisse erwarten, und diese sollten daher vorab einkalkuliert werden. Auch strebt diese Kultur danach, ihre eigene Familie in ihre Geschäfte zu involvieren, so kann es mitunter zur Einbindung von Subunternehmen kommen, die von einem Vetter des Verhandlungspartners geführt werden. Ähnlich wie in der asiatischen Kultur wird die gegnerische Partei aus dem Nahen Osten nie zugeben, einen Vertragspunkt nicht erfüllen zu können. Ein »Nein« hört der deutsche Verhandlungspartner daher nie, und auch hier gilt es, stets zwischen den Zeilen zu lesen, sobald es um strittige Vertragsthemen geht.

Insgesamt lässt sich feststellen, dass Verhandlungen mit Vertretern anderer Kulturkreise ausgesprochen anspruchsvoll ablaufen können. Es empfiehlt sich daher, sich vor Beginn der Vertragsverhandlungen mit den Gepflogenheiten der gegnerischen Partei auseinanderzusetzen. Entweder über die entsprechende Fachliteratur oder durch Unterstützung eines Spezialisten, der als Berater diesen Gesprächen sogar beiwohnt und in kritischen Situationen eingreifen kann.

Was tun bei Sprachproblemen?

Sehr oft habe ich es in Verhandlungen mit Sprachproblemen zu tun. Wenn eine der Parteien die Verhandlungssprache nur mangelhaft beherrscht, führt das von Anfang an zu Missverständnissen, und damit meine ich nicht die Diskrepanz, die zwischen einem Verhandlungspartner aus dem ostfriesischen Aurich und einem aus dem bayerischen Dingolfing entsteht. Nehmen wir an, Sie verhandeln mit einem italienischen Unternehmen wegen einer neuen Produktserie, die Sie gerne ins Programm aufnehmen möchten. Sie finden einen Termin, beide planen genügend Zeit für die erste Verhandlungsrunde ein, und nun sitzen Sie sich in einem schicken Büro gegenüber. Sie beginnen mit einem zwanglosen Small Talk, wie es zum Auftakt derartiger Besprechungen in so ziemlich allen Kulturen üblich ist. In diesen ersten wenigen Minuten stellen Sie möglicherweise zwei Dinge fest: Erstens, Ihr englischer Sprachschatz ist doch stärker eingerostet, als Sie geahnt hatten. Zweitens, der englische Sprachschatz Ihres Verhandlungspartners ist nur rudimentär ausgebildet, und zwar in dem Ausmaß, dass Sie nicht in der Lage sind zu erkennen, ob Ihr Gegenüber gerade Italienisch, Englisch oder Klingonisch spricht. Während der nette Verhandlungspartner aus Florenz gestenreich und mit sympathischem Lächeln offenbar unheimlich spannende Episoden aus seinem Privatleben erzählt, frieren Ihre Gesichtszüge immer mehr ein. Spätestens jetzt ahnen Sie, wohin diese Vertragsverhandlung führen wird. Nämlich in ein mittleres Desaster.

Vielleicht denken Sie, ich übertreibe an dieser Stelle ziemlich, doch derartige Situationen habe ich in den letzten Jahren viel zu oft erlebt.

Bitte klären Sie daher unbedingt vor Beginn der Vertragsverhandlung mit ausländischen Unternehmen, in welcher Sprache die Gespräche geführt werden sollen. Da dann meist Englisch als Verhandlungssprache vorgeschlagen wird, sollten Sie idealerweise vorab ein Telefongespräch mit Ihrem Verhandlungspartner führen. Dabei können Sie leicht feststellen, wie gut dessen Englisch tatsächlich ist, und bitte glauben Sie mir: Es gibt sehr wohl einige Landessprachen, die mit dieser Sprache nicht wirklich kompatibel sind, da sie einen sehr harten Akzent erzeugen. Dazu zählen neben dem bereits erwähnten Italienisch besonders auch Französisch, Japanisch und Chinesisch. Falls diese Verhandlungspartner kein wirklich überzeugendes Englisch beherrschen, sind Verständigungsprobleme vorprogrammiert.

Und wie steht es mit Ihren eigenen Englischkenntnissen? Ich will Ihnen jetzt nicht zu nahe treten, doch sollten Sie an dieser Stelle reflexartig mit »Verhandlungssicher!« antworten, gebe ich Folgendes zu bedenken: Verhandlungssicheres Englisch beinhaltet die Kenntnis von Fachtermini, Wirtschaftsbegriffen und einen ausgesprochen umfangreichen Wortschatz in dieser Fremdsprache. Sprachkenntnisse, die sich im Urlaub auf das Bestellen von Vor- und Hauptspeise im Restaurant beschränken, qualifizieren Sie weniger für diese Vorgabe. Auch dann nicht, wenn Sie den Kellner bestenfalls mit den passenden Grußformeln, entsprechend der jeweiligen Tageszeit, zu begrüßen in der Lage sind.

Doch wie stellen Sie fest, ob Sie verhandlungssichere Englischkenntnisse besitzen?

Sie finden im Internet eine Menge englischer Musterverträge, an denen Sie zumindest oberflächlich Ihren Sprachschatz testen können.

Als Kurztest stelle ich Ihnen hier einen Auszug aus einem internationalen Vertrag vor. Dieser Kurztest ermöglicht Ihnen eine grobe Voreinschätzung Ihrer Verhandlungssicherheit im Englischen. Sollten Sie den Inhalt problemlos verstehen und hätten Sie diesen auch genau so geschrieben, verfügen Sie wahrscheinlich über die nötigen Grundvoraussetzungen.

The Purchase Price for Purchased Receivables on a Purchase Date shall be equal to the sum of the Outstanding Nominal Amounts of the offered Receivables on the relevant Reporting Date in respect of which the Offer is accepted less the Discounts in relation to the Receivables to be purchased on such Offer Date, calculated in accordance with this Receivables Purchase Agreement.

Gehen Sie also mit der Einschätzung Ihrer eigenen Sprachkenntnisse unbedingt kritisch um. Sollten diese nicht ausreichen, dann ziehen Sie am besten entweder einen Mitarbeiter oder eine vertraute Person mit den nötigen Sprachkenntnissen zu diesen Verhandlungen hinzu oder Sie beißen in den sprichwörtlichen sauren Apfel, investieren Geld und engagieren dafür einen Dolmetscher. Je bedeutsamer die Vertragsverhandlung für Sie und Ihr Unternehmen ist, umso eher sollten Sie den Einsatz eines Dolmetschers in Erwägung ziehen.

Wo sollten die Vertragsverhandlungen stattfinden?

Grundsätzlich gilt: Jene Vertragspartei, die als Gastgeber den Verhandlungsgegner zu sich einlädt, verbucht den Heimvorteil für sich. Vermutlich kennen Sie diese Logik aus dem Sport, vor allem aus dem Fußball. Bei Heimspielen wirken sich die besonders enthusiastischen Fans, die Vertrautheit mit dem Spielort und andere Kleinigkeiten häufig positiv für den Gastgeber aus.

Natürlich können Sie bei Verhandlungen in den eigenen Räumlichkeiten kaum mit vor Begeisterung kreischenden Mitarbeitern rechnen, sobald Sie ein gut formuliertes Argument vorbringen. Unterschätzen Sie jedoch niemals die nonverbale Dominanz, die dem Gastgeber automatisch zuteilwird. Man kann das Phänomen nur schwer an irgendetwas festmachen, aber viele Verhandlungspartner gehen strategisch weniger aggressiv vor, sobald sie sich als Gäste auf fremdem Territorium befinden.

Falls Sie den Verhandlungsort bestimmen, sollten Sie auf ein positives Raumklima achten. Im Lauf meiner vielen Verhandlungen stellte ich fest, dass konfliktfreie Vertragsverhandlungen umso wahrscheinlicher waren, je angenehmer die Räume selbst waren. Auch neigen Verhandlungsgegner, die sich gut versorgt fühlen, eher dazu, Zugeständnisse zu machen. Keine Sorge, Sie brauchen jetzt weder einen Feng-Shui-Experten noch einen Voodoo-Priester damit zu beauftragen, Ihr Büro in einen Energiepalast zu verwandeln. Es geht um ganz einfache Bedingungen, die der Raum erfüllen sollte.

Zunächst einmal sollten Sie auf einen Verhandlungsraum achten, der über **Tageslicht** verfügt. Es gibt nichts Schlimmeres, als Verhandlungen in einem fensterlosen Betonbunker zu führen. Vor allem dann, wenn Ihre berufliche Zukunft an diesen Gesprächen hängt.

Ein offenes, einladend wirkendes Büro mit tollem Ausblick wird immer eine weitaus positivere Stimmung unter den Vertragsparteien erzeugen als ein trister Verhandlungsraum mit Blick auf die Feuertreppe des Nachbarhauses.

Sie sollten außerdem im Vorfeld abklären, ob Ihr Verhandlungspartner ein bestimmtes **technisches Equipment** benötigt. Beispielsweise einen Beamer, weil er vielleicht eine Präsentation vorbereitet hat, um einen Sachverhalt auf diese Weise erläutern zu können. Dann sollte auch eine dem Verhandlungsrahmen angepasste **Einrichtung** vorhanden sein. Hier spreche ich in erster Linie die Stühle und den Besprechungstisch an. Sie ahnen nicht, was mir dabei im Lauf der Jahre bereits untergekommen ist. Vom Ledersofa im englischen Kolonialstil, bei dem ich das angenehme Gefühl hatte, höchstpersönlich im privaten Teezimmer der britischen Queen zu sitzen, bis hin zu den Klappstühlen von Einrichtungsmärkten wie Roller oder Poco, die drohten, beim ersten Anblick resignierend in sich zusammenzufallen.

Sollte Ihr Büro diese genannten Voraussetzungen nicht erfüllen und sollten sämtliche weiteren Räume in Ihrem Unternehmen sogar noch weniger einladend wirken, mieten Sie sich besser einen **externen Besprechungsraum** an. Vor allem Businesshotels bieten da adäquate Räumlichkeiten zu erschwinglichen Preisen an. Wenn Sie in einer

Großstadt wohnen, gibt es mobile Bürolösungen mit modernen Büroräumen in jeder erdenklichen Ausstattung. Sie sehen also, es existieren verschiedenste Möglichkeiten, um eine angenehme Verhandlungsatmosphäre zu schaffen. Sparen Sie hier nicht am falschen Platz.

Achten Sie auf eine angenehme Verhandlungsatmosphäre

Nachdem die Frage nach dem geeigneten Raum geklärt ist, kommen wir zum nächsten Schritt: Sie sollten darauf achten, dass sich Ihr Gesprächspartner im Verhandlungsraum auch wohlfühlt. Natürlich existiert hier kein Richtig oder Falsch, jedoch werden beispielsweise asiatische Geschäftspartner eher eine Sitzposition mit Blickrichtung zur Tür bevorzugen, während wiederum andere Nationalitäten möglicherweise den Blick aus dem Fenster wählen. Falls Sie sich bezüglich der passenden Platzwahl unsicher fühlen, überlassen Sie am besten Ihrem Verhandlungspartner die Wahl seines Sitzplatzes.

Bitte achten Sie auch unbedingt darauf, ausreichend Getränke und gegebenenfalls leichte Snacks in den Raum stellen zu lassen. Manche Verhandlungsratgeber empfehlen zwar – als besonders perfide Taktik, – die Gegenseite langsam verdursten und aushungern zu lassen. Dadurch sollen angeblich strittige Vertragspunkte schneller durchgesetzt werden, doch diese Strategie erinnert mich immer an die Vorgehensweise von Raubrittern, die eine Burg belagern und der armen Bevölkerung sämtliche Versorgungswege abschneiden. Ich durfte diese Taktik bereits selbst öfter erleben. Plötzlich, nach einigen Stunden harter Verhandlung, geht die Verfügbarkeit von Mineralwasser, Kaffee und Tee mit einem Schlag gegen null. Diese Form von Druck verfehlte jedoch so gut wie immer ihr Ziel. Statt dem Gastgeber überraschende Zugeständnisse zu gewähren, ging unsere Laune den Bach runter, und letztlich verhärteten sich die Fronten zusehends. In den meisten Fällen wurde das Meeting dann relativ schnell abgebrochen. Ich empfehle Ihnen dringend, diese Form der Verhandlungsführung zu unterlassen, denn so erzielen Sie keine Vorteile, sondern allenfalls schlechte Stimmung.

Achten Sie außerdem darauf, ob sich Raucher im Verhandlungsteam befinden, und sollte dies der Fall sein, bieten Sie als Gastgeber nach etwa jeder Stunde eine kurze Pause an. Dadurch verlängert sich die Besprechung jedoch auch insgesamt. Angenommen, Sie haben im Messeturm Frankfurt am Main einen Besprechungsraum gemietet, und zwar im 18. Stock. Früher – und so lange ist das gar nicht her – galt es noch nicht als eine Art Straftat, wenn während der Verhandlungen geraucht wurde. Glücklicherweise gilt das Qualmen in Büros heute als verpönt, gleichzeitig sollten Sie aber auf Raucher mehr Rücksicht nehmen. Bedenken Sie dabei aber: In unserem Beispiel mit dem Messeturm müssen die Anhänger dieser Sucht erst einmal vom 18. Stock nach unten fahren, das Gebäude verlassen, ihre Zigarette rauchen und anschließend wieder mit dem Aufzug hochkommen. Das lässt sich nicht innerhalb von fünf Minuten bewerkstelligen. Sie sollten sich also darauf einstellen, bei Rauchern großzügigere Pausen einzuplanen, abhängig davon, wo sich der Verhandlungsraum befindet. Das alles ist nicht weiter tragisch, es sollte nur von Ihnen bedacht werden.

Auf Raucherpausen verzichten würde ich an Ihrer Stelle jedoch auch nicht. Falls Sie selbst Nichtraucher sind und eventuell wenig Nachsicht mit dem rauchenden Volk pflegen, möchte ich Sie darauf hinweisen, dass diese Menschen innerlich schnell umkippen, sobald sich die Nikotinsucht meldet. Konstruktive Gespräche mit einem nach einer Zigarette lechzenden Menschen sind in etwa so ergiebig wie ein philosophischer Austausch mit einem Ertrinkenden.

Den Vertragsentwurf diskutieren

Nehmen wir an, Sie treffen sich mit dem Verhandlungspartner, um über einen bereits vorhanden Vertragsentwurf zu diskutieren.

Das soll jetzt nicht heißen, dass jeder Vertragsentwurf unbedingt persönlich besprochen werden muss. Es macht aber häufig bei größeren Vertragswerken mit vielen offenen Punkten Sinn. In solchen Fällen empfehle ich ein persönliches Treffen, bei dem jeder einzelne Punkt besprochen wird. Telefonisch funktioniert so etwas erfahrungsgemäß nie wirklich gut.

Eine Frage, die ich von meinen Auftraggebern häufig gestellt bekomme, lautet: »Sollen wir ein Protokoll führen?«

Natürlich macht es durchaus Sinn, den Verhandlungsfortschritt gerade in dieser sensiblen Phase zu dokumentieren. Schließlich gab es im Vorfeld bereits eine oder mehrere Verhandlungsrunden, es wurde endlich ein Vertrag aufgesetzt, und diesen gilt es nun wasserdicht zu gestalten.

Nehmen wir an, von beiden Seiten wurden einige Vertragspunkte entweder bemängelt oder hinterfragt. Beide Parteien vereinbarten, diese strittigen Fragen in einem persönlichen Treffen zu klären, mit dem Ziel, einen finalen Vertrag zu erhalten. In dieser Verhandlungsrunde kann es durchaus passieren, dass einzelne Themen plötzlich verwässert werden. Vertragspunkte, die bereits in der Vergangenheit hinlänglich diskutiert wurden, kommen plötzlich wieder auf den Tisch und werden verändert. In solchen Meetings fällt so etwas beiden Seiten häufig nicht einmal auf, doch anschließend, wenn der eigentlich finale Vertrag vorliegt, sind es genau diese Punkte, die dann wieder angesprochen werden. Mit anderen Worten läuft man in dieser heißen Phase der Vertragsverhandlung schnell mal Gefahr, die Übersicht zu verlieren.

Damit ebendiese Übersicht gewahrt bleibt, macht es durchaus Sinn, jemanden aus dem Verhandlungsteam zu beauftragen, ein Protokoll zu führen. In diesem Fall sollten Sie anregen, eine Person aus dem eigenen Team mit dieser Aufgabe zu betrauen, um die Hoheit über das Dokument nicht zu verlieren.

Dieses Protokoll ist kein »Muss«, aber manchmal eine gute Hilfe. Viele Verhandlungsführer meiner Mandanten schwören auf dieses Vorgehen, mir persönlich ist es allerdings etwas zu bürokratisch und umständlich. Mir ist folgende Vorgehensweise lieber: Zuerst einmal liegt der Vertrag beiden Parteien vor. Das bedeutet, er wurde vom Vertragsersteller der Gegenseite im Vorfeld zu Verfügung gestellt, und normalerweise geschieht das per E-Mail. (Bitte denken Sie hier an alle Verhandlungsteilnehmer und nicht nur an die jeweiligen Verhandlungsführer.)

Wenn also Partei A den Vertrag formuliert hat, wird Partei B Ihre Änderungen entweder handschriftlich – in diesem Fall muss unbedingt auf Lesbarkeit geachtet werden! – oder im Änderungsprotokoll-Modus direkt im Dokument vermerken.

Diese Überarbeitung schickt dann B dem Verhandlungspartner A zurück, damit dieser sich entsprechend auf die bevorstehende Vertragsverhandlung vorbereiten kann. Dieser überarbeitete Entwurf stellt daher die Gesprächsgrundlage der nächsten Verhandlungsrunde dar.

In dieser Gesprächsrunde wird der Vertragsentwurf via Beamer an die Wand projiziert und die einzelnen Punkte werden nacheinander besprochen. Erst wenn eine Einigung für jede Anmerkung erzielt wurde, gehen Sie zum nächsten Punkt über.

Am Ende wird der Vertrag als neue Versionsnummer in seiner überarbeiteten Form von Partei A an den Verhandlungspartner B geschickt. In der Praxis wiederholt sich dieser Vorgang so lange, bis der finale Vertragsentwurf steht. Wichtig ist, dass immer nur eine Seite, also Partei B, den Vertragsentwurf kommentiert. Der Vorteil bei diesem System liegt darin, dass alle Änderungswünsche und offenen Fragen direkt angesprochen und sämtliche Punkte im Vertrag erfasst werden. Am Ende kann niemand mehr behaupten, er habe etwas anderes verstanden, oder ähnliche Argumente anführen, die erneut Zeit kosten und letztlich den Vertragsabschluss verzögern.

Sollte, aus welchen Gründen auch immer, das Originaldokument nicht in Word (oder dem entsprechenden Schreibprogramm) vorliegen, müssen die Änderungen handschriftlich durchgeführt werden. Dann bleibt nichts anderes übrig, als dass eine Person aus dem Verhandlungsteam sämtliche Korrekturen notiert. Bitte achten Sie dabei unbedingt darauf, dass zu jedem einzelnen Punkt der genaue Wortlaut der Änderungen vorgelesen und diesem zugestimmt wird, bevor Sie sich an den nächsten Punkt machen. Dieses kontrollierte Einarbeiten der notwendigen Vertragsanpassungen ist hocheffizient. Damit verzögern Sie zwar – kurzfristig betrachtet – den Ablauf, doch insgesamt gesehen verkürzen Sie damit den Prozess ungemein.

Ich erlebe immer wieder ganz besondere Spezialisten, die aus ihren Vertragsänderungen ein Staatsgeheimnis machen. Natürlich vereinbaren beide Verhandlungsseiten vorab, Änderungswünsche und Anmerkungen im Vertragsentwurf zu erfassen und dieses überarbeitete Papier jeweils spätestens eine Woche vor dem geplanten Meeting der Gegenseite zu schicken. Diese »Spezialisten« lassen jedoch diese Frist verstreichen, schicken entweder überhaupt nichts oder man bekommt deren Überarbeitung gefühlte drei Sekunden vor Verhandlungsbeginn. Also zu knapp, um sich entsprechend darauf vorbereiten zu können.

Sicherlich findet man diese Vorgehensweise in irgendeinem Handbuch für Verhandlungstaktik, doch dabei wird ein entscheidender Denkfehler begangen: Wenn bereits ein Vertragsentwurf vorliegt, sollten sämtliche großen Verhandlungsschritte bereits abgeschlossen sein. Es gibt nichts Nervigeres als ein prä-finaler Vertrag, und eine Verhandlungspartei beginnt plötzlich, Teile des »Paketes« aufzuschnüren und neu zu verhandeln. Manchmal platzt dann eine derartige Partnerschaft genau an dieser Stelle, weil sich die andere Vertragsseite über den Tisch gezogen fühlt oder schlicht die Lust an der künftigen Kooperation verliert: »Wenn die jetzt schon so kompliziert sind, wie wird das dann erst werden, wenn wir zusammenarbeiten?«

Wie können Sie also vorgehen, falls Sie es mit einem solchen »Spezialisten« zu tun haben?

Zuerst einmal setzen Sie unbedingt eine Frist, bis wann Sie die Änderungswünsche und Anmerkungen benötigen. Achten Sie bei dieser Frist darauf, dass Sie eventuell einige dieser Kommentare mit Anwälten oder mit Mitarbeitern durchkauen müssen, somit sollte dafür genügend Zeit vorhanden sein. Im nächsten Schritt halten Sie bitte diese Vorgabe peinlichst genau ein. Angenommen, die Gegenseite ignoriert diese Deadline, dann bringen Sie ruhig den Mut auf und sagen Sie diese geplante Verhandlungsrunde ab.

In einem derartigen Fall läuft es ohnehin auf einen zusätzlichen Verhandlungstermin hinaus, da Sie auf keinen Fall Zugeständnisse zu Punkten machen sollten, solange Sie sich nicht der Konsequenzen sicher sind, die sich dahinter verbergen könnten. Lassen Sie sich also niemals auf diese Weise unter Druck setzen.

Natürlich muss nicht automatisch eine perfide Taktik hinter einem derartigen Verhalten Ihres Verhandlungspartners stecken. Manchmal ist es eine Frage der Organisation oder es herrscht momentan einfach Chaos bei der Gegenseite.

Teilen Sie dem Verhandlungsführer der anderen Seite mit, dass Sie so nicht verhandeln können und die Besprechung verschieben möchten, bis der neue Vertragsentwurf vorliegt. Sollte die Gegenseite auf dem bereits anberaumten Meeting bestehen – auch das kann Ihnen natürlich passieren –, dann informieren Sie den Verhandlungspartner, dass sämtliche Punkte des Verhandlungsgegners in diesem Fall lediglich protokollarisch aufgenommen werden. Erst nachdem diese intern geprüft wurden, können Sie mit einem neuen Vorschlag auf die Gegenseite zugehen.

Zu viele Köche verderben den Brei

In einigen Verhandlungen, die ich für Unternehmen geführt habe, tauchte in der letzten Phase dieser Gespräche plötzlich ein zusätzlicher Anwalt auf. Einer, der von einem der Gesellschafter des Unternehmens, das auch mich mandatiert hatte, beauftragt wurde. Alternativ kann es sich dabei auch um die Urlaubsvertretung des bisherigen Kollegen handeln. Ein solches Vorgehen ist ungemein unproduktiv, denn ein Anwalt versucht immer, das Mandat eines Unternehmens zu erhalten, und das gelingt ihm am besten, wenn er eine Art Existenzberechtigung geltend machen kann. Der einfachste Weg besteht darin, einen Punkt zu finden, den er bemängelt, und dabei gleichzeitig eine fürchterlich schlaue Lösung dafür zu finden. In Verhandlungen kommen dadurch Vorschläge auf den Tisch, die bereits vor einigen Wochen zu Ende diskutiert und als nicht umsetzbar fallen gelassen wurden. Dann geht das ganze Spiel von vorne los.

Ein neuer Anwalt wird also immer irgendwie versuchen, ein Mandat bei diesem Unternehmen zu bekommen. Dies kann sich bei einer laufenden Rechtsverhandlung als kontraproduktiv erweisen, da der Neue höchstwahrscheinlich eine andere Strategie einschlagen wird, als sie bisher verfolgt wurde. Schließlich muss er sich ja in irgendeiner Weise in den Vordergrund rücken.

Sie sollten es sich also gut überlegen, ob Sie in einer späten Phase der Verhandlung einen zusätzlichen Anwalt hinzuziehen oder nicht. Meist verursachen Sie damit nur mehr Kosten und weniger Benefit im Verhältnis zum Aufwand. Halten Sie immer den ökonomischen Aspekt im Blick. Diese Empfehlung kann ich gar nicht oft genug aussprechen.

Gehen Sie nie unvorbereitet in eine Vertragsverhandlung

Mancher Unternehmer kommt mit der Einstellung »Ich lasse mich mal überraschen, was da so passiert« in eine Vertragsverhandlung. Meistens geht das schief, denn wenn sich die Gegenseite halbwegs professionell vorbereitet, steigt sie ihm an irgendeiner Stelle auf den Fuß. Dann gibt es Zugeständnisse, die unüberlegt formuliert werden und manchmal richtig teuer werden können. Selbst falls das nicht eintritt, müssen unvorbereitete Verhandler bei bestimmten Punkten intern nachfragen. Das führt zu nervigen Zeitverzögerungen, die es bei einer entsprechenden Vorbereitung nicht gegeben hätte.

Zu einer einwandfreien Vorbereitung zählt auch die Überlegung, wer sich in Ihrem Verhandlungsteam befindet. Vielleicht arbeiten Sie als Selbstständiger oder Freiberufler alleine, dann stellt sich die Frage, ob Sie für die eine oder andere Verhandlungsrunde einen externen Berater hinzuziehen sollten. Beispielsweise einen Juristen, wenn es um strittige rechtliche Fragen geht, die unverzüglich im Meeting geklärt werden sollten. Schließlich verzögert jede unvollständige Vorbereitung zwangsläufig den Prozess, und das kostet letztlich auch Geld. Eventuell in Form von direkten Verlusten, die Sie erleiden, eben weil der Vertrag noch nicht unterschrieben wurde und Ihnen dadurch beispielsweise Ware fehlt, die Sie verkaufen und mit der Sie einen Gewinn erzielen könnten. Oder durch den erhöhten Zeiteinsatz, den Sie für diese Verhandlungen investieren müssen. Zeit, die Ihnen wiederum fehlt, um etwa Kundenaufträge abzuwickeln. Die Faustregel lautet:

Je besser Sie sich vorbereiten, umso lukrativer ist es letztlich für Sie.

Zum Abschluss dieses Kapitels erzähle ich Ihnen eine Geschichte, die exemplarisch für ein ganz bestimmtes Verhalten steht.

Ich vertrat ein mittelständisches Unternehmen, das mit einem anderen Unternehmen in einer Produktsparte kooperieren wollte. Wir befanden uns in der dritten Verhandlungsrunde, und unser gemeinsames Ziel bestand darin, in diesem Meeting einen Vertragsentwurf zu vereinbaren, den wir anschließend entsprechend formulieren und der Gegenseite schicken sollten. Nachdem wir bereits zehn Minuten lang verhandelt hatten, ging plötzlich die Tür auf. Ein sichtlich gut gelaunter Mann mit gewelltem Haar, Sakko, Jeans und einem modischen Schal um den Hals trat ein und stellte sich als Geschäftsführer des anderen Unternehmens vor. Generös deutete er uns an, doch mit unserer Verhandlung fortzufahren, und setzte sich zu seiner Mannschaft. Dieser Mann im Alter von Anfang 60 war bislang noch nirgends in Erscheinung getreten, weder in Gesprächen noch in den diversen E-Mail-Runden, die im Vorfeld stattgefunden hatten.

Wir nahmen die Verhandlung wieder auf, während der Mann mit Schal auf sein Smartphone einhämmerte, als hinge sein Leben daran.

Wir besprachen gerade die Lieferbedingungen von Produkten, die von der Gegenseite produziert wurden, als wir von der rechten Seite eine Stimme hörten: »Nee, das geht so nicht. Diese Lieferzeit können wir nicht akzeptieren.«

Der Einwand kam vom Mann mit Schal, der zusätzlich sein Telefon hörbar auf den Tisch warf und nun in die Runde sah. »Das können wir nicht akzeptieren, nicht wahr, meine Herren? Das muss schneller gehen. Die Ware muss schneller geliefert werden«, wiederholte er seine Anmerkung und blickte in die Runde seiner Mitarbeiter, die in diesem Moment wohl am liebsten im Boden versunken wären. Schließlich ging es bei diesem Punkt darum, dass die gegnerische Partei die Produkte an uns liefern musste, somit führte eine kürzere Lieferzeit zu gehörigem Stress bei unserem Verhandlungspartner. Offenbar kapierte der Geschäftsführer der gegnerischen Partei nicht so ganz, worum es an dieser Stelle überhaupt ging, doch das konnte uns ja nur recht sein. Der Verhandlungsführer meines Mandanten pflichtete dem Mann bei und trug die Forderungen sofort an das gegnerische Verhandlungsteam weiter. Dieses kam jetzt natürlich in Bedrängnis, da, entsprechend dieser Anforderung, nun unrealistisch schnell produziert werden sollte.

Der Geschäftsführer der anderen Partei forderte also unwissentlich Bedingungen, die von seinem Team überhaupt nicht erfüllt werden konnten. Das geschah nur deswegen, weil er versuchte, sich aus der Helikopterperspektive heraus unbedingt irgendwie einzubringen, obwohl er für alle sichtbar keine Ahnung hatte, worum es überhaupt ging. Dummerweise verfolgte er die Gespräche nicht aktiv, schnappte einen Begriff auf und konnte der Versuchung nicht widerstehen, seiner Position durch diese Bemerkung entsprechenden Ausdruck zu verleihen.

So etwas passiert mitunter, nämlich dann, wenn plötzlich Verhandlungsteilnehmer wie aus dem Nichts auftauchen, den Vertrag zum ersten Mal sehen und sich sofort einzubringen versuchen. Dann wird es anstrengend.

Sicherlich kennen Sie diesen Typus Mensch, der vorschnell und lauthals etwas kritisiert, nur um sich in den Vordergrund zu spielen und zu zeigen, dass er hier der Platzhirsch ist. Für die Verhandlungen bedeuten sie nur lästige Hürden und Verzögerungen.

Es versteht sich von selbst, dass Sie so niemals agieren sollten, denn es ist schlichtweg unprofessionell. Diese Personen glänzen nicht nur durch mangelnde Vorbereitung, sie handeln häufig auch respektlos und egozentrisch.

Unsere Geschichte ging übrigens so aus, dass mein Mandant die Vertragsverhandlungen zu einem späteren Zeitpunkt tatsächlich beendete. Vor allem auch deshalb, weil der Geschäftsführer mit dem Schal um den Hals in diesem Meeting verkündete, »sich der Sache jetzt mal anzunehmen, damit man hier endlich vorwärtskommt«, und diese Drohung dann tatsächlich umsetzte. Er stellte in den kommenden Wochen sämtliche bereits getroffenen Übereinstimmungen infrage und ließ keine andere Meinung als seine eigene gelten. Die Verhandlungen wurden ab einer bestimmten Stelle unökonomisch, und man ließ das Projekt fallen.

Sollte Ihnen dieser Typus des selbst ernannten »Königs« einmal unterkommen, bedenken Sie: Die Haltung sowie das Verhalten eines Geschäftsführers spiegeln sich immer im Unternehmen selbst wider. Im Zweifel sollten Sie eine Beendigung der Zusammenarbeit in Betracht ziehen.

Checkliste: Vorbereitung und Durchführung der Vertragsverhandlung

- ☐ Ist ein persönliches Treffen notwendig oder reicht eine Telefonkonferenz aus?
- ☐ Steht der Gegenstand der Verhandlung fest und wurde er mit dem Vertragspartner abgestimmt?
- ☐ Haben Sie das Verhandlungsziel festgelegt?
- ☐ Wurde dem Vertragspartner kommuniziert, bis wann ein Vertragsentwurf zur Verfügung gestellt oder zumindest erwartet wird und bis wann dieser kommentiert werden soll?
- ☐ Haben Sie die Grenzen Ihrer Verhandlungsbereitschaft festgelegt?
- ☐ Haben Sie für die Verhandlung ausreichend Zeit eingeplant?
- ☐ Wurde der Zeitrahmen der Verhandlung mit dem Verhandlungspartner abgestimmt?

- ☐ Befinden Sie sich in der Lage, der Verhandlung in einer anderen Sprache zu folgen? Falls dies nicht der Fall ist: Nimmt an diesen Gesprächen von Ihrer Seite eine Person teil, die diese Sprache beherrscht?
- ☐ Wurde die Zusammensetzung des Verhandlungsteams festgelegt?
- ☐ Sollen externe Berater hinzugezogen werden?
- ☐ Soll ein Protokoll über die Verhandlungen geführt werden und, falls ja, wer führt dieses?
- ☐ Steht ein angenehmer und adäquater Verhandlungsraum zur Verfügung oder wurde ein solcher organisiert?
- ☐ Ist technisches Equipment (Beamer, Internetanschluss etc.) notwendig?
- ☐ Stehen ausreichend Getränke und Speisen zur Verfügung?
- ☐ Ist ein Sekretariat bis zum (offenen) Ende der Verhandlungen erreichbar?

Kapitel 7 – Die wichtigsten Bestandteile eines Vertrages

Grundsätzlich besteht keine rechtlich bindende Vorgabe zum Aufbau und zum Inhalt eines Vertragswerkes. Im sogenannten Juristendeutsch ausgedrückt bedeutet dies: Es herrscht Privatautonomie. Hinter diesem Begriff verbirgt sich die Aussage, dass ein Vertrag nun nicht mehr oder weniger Gültigkeit besitzt, wenn er zum Beispiel mit einer Präambel beginnt oder auf eine solche verzichtet wird. Gleichzeitig benötigt eine schriftlich aufgesetzte Vereinbarung einige grundlegende Bestandteile. Dazu gehören Name und Anschrift der Vertragsparteien ganz am Anfang des Vertragswerkes ebenso wie deren Unterschriften auf der letzten Seite. Mit der Unterzeichnung des Vertragswerkes besiegeln sozusagen beide Parteien die übereinstimmenden Willenserklärungen, nachdem sie alles gelesen und akzeptiert haben. Dieser Aufbau bekommt dadurch eine zwingende Logik, denn falls es zu einer Rechtsstreitigkeit kommt, sollte man zumindest wissen, wer überhaupt mit wem einen Vertrag geschlossen hat. Übrigens wird auch das Datum meist in unmittelbare Nähe der Unterschrift gesetzt, damit man das Datum und idealerweise den Beginn der Vereinbarung auf den ersten Blick erkennen kann. Außerdem ist es sinnvoll, in ein solches Vertragswerk den Vertragsgegenstand, die Leistung und die Gegenleistung – in den meisten Fällen den Preis – zu erfassen. Soll beispielsweise eine Maschine zu einem bestimmten Geldbetrag verkauft werden, dann erleichtert es die Geschäftsabwicklung ungemein, wenn im Vertrag das Gerät benannt wird und der dafür angesetzte Gegenwert.

Wie ein Vertrag aufgebaut ist, kann sich von Fall zu Fall unterscheiden. Der Aufbau folgt aber meist einer logischen Reihenfolge, die sich aus dem Ablauf ergibt.

Darauf gehe ich in diesem Kapitel schrittweise ein, damit Ihnen bei der Vertragsgestaltung künftig keine Fehler unterlaufen, sprich: Damit keine Nachteile für Sie entstehen, weil Sie es vielleicht versäumt haben, den einen oder anderen Paragrafen, Punkt oder eine Ziffer niederzuschreiben.

Durchspielen möglicher Szenarien im Leben des Vertrages

Zuerst einmal gehen Sie am besten immer nach dem Trichterprinzip vor. Das bedeutet: Sie fangen mit ganz allgemeinen Informationen an und je weiter der Vertrag fortschreitet, umso spezifischer werden die Vertragspunkte.

Daher steht in jedem Vertragswerk ganz zu Beginn – also nach dem Vertragstitel –, um welche Vertragsparteien es sich handelt. In der Mitte wird angeführt, von welchen Produkten und Konditionen die Rede ist, und zum Schluss, vor der Unterschrift, kommen das anwendbare Recht und der Gerichtsstand. Diese Logik sollten Sie unbedingt beibehalten.

Sie sollten sich grundsätzlich einen Moment lang überlegen, welche Schreckensszenarien den im Vertrag beschriebenen Ablauf empfindlich stören könnten. Dabei empfehle ich Ihnen, durchaus einen gewissen Mut zur Kreativität an den Tag zu legen. Überlegen Sie sich, was alles mit dem Vertragsgegenstand und der Gegenleistung schiefgehen kann. Angenommen, Sie kaufen ein Produkt zu einem bestimmten Preis, das Ihnen zugestellt werden soll. Beispielsweise könnte der Lkw mit der Ware im Frachtraum auf dem Weg zu Ihnen falsch abbiegen und in den Rhein stürzen. Was ist, wenn der Lieferant stirbt, nachdem Sie die Ware bezahlt haben, und es wurde nur ein Teil der Gesamtmenge ausgeliefert? Erzeugen Sie bei diesen Überlegungen ruhig ein realistisches bis hochgradig unrealistisches Schreckensszenario und schreiben Sie am besten alles auf einem Blatt Papier auf. Darin kann auch selbstverständlich der herabstürzende Meteorit vorkommen.

Bevor Sie jedoch nun mit sämtlichen noch so abwegig erscheinenden Szenarien den Vertrag aufblähen, wägen Sie vorher alle diese Risiken auf deren Wahrscheinlichkeit hin ab und lediglich jene, die eine realistische Eintrittswahrscheinlichkeit besitzen, sollten Sie auch aufnehmen.

Angenommen, Ihr Vertragspartner hat seine Fabriken in der Schweiz. Wie realistisch ist es aus Ihrer Sicht, dass ein Krieg diese Gebäude zerstören könnte oder eine UN-Sanktion dieses Land in vollkommene Isolation stürzt? Diese Annahme ist ausgesprochen unwahrscheinlich, und daher brauchen Sie diese auch nicht im Vertrag aufzunehmen. Jedoch könnte durchaus ein Unfall auf dem Transportweg die Lieferung verzögern, und falls die Lieferzeiten für Sie ein wichtiges Kriterium darstellen, muss dieses Szenario im Vertrag dargestellt werden. Mehr noch: An dieser Stelle sollten Sie niederschreiben, was denn passiert, wenn die Ware später als vereinbart geliefert wird.

Aus Ihrer persönlichen Erfahrung wissen Sie vermutlich, dass etwas schieflaufen könnte, und vor allem was, und genau diese Punkte sollten Sie im Vertrag erfassen. Dann werden Sie für die plausibelsten Szenarien gut gerüstet sein. Letztlich handelt es sich hier immer um Erfahrungswerte.

Falls Sie für die Vertragsgestaltung einen Anwalt einbeziehen, achten Sie am besten darauf, dass dieser auch die Branche und deren Usancen versteht, in der Ihr Unternehmen tätig ist. Dann kennt dieser Rechtsanwalt nämlich die typischen Dinge, die in Ihrem Umfeld für Streitigkeiten sorgen, und er wird Sie entsprechend beraten können.

Gut zu wissen: Welche Punkte müssen in einem Vertrag geregelt werden?

Streng genommen bedarf es überhaupt keiner Regelung, da das Bürgerliche Gesetzbuch (BGB) weitgehende Regelungen in Bezug auf Leistungszeit, Leistungsort, Leistungsstörungen, Mängel und einiges mehr getroffen hat. Diese gesetzliche Absicherung kann jedoch unterschiedlich stark aufgeweicht und abgeändert werden.

Im B2B-Bereich (Business to Business) besteht eine weitgehende Vertragsfreiheit. Aus diesem Grund können Unternehmen, die im geschäftlichen Verkehr zueinander stehen, von diesen gesetzlichen Regelungen durchaus deutlich abweichen. Da jedoch in diesem Kontext der Regelfall – also die gesetzlichen Vorgaben – innerhalb der Unternehmen meist unbekannt ist, kann zunächst ein Anwalt (oder ein juristisches Lehrbuch) für entsprechende Aufklärung sorgen und in einem zweiten Schritt entschieden werden, jene Regelungen im Vertrag niederzuschreiben, die beide Vertragsparteien für sachgerecht halten und die dann vom gesetzlichen Regelfall abweichen können. Im B2C-Bereich (Business to Customer) und insbesondere bei gleichzeitiger Verwendung von allgemeinen Geschäftsbedingungen ist jedoch zumindest eine Endkontrolle durch einen Anwalt dringend empfohlen, da hier nicht ohne Weiteres vom gesetzlichen Leitbild zum Nachteil des Verbrauchers abgewichen werden kann. Aus Sicht des Gesetzgebers ist der Verbraucher eine absolut schützenswerte Spezies.

Vertragstitel und allgemeine Informationen

Sehen wir uns nun einmal an, wie ein Vertrag normalerweise aufgebaut ist.

Ganz zu Beginn steht der **Titel,** in der minimalen Variante ist es das Wort mit sieben Buchstaben, also *Vertrag*. Sie können jedoch auch spezifischer werden und *Servicevertrag, Dienstleistungsvertrag* oder Ähnliches schreiben. Das hilft schon einmal und gibt außerdem die Richtung vor, worum es sich dabei handeln soll. Selbst das Wort *Vereinbarung* können Sie selbstverständlich dafür verwenden. Welchen Begriff Sie bevorzugen, bleibt ganz Ihnen überlassen, wichtig ist jedenfalls, einen Titel für dieses Dokument zu wählen. Das bedeutet gleichzeitig: Dieses Schriftstück soll als Vertrag für alle erkennbar sein. Wobei: Wenn Sie den Vertrag als *Werkvertrag* bezeichnen und er eindeutig als Kaufvertrag zu werten ist, kann selbst der beste Titel nichts am wahren Inhalt ändern.

An zweiter Stelle folgen nun die Angaben zu den **Vertragspartnern.** Ergänzend zu den Daten der Vertragspartner können Sie natürlich auch deren Handelsregisternummer einfügen. Wichtig ist an dieser Stelle die jeweils klare Firmenbezeichnung, damit jeder weiß, um wen es sich bei den Vertragspartnern handelt. Gerade im internationalen Geschäftsverkehr kann dieser Faktor wichtig sein. Vor allem, wenn Sie mit der Meier GmbH einen Geschäftsabschluss erreichen wollen, und dieses Unternehmen beispielsweise zu einem taiwanischen Weltkonzern gehört. Spätestens an dieser Stelle bekommt nämlich die Frage, mit wem Sie eigentlich den Vertrag abschließen, einiges an Relevanz.

Als Nächstes erfolgt für gewöhnlich die ganz zu Beginn des Kapitels kurz erwähnte **Präambel.** Mitunter bekomme ich von meinen Mandanten die zaghafte Frage gestellt, was dieser Begriff überhaupt bedeutet. Sollte es Ihnen gerade ähnlich ergehen, dann werfe ich für Sie zuerst einmal einen Blick in Wikipedia. Dort steht, dass darunter eine feierliche, in gehobener Sprache verfasste Einleitung am Anfang einer Urkunde, insbesondere einer Verfassung oder eines völkerrechtlichen Vertrages verstanden wird.[6]

So weit muss es in unseren Verträgen aber nicht gehen, Sie können die Präambel auch einen Tick weniger feierlich verfassen. In diese Präambel schreiben Sie am besten eine einleitende Erklärung, um welche Vereinbarung es sich hierbei handelt und warum beide Vertragsparteien diese beschließen. In einer Präambel wird also erklärt, was beide Vertragspartner überhaupt miteinander vorhaben. Mehr muss es nicht sein. Sollte Ihnen zu diesem Abschnitt beim besten Willen nichts einfallen, dann lassen Sie die Präambel einfach weg. Letztlich wird sich niemand daran stören.

Der Vertragsgegenstand

Nun kommt der **Vertragsgegenstand** dran. Meist wird dieser Punkt als Paragraf (§) 1 bezeichnet, doch auch numerische Aufzählungen (1.) oder römische Ziffern (I) sind durchaus üblich.

Hier geht es also ans Eingemachte. Unter diesem Punkt definieren Sie, welche Produkte gekauft oder verkauft oder welche Dienstleistungen erbracht werden sollen.

Je nach Vertragsgegenstand macht es mitunter Sinn, sämtliche Lieferbedingungen und alle technischen Details zu erfassen. Sollten die technischen Informationen zu umfangreich ausfallen, wie es häufig bei Großanlagen der Fall ist, tragen Sie diese besser in einem gesonderten Blatt ein und legen dieses als **Anhang** dem Vertrag bei. Dann steht unter § 1 beispielsweise: »Zu liefern ist eine Maschine gemäß Datenblatt wie in Anlage 1 dargestellt.« In diesen Anhang tragen Sie sämtliche wichtigen Informationen ein, etwa die Betriebsstunden oder wie viele Einheiten pro Stunde gestanzt werden, eben alles, was technisch exakt definiert werden muss.

Achten Sie grundsätzlich immer darauf, den Vertragsgegenstand klar zu bestimmen, das heißt: Um welche Maschine handelt es sich genau? Oder falls es eine Dienstleistung betrifft, beschreiben Sie exakt die zwischen beiden Vertragspartnern vereinbarte Leistung. Schreiben Sie dabei besser ein Wort zu viel als zu wenig, damit es im Nachgang nicht zu Missverständnissen kommt.

Leistungsort und Leistungszeit

Als weitere Punkte können Sie den **Leistungsort** und die **Leistungszeit** genauer bestimmen, falls dazu entsprechende Spezifikationen existieren. Hier definieren Sie, wann und wo beziehungsweise wohin die Leistung erfolgen soll.

Angenommen, Sie liefern eine Maschine – eine Kompressoranlage – und Ihr Vertragspartner besitzt mehrere Fabriken. In diesem Fall erfassen Sie nicht nur, in welches Werk diese Anlage geliefert werden sollte, sondern auch, wohin sie genau gebracht wird. Handelt es sich bei dem Leistungsort um das Werkstor? Dann wird die Kompressoranlage genau an dieser Stelle dem Käufer übergeben und er muss selbst sehen, wie er das Ding an seinen vorgesehenen Platz schafft. Wenn sich der Leistungsort an jener Stelle befindet, an der diese Anlage installiert werden soll, muss dieser auch genau spezifiziert werden.

Es kann außerdem von Bedeutung sein, wann die Leistung erfolgt, also in welchem Zeitraum der Leistungsort überhaupt verfügbar ist. Beispielsweise darf in einem Lebensmittelbetrieb die Anlieferung der Ware häufig nur morgens zwischen sechs und acht Uhr erfolgen, ansonsten erst wieder am nächsten Tag und so weiter.

Überlegen Sie sich an dieser Stelle auch, wer die Kosten für den Transport übernimmt. Dieser Punkt muss hier ebenfalls verfasst werden.

Nebenpflichten

Nun befinden wir uns bei den **Nebenpflichten.**

Was ist darunter zu verstehen? Nehmen wir an, Sie kaufen eine chinesische Vase, eine Ming-Vase, äußerst wertvoll, dann ist die Hauptleistungspflicht des Verkäufers die Übergabe und Übereignung dieser Vase. Als Gegenleistung gilt die Zahlung des Kaufpreises, also angenommen 10 000 Euro. Nebenpflichtg wäre das, was nicht essenziell für den Vertrag ist, jedoch sozusagen die Schutz- und Fürsorgepflicht des Verkäufers betrifft. Zum Beispiel, diese Vase so einzupacken, dass sie schadlos beim Empfänger ankommt und nicht in 1000 Einzelteilen. Beispielsweise muss der Verkäufer einen Warnhinweis auf der Verpackung anbringen, dass man dieses Paket nicht aus fünf Metern Höhe auf den Boden schmettern sollte. Da dieser Hinweis eigentlich schon dem gesunden Menschenverstand entspringen sollte, sind die Nebenpflichten im Wesen des Vertrages angelegt, gelten also auch, wenn sie nicht schriftlich fixiert wurden.

Aber warum nicht auf Nummer sicher gehen? Derartige Hinweise können im Vertrag entsprechend ausformuliert und in diesem Vertragspunkt niedergeschrieben werden.

Wichtig: Eine Missachtung dieser Nebenpflichten würde immer zu Schadensersatz führen, egal ob schriftlich fixiert oder nicht.

Die Gegenleistung

Nach der zuvor benannten Leistung definiert der nächste Vertragspunkt – in unserem Falle wäre es § 2 – die **Gegenleistung,** also den Preis der Ware oder der Dienstleistung und die damit verbundenen Zahlungsbedingungen.

Zu welchem Preis wird also die zuvor beschriebene Maschine verkauft und, falls es sich um eine Dienstleistung handelt, was soll diese kosten? Wie setzen sich diese Kosten zusammen? Auch dieser Punkt wird hier ausformuliert. Angenommen, Sie arbeiten als Verkaufstrainer, dann werden Sie unter diesem Paragrafen höchstwahrscheinlich Ihr Tageshonorar setzen. Ferner kommen die Aufwendungen bei anfallenden Reisespesen sowie die Kostenübernahme bei einer Übernachtung, die Ihr Auftraggeber übernimmt, an diese Stelle. Falls Sie nicht unbedingt im Gästezimmer einer schäbigen Bahnhofskneipe übernachten wollen, sollten Sie hier zusätzlich die dafür entsprechenden Rahmenbedingungen definieren. Also beispielsweise folgender Wortlaut: »Dieses Honorar versteht sich zuzüglich Übernachtung (Businesshotel, 4 Sterne).«

Beachten Sie an dieser Stelle immer, aus welcher Perspektive der Vertrag verfasst wurde, denn die Leistung des einen ist stets die Gegenleistung des anderen. Wurde das Vertragswerk also vom Verkäufer verfasst oder vom Käufer? Wenn der Vertragsgegenstand beispielsweise eine Ware umfasst, dann wird die Gegenleistung den Kaufpreis definieren. Das sollten Sie unter diesem Vertragspunkt zuerst einmal klar beschreiben.

Anschließend können Sie noch weitere vereinbarte Leistungen anführen.

Zahlungsbedingungen

Die Zahlungsbedingungen fallen unter die Kategorie »Gegenleistungen«. Wenn Sie nun die Zahlungsbedingungen definieren, achten Sie insbesondere darauf, wie überhaupt bezahlt werden soll. Als Vorauskasse oder doch erst nach Leistungserbringung? Und falls dies der Fall sein sollte, in welchem Zeitraum? Wurde eine Ratenzahlung vereinbart, dann muss diese auch hier angeführt werden. Falls es sich bei Ihnen um den Geldempfänger handelt, also um den Verkäufer der Ware oder um den Erbringer einer Dienstleistung, überlegen Sie sich immer den schnellstmöglichen Weg, um an Ihr Honorar oder den Verkaufsbetrag zu kommen.

Als Käufer einer Ware oder Empfänger einer Dienstleistung sollten Sie sich natürlich Gedanken darüber machen, erst möglichst spät den geforderten Geldbetrag zu überweisen. Jedenfalls macht dies in den meisten Fällen Sinn.

Je nachdem, auf welcher Seite Sie sich befinden, auf der des Verkäufers oder der des Käufers –, erfassen Sie im Vertrag immer, zu welchen Bedingungen die Zahlung erfolgt, damit es im Nachgang zu keinen Unklarheiten kommt.

Gut zu wissen: Was bei »Vorauskasse« unbedingt beachtet werden sollte

Um es gleich vorwegzunehmen: Es besteht für den Verkäufer kein gesetzliches Recht darauf, eine Vorauszahlung für eine noch nicht erbrachte Leistung einzufordern. Diese Tatsache ist wohl nur den wenigsten Endverbrauchern bekannt, ansonsten würden nicht so viele vollkommen klaglos Vorauszahlungen akzeptieren.

Besonders häufig trifft man im Möbelhandel auf den Kauf gegen Vorauskasse. Dort wird ein Kaufvertrag für einen Einrichtungsgegenstand unterschrieben, und obwohl dieser erst in acht Wochen geliefert wird, verlangt der Verkäufer eine Anzahlung in Höhe von etwa zehn Prozent. Die meisten Menschen – zumindest in Deutschland – zahlen diesen Betrag.

Eine Vorauskasse ist nur dann tatsächlich vertretbar, wenn eine hochgradig individuelle Leistung erbracht wird, für die der andere Vertragspartner in Vorleistung treten muss. Beispielsweise wenn der Schneider seinem Kunden einen Anzug nach Maß anfertigt. In dem Fall ist es nachvollziehbar, eine entsprechende Anzahlung zu verlangen, da hier eine Investition ausschließlich für den Besteller (dabei handelt es sich übrigens um den juristisch korrekten Begriff) getätigt wird. Der Schneider kauft nur für den Besteller jenen Stoff ein, den er für die Anfertigung seines Anzuges benötigt.

Doch wie verhält es sich mit dem vorhin beschriebenen Einrichtungsgegenstand, einer Massenware? Nach dem Gesetz ist der Kaufpreis erst bei der Lieferung der Ware zu entrichten. So gesehen besteht keine Verpflichtung, im Voraus für etwas zu bezahlen, was man erst später erhält. Schließlich trägt auf diese Weise der Käufer auch das Insolvenzrisiko des anderen. Falls also dieses Möbelhaus in die Insolvenz geht, dann liegt das Geld dieses Kunden in der Insolvenzmasse. Im schlimmsten Fall hätte dieser somit die zehn Prozent Anzahlung verloren, ohne sich an der neuen Wohnzimmereinrichtung erfreuen zu können.

Aus diesem Grund sollte das Thema Vorauskasse durchaus kritisch betrachtet werden, da man jemand anderem Geld gibt, bevor überhaupt eine Leistung dafür erfolgt ist.

Leistungsstörung

In § 3 werden schließlich sämtliche **Leistungsstörungen** erfasst. Dabei handelt es sich tatsächlich um einen juristisch korrekten Begriff. An dieser Stelle formuliert der Vertragsersteller, was passiert, wenn die Ware nicht geliefert wird, wenn die Dienstleistung nur unzureichend oder überhaupt nicht erbracht wurde, wenn Transportschäden entstanden sind und sämtliche weiteren Punkte zu diesem Themengebiet. Soll es dann ein Recht zur Nachbesserung oder Nachlieferung geben? Kommt stattdessen eine Minderung der Gegenleistung in Betracht? Die Antworten auf diese Fragen kommen in diesen Abschnitt.

Selbstverständlich stehen in diesem Abschnitt auch die vereinbarten Konsequenzen, falls die Gegenleistung, meist die Bezahlung, nicht erfolgt. Hier können Verzugszinsen definiert werden oder die Abholung der Ware, natürlich auf Kosten des säumigen Zahlers. Selbstredend bleibt die Ware bis zur vollständigen Bezahlung im Eigentum des Verkäufers, und diese Formulierung können Sie bereits im Punkt Zahlungsbedingungen vermerken.

Bedenken Sie, dass die Pflicht des einen immer gleichzeitig das Recht des anderen ist. Dahinter verbirgt sich die Aussage, dass nach der Formulierung einer Pflicht nicht automatisch und zwingend das Recht des anderen niedergeschrieben werden muss, da sich dies ohnehin aus dem Gesamtzusammenhang ergibt.

Gut zu wissen: Die Abgabe von Garantien

Oft wird in Verträgen eine »Garantie« abgegeben. Man garantiert dann zum Beispiel eine Gerätelebensdauer von zehn Jahren. Was passiert aber im Garantiefall? Nun, das Wort »garantieren« bedeutet in der Juristensprache, dass Sie für eine zugesagte Leistung unbedingt einstehen müssen, vollkommen egal, ob ein Defekt durch Ihr Verschulden entstand oder nicht. Sie können sich auch nicht damit herausreden, dass das Produkt ein »Montagsprodukt« war oder »ein solcher Fehler noch nie aufgetaucht ist«.

Im Begriff »Garantie« schwingt grundsätzlich der Gedanke »ohne Wenn und Aber« mit, und Sie sollten eine Garantie immer nur gut durchdacht abgeben. Anders ausgedrückt: Der inflationäre Umgang mit dem Wort »Garantie« kann Sie im schlimmsten Fall Kopf und Kragen kosten.

Setzen Sie also derartigen Zusicherungen immer eine begleitende Erklärung hinzu, was darunter verstanden wird und für welche Fälle Sie nicht garantieren wollen. Denn: Eine Garantie geben Sie immer freiwillig ab, und es ist Ihr gutes Recht, die Bedingungen Ihrer Garantie und mögliche Einschränkungen frei festzulegen. Sie müssen es nur formulieren.

Kündigung und Kündigungsfristen

Kündigung und Kündigungsfristen finden nur bei Dauerschuldverhältnissen Anwendung. Unter diesen versteht der Jurist sämtliche Vereinbarungen, die für einen längeren Zeitraum abgeschlossen werden. Beispielsweise wenn Sie als Verkaufstrainer mit einem Unternehmen eine Zusammenarbeit über einen längerfristigen Zeitraum vertraglich vereinbaren, oder Sie betreiben ein Floristikunternehmen und vereinbaren mit einem lokal ansässigen Betrieb, monatlich die Blumen in den Besprechungsräumen zu ersetzen. In solchen Fällen sollten Sie als § 4 die entsprechenden Kündigungsfristen aufnehmen.

Im Umkehrschluss bedeutet das: Es besteht kein Dauerschuldverhältnis, wenn ein Vertrag lediglich für einen einmaligen Geschäftsakt geschlossen wurde. Wenn Sie also in der Kneipe Ihres Vertrauens ein Bier trinken oder eine Bluse in einem Modehaus kaufen, brauchen Sie keine Kündigungsfristen zu vereinbaren. Ebenso wenig, wenn Sie ein Buch bestellen oder als Werbetexter für einen Kunden lediglich einen einzigen PR-Text formulieren. Sollten Sie jedoch über einen Zeitraum von einem Jahr im Abstand von vier Wochen immer wieder neue Texte erstellen, dann ergibt die Vereinbarung von Kündigungsfristen durchaus Sinn.

Bedenken Sie dabei, diese Fristen lange genug anzusetzen, damit alles auch möglichst schmerzlos zurück abgewickelt werden kann, Sie für Ihren Vertragspartner einen Ersatz finden und die Prozesse in Ihrem Unternehmen nicht beeinträchtigt werden.

Sie sollten außerdem definieren, ob sich der Vertrag stillschweigend verlängert, falls er nicht bis zu einem bestimmten Stichtag fristgerecht gekündigt wurde, oder ob der Vertrag ausläuft, wenn er nicht schriftlich vor Ablauf dieser Frist verlängert wird.

Sollten Sie von Kündigungsfristen betroffen sein, empfehle ich Ihnen dringend, diese entsprechend frühzeitig an geeigneter Stelle in Ihrem Kalender zu vermerken, damit Sie rechtzeitig von Ihrem Kündigungsrecht Gebrauch machen können.

Unabhängig von der *ordentlichen* Kündigung besteht ebenfalls immer die Möglichkeit der *außerordentlichen* Kündigung, die auch »Kündigung aus wichtigem Grund« genannt wird. Sie muss nicht im Vertrag separat geregelt werden, da sich dies bereits aus dem Gesetz ergibt.

Dennoch macht es Sinn, gewisse Umstände, die zu einer Kündigung führen, hier aufzuführen. Auf die Kündigung aus wichtigem Grund wird in Kapitel 8 noch genauer eingegangen.

AGBs, Gerichtsstand und anwendbares Recht

Ans Ende Ihres Vertrages setzen Sie eine Klausel, in der Sie auf Ihre **allgemeinen Geschäftsbedingungen** verweisen. Diese AGBs stehen entweder ebenfalls im Anhang – das wäre die bevorzugte Vorgehensweise – oder sie befinden sich auf Ihrer Webseite, und dann sollten Sie auch den korrekten (!) Link im Vertrag angeben.

Das Thema Gerichtsstand

Kennen Sie Kuala Lumpur? Eine tolle Stadt. Die Hauptstadt Malaysias besticht nicht nur durch ihre für uns geheimnisvolle fernöstliche Mentalität, sondern auch durch deren moderne Architektur, die direkt neben den ursprünglichen Bauten dieser Metropole wie gigantische Besatzer aus einer anderen Welt wirkt.

Würden Sie diese fantastische Stadt als **Gerichtsstand** in Ihren Verträgen auswählen? Vermutlich nicht, und höchstwahrscheinlich kommt Ihnen dieser Gedanke sogar reichlich grotesk vor. Kuala Lumpur mag in der Tat etwas übertrieben klingen, doch erlebe ich es häufiger, wie naiv teilweise mit der Wahl des Gerichtsstandes umgegangen wird. Sie sollten dieses Thema aber unbedingt ernst nehmen. Denn Gerichtsstand bedeutet, an diesem angegebenen Ort tragen Sie Ihre Rechtsstreitigkeiten vor Gericht aus, falls es denn dazu kommen sollte. Wenn Sie also in Ihrem Vertrag »Gerichtsstand ist Kuala Lumpur« angeben, dann müssen Sie dorthin reisen, und zwar jedes Mal, wenn ein Gerichtstermin ansteht. Dabei entstehen nicht nur für Sie Kosten in Form von Reisekosten, sondern auch für Ihre Mitarbeiter, falls diese als Zeugen geladen werden, und für Ihren Anwalt, den Sie idealerweise auch noch mitnehmen sollten. Damit nicht genug, laufen für Ihr Unternehmen außerdem noch Kosten in Form von Verdienstausfall auf, und zwar für Sie und eventuell Ihre Mitarbeiter.

Sie denken, ich übertreibe etwas damit, Malaysias Hauptstadt als Gerichtsstand zu wählen? Vielleicht, doch es genügt bereits, wenn sich der Hauptsitz Ihres Unternehmens in München befindet und als Gerichtsstand wurde Gotha in Sachsen-Anhalt gewählt.

Es erscheint vollkommen klar, dass Sie den Ort der Gerichtsbarkeit in unmittelbarer Nähe zu Ihrer Arbeitsstätte wählen werden, doch darum geht es im Grunde nicht. Es geht darum, dass Ihr Vertragspartner einen Gerichtsstand durchzusetzen versucht, der sich ungünstig für Sie auswirken könnte. Insbesondere bei internationalen Geschäftspartnern kann es schon mal das europäische Ausland sein, das dann an dieser Stelle im Vertrag vermerkt wird.

So können sehr schnell hohe Kosten für Sie auflaufen, und das sollten Sie unbedingt überdenken, bevor Sie den Gerichtsstand in Kuala Lumpur vorschnell akzeptieren.

Schließlich sollten Sie auch darauf achten, dass die Rechtswahlklausel auf jenes Land angewendet wird, in dem sich Ihr Unternehmenssitz befindet und dessen Recht Sie verstehen.

Insbesondere bei Verträgen mit ausländischen Geschäftspartnern kann schon mal nach beispielsweise chinesischem Recht verhandelt werden, wenn Sie an dieser Stelle nicht aufpassen. Sollte es besonders misslich laufen, hatten Sie zwar als Gerichtsstand München vereinbart, es wird jedoch nach chinesischem Recht verhandelt. Das bedeutet: Um eine Streitfrage in diesem Fall gerichtlich klären zu können, müsste das Münchner Gericht mangels eigener Kompetenz ein Gutachten zum chinesischen Recht einholen.

Die salvatorische Klausel

Häufig steht in Verträgen die salvatorische Klausel ganz zum Schluss vermerkt. Darunter ist der Hinweis zu verstehen, dass ein Fehler in einem einzelnen Punkt des Vertrages nicht automatisch den gesamten Vertrag unwirksam werden lässt.

Dieser Punkt steht aber bereits im Gesetz, daher können Sie sich die salvatorische Klausel sparen.

Die Schriftformklausel

In unserem Mustervertrag finden Sie die Schriftformklausel ebenfalls auf den letzten Seiten des Vertrages, in diesem Fall als Unterpunkt in § 5. An dieser Stelle bestätigen die Vertragspartner einander, dass jede Änderung des Vertrages ausschließlich schriftlich zu erfolgen hat. Damit vermeiden beide Parteien gleichzeitig irgendwelche mündlichen Nebenabreden, und alleine aus diesem Grund empfehle ich Ihnen, die Schriftformklausel in jeden Vertrag aufzunehmen.

Es geschieht häufiger, als Sie glauben, dass im Laufe einer geschäftlichen Zusammenarbeit beliebige Zusagen getroffen werden. Meistens am Telefon oder im Rahmen eines persönlichen Treffens erfolgt ein lapidar ausgesprochenes Zugeständnis, beispielsweise über eine Sonderkondition für eine einzelne Warenlieferung. Derartige Sondervereinbarungen erlangen schnell einen dauerhaften Status, und plötzlich möchte der Geschäftspartner den vergünstigten Preis als künftig fixe Kondition.

»Das haben wir doch so vereinbart. Letztens, als wir uns am Telefon darüber unterhalten haben«, könnte so ein Argumentationsversuch lauten. Damit Ihnen Diskussionen dieser Art erspart bleiben, sollten Sie die Schriftformklausel unbedingt in den Vertrag mit aufnehmen.

»Änderungen und Ergänzungen des Vertrages bedürfen zu ihrer Wirksamkeit der Schriftform. Dies gilt auch für eine Änderung oder Ergänzung dieser Klausel.« Dies wäre ein Standardtext für eine Schriftformklausel, der für viele Vertragssituationen ausreicht. Ob das auch für Ihre spezifische Situation zutrifft, sollten Sie im Zweifel mit dem Rechtsanwalt Ihres Vertrauens klären.

Diese wenigen Vertragspunkte stellen das Grundgerüst eines jeden Vertrages dar, und wenn Sie künftig Ihre Vertragswerke nach diesem System aufbauen, liegen Sie in den meisten Fällen goldrichtig. Sie sehen, dass Sie kein Jurist sein müssen, wenn Sie Verträge entwerfen, vielmehr gilt es einfach, das wirtschaftlich Gewollte in Sätzen zu formulieren. Und wie das geht, erklärt der nächste Abschnitt.

Grundsätzliche Überlegungen zu Vertragsformulierungen

Zum Abschluss dieses Kapitels soll es um das richtige Formulieren gehen. Bereits zu Beginn haben Sie erfahren, dass es aus rechtlicher Sicht keinen Unterschied macht, ob Sie Ihr Vertragswerk nun »Vertrag« oder »Vereinbarung« nennen. Sehr ähnlich verhält es sich mit der Wortwahl selbst, die letztlich auf dem Papier steht.

Ein Vertrag muss die Punkte der Zusammenarbeit beschreiben, und zwar so klar und verständlich wie möglich. Ein Vertragswerk sollte weder so umfangreich verfasst werden wie *Krieg und Frieden* von Tolstoi mit seinen über 1600 Seiten noch muss es so spannend zu lesen sein wie ein Thriller von Dan Brown.

Sie brauchen bei einem Vertrag also keine Zeit dafür aufzuwenden, Wortwiederholungen zu vermeiden oder sich besonders gewählt auszudrücken. Ein Vertrag bildet eine beiderseitige Willenserklärung ab und soll keinen Literaturnobelpreis gewinnen.

Im Gegenteil: Ich empfehle Ihnen sogar, eindeutige Begriffe immer wieder zu verwenden, damit es eben nicht zu Verwirrungen kommt. Wenn Sie beispielsweise vom »Kunden« sprechen, drei Zeilen weiter vom »Geschäftspartner« und sieben Zeilen später von der »Firma«, kann dies sehr schnell zu Missverständnissen führen. Es geht also niemals darum, sprachlich besonders ansprechend zu schreiben, sondern darum, möglichst eindeutig zu formulieren.

Anwälte haben häufig das Bedürfnis, richtige Monstersätze zu verfassen, die sich am besten über mehrere Zeilen ziehen wie eine Riesenschlange aus dem Amazonas. Bitte widerstehen Sie diesem Impuls. Für weit besser halte ich es, zwischendrin einen Punkt zu setzen und einen neuen Satz zu beginnen. Damit ist Ihr Vertrag gut verständlich und angenehm zu lesen.

Gegen den guten alten Satzbau Subjekt, Prädikat, Objekt ist hier überhaupt nichts einzuwenden. Auf korrekte Grammatik ist jedoch immer zu achten, denn dadurch wird Ihr Text klarer, eindeutiger und besser verständlich.

Weichmacher und Eventualitäten sollten Sie im Vertrag möglichst vermeiden. Zusätze wie »wahrscheinlich«, »eventuell« oder Verben im Konditional wie »könnte« oder »würde« unterlassen Sie am besten. Je klarer Sie etwas formulieren, umso eindeutiger kann dieses Vertragswerk später gelebt werden. Definieren Sie also möglichst unmissverständlich, was Sie von Ihrem Vertragspartner erwarten. Dadurch entsteht möglichst wenig Interpretationsspielraum, was sich nach Vertragsabschluss für beide Seiten immer positiv auswirken wird.

Jeden einmal sterben lassen

Die vertragliche Bindung lässt sich in vielen Aspekten mit einer Ehe vergleichen. Vor allem, wenn Sie sich dazu entschließen, mit Ihrem Vertragspartner über einen längeren Zeitraum hinweg zusammenzuarbeiten. Dann werden Sie auch in dieser Form der Beziehung Höhen und Tiefen erleben – wie in den meisten Ehen – und es entsteht außerdem ein durchaus emotionales Verhältnis zwischen den jeweils beteiligten Unternehmen.

Deshalb läuft auch eine Trennung, sollte diese tatsächlich anstehen, nicht einfach sang- und klanglos ab. Da geht schon mal Geschirr kaputt, da muss man über Dinge nachdenken, wem was gehört und vieles mehr. Wenn Sie beispielsweise mit einem Subunternehmer zusammenarbeiten, dessen Maschine in Ihrer Werkstätte steht, sollte für den Fall der Vertragsbeendigung die Rückgabe sauber geregelt werden.

Eine Form der Trennung kann durchaus auch der Tod eines Vertragspartners sein. Dann muss man sich mit dessen Nachfolger, mit Erben, Ehepartner oder Kindern auseinandersetzen. Ich empfehle Ihnen dringend, sich bereits bei der Vertragsgestaltung darüber Gedanken zu machen, wenn Sie keine unliebsamen Überraschungen erleben wollen, sollte es mal so weit sein. »Jeden einmal sterben lassen«, lautet an dieser Stelle ein wichtiger Merksatz. Natürlich möchte niemand am Beginn einer Vertragsehe über deren Ende nachdenken, doch ich habe viele Fälle erlebt, wo genau diese Trennung eintrat und eben kein Szenario dafür vertraglich vereinbart worden war. Verträge werden schließlich nicht nur für Schönwetter geschrieben, sondern gerade auch für Phasen, in denen es mal stürmt und schneit. Dabei müssen Verträge nicht zwingend krisenfest verfasst werden, doch sie sollten zumindest wasserdicht sein. Aus diesem Grund sprechen Sie am besten immer über sämtliche Varianten der Trennung bereits in der Vertragsverhandlung und erfassen Sie diese Szenarien schriftlich.

Checkliste: Die wichtigsten Bestandteile eines Vertrages

☐ Haben Sie ein Brainstorming durchgeführt und sich überlegt, welche Punkte Sie regeln wollen?

☐ Haben Sie sich Gedanken gemacht, was im Laufe der Vertragsbeziehung alles schiefgehen kann und wie hierzu die Lösung aussehen soll?

☐ Wurde der Vertrag eindeutig formuliert?

☐ Wurden Begriffe durchgehend gleich verwendet?

☐ Verstehen Sie selber noch die Formulierungen, die Sie verwendet haben beziehungsweise die Ihnen der Vertragspartner zugesandt hat?

☐ Haben Sie gedanklich jeden Vertragspartner »einmal sterben lassen«?

☐ Wurde die Trennung der vertraglichen Beziehung im Vertrag ausreichend geregelt?

Der Mustervertrag

Und so könnte Ihr Vertrag im Rohentwurf aussehen. Sie können natürlich die Gliederung anders aufbauen (also beispielsweise eine weitere Gliederungsebene einziehen oder komplett auf eine zweite Ebene verzichten). Die aufgezeigte Reihenfolge sollte aber nur aus gutem Grund geändert werden und Ihnen als Leitfaden durch den Vertrag dienen.

Vertrag

Vertragspartei A | Vertragspartei B

_____________ | _____________

Wurden die Vertragsparteien im Vertrag richtig bezeichnet (Name, Firmenbezeichnung, Anschrift, HR-Nummer)?

Präambel

Ist eine Präambel sinnvoll, um den Vertrag einzuleiten, quasi um seine Vorgeschichte und seine Zielrichtung zu erläutern?

§ 1 Vertragsgegenstand/Leistungspflichten

§ 1.1 Hauptleistungspflicht

Ist die Hauptleistungspflicht genau bezeichnet?

§ 1.2 Lieferbedingungen/Lieferzeiten

Bei Kauf: Wie sehen die Lieferbedingungen aus? Wer zahlt den Transport und wer trägt das Risiko des Untergangs? Sind Lieferzeiten zu vereinbaren?

§ 1.3 Leistungsort

Wo ist der Leistungsort, das heißt, wohin soll die Ware geliefert, wo die Leistung erbracht werden?

§ 1.4 Nebenpflichten

Gibt es neben der Hauptleistungspflicht noch weitere Nebenpflichten? Beispielsweise bezeichnet die Hauptleistungspflicht die Lieferung und Übereignung einer komplizierten Maschine, während die Nebenpflicht die Einführung in die technische Handhabung durch den Verkäufer darstellt.

1

§ 2 Gegenleistung

§ 2.1 Beschreibung der Gegenleistung

Wurde die Gegenleistung (in der Regel der Preis für die Ware/das Werk/die Dienstleistung etc.) genau bezeichnet?

§ 2.2 Kostenkomponenten

Wurden alle Kostenkomponenten angegeben?

§ 2.3 Zahlungsbedingungen

Wurden die Zahlungsbedingungen formuliert?

§ 3 Leistungsstörungen

§ 3.1 Maßnahmen bei Leistungsstörung

Was soll passieren, wenn die geschuldete Leistung nicht wie vertraglich vereinbart erbracht wird? Soll es eine Möglichkeit zur Nachbesserung geben? Minderung der Gegenleistung etc.?

§ 3.2 Maßnahmen bei Nichterbringung der Gegenleistung

Was soll passieren, wenn die Gegenleistung nicht erbracht wird?

§ 4 Kündigungsfristen

§ 4.1 Befristung oder Verlängerung mit Festlegung der Kündigungsfrist

Soll der Vertrag nach einer gewissen Zeit auslaufen und soll es zu seiner Verlängerung einer vorherigen Nachricht durch eine der Parteien bedürfen oder soll sich der Vertrag nach einer gewissen Zeit stillschweigend – beispielsweise um ein Jahr – verlängern?

Wurde die Länge der Kündigungsfristen mit Ihren betriebswirtschaftlichen Abläufen abgestimmt?

§ 4.2 Gründe für eine außerordentliche Kündigung

Macht es Sinn, außerordentliche Kündigungsgründe hier aufzuführen?

2

§ 5 Sonstiges

§ 5.1 Hinweis auf allgemeine Geschäftsbedingungen

Haben Sie AGBs und sollen diese in den Vertrag einbezogen werden?

§ 5.2 Salvatorische Klausel

Wurde eine salvatorische Klausel eingefügt?

§ 5.3 Schriftformklausel

Wurde eine Schriftformklausel erstellt?

§ 5.4 Geltendes Recht und Gerichtsstand

Welches Recht soll für den Vertrag Anwendung finden? Welcher Gerichtsstand soll vereinbart werden?

Anlagen

Gibt es Anlagen (technische Beschreibungen, Ihre AGBs, Zahlungspläne etc.)? Dann diese durchnummerieren und hier aufführen.

Partei A	Partei B
____________	____________
Datum/Unterschrift	Datum/Unterschrift

3

Kapitel 8 – Vertragsinhalte, die sich als Fallen erweisen können

Den meisten juristischen Laien, die sich mit Verträgen beschäftigen, kommt es so vor, als müssten sie sich durch einen undurchdringlichen Dschungel schlagen, in dem hinter jedem Busch eine neue Gefahr droht. Als wäre ein Vertrag eine Ansammlung von Buchstaben, die eine böse Überraschung nach der anderen bereithält.

Da kann ich Sie erst einmal beruhigen, denn die meisten Vertragspunkte entpuppen sich als ziemlich harmlos. Da erweist sich das vermeintliche Raubtier bei näherem Hinsehen doch als friedliche Hauskatze. Zweifelsohne lauert in manchen Vertragswerken einiges an giftigem Getier, doch das lässt sich leicht verjagen, wenn Sie ein paar wichtige Dinge beachten. Welche das sind, stelle ich Ihnen in diesem Kapitel vor. Dabei handelt es sich allerdings um eine subjektive Auswahl an Klauseln und Formulierungen ohne Anspruch auf Vollständigkeit. Es sind jedoch die Vertragspunkte, die besonders häufig in Vertragsverhandlungen auftauchen.

Hinterfragen Sie jede Klausel

Die wichtigste Regel an dieser Stelle lautet, dass Sie immer jede Klausel im Vertrag kritisch betrachten sollten. Ganz gleich, ob Sie eine Ausbildung als Jurist genossen haben oder nicht, wobei ich von Letzterem an dieser Stelle ausgehe. Sie sollten sich an jeder Stelle des Vertrages stets zwei Fragen stellen:

Erstens: Was könnte diese Bedingung für mich bedeuten?

Zweitens: Kann ich diese Bedingung, so, wie sie im Vertrag formuliert wurde, überhaupt erfüllen?

Erinnern Sie sich noch an das Beispiel aus Kapitel 1 mit dem Handelsunternehmen, das mit der Bank verhandelte, und eine der Bedingungen lautete, ein monatliches Berichtswesen über den Unternehmenserfolg vorzulegen?

In diesem Fall schenkte das Unternehmen dieser Klausel – gelinde ausgedrückt – zu wenig Beachtung, und beinahe hätte dieser Vertragspunkt den Untergang für dieses Unternehmen und deren rund 800 Mitarbeiter bedeutet. In diesem Beispiel wollte das Bankhaus sein Darlehen fällig stellen, da dieser Vertragspunkt nicht erfüllt wurde, was die Insolvenz des Unternehmens bedeutet hätte.

Hier handelte es sich nicht um einen Einzelfall, sondern ich erlebe derartige Dinge immer wieder. Das betrifft jedoch nicht nur Vertragsverhandlungen mit Banken, bei denen die Darlehensnehmer vertraglich dazu verpflichtet werden, ihren Geschäftserfolg mit regelmäßigen Berichten zu beweisen. Auch in anderen Branchen kommt es durchaus vor, dass Zahlen vorgelegt werden müssen. Beispielsweise in der Automobilbranche, wo die Hersteller ihre Lieferanten dazu verpflichten, deren Liefertreue mit entsprechenden Statistiken zu belegen. Eine derartige Klausel kann auch Ihnen schnell mal blühen, und Sie sollten sich gut überlegen, wie weit Sie diese erfüllen können (und wollen). Außerdem sollten Sie sich ausreichend überlegen, ob Sie überhaupt die Kapazitäten besitzen, um diese Forderung umzusetzen.

Falls es sich bei den geforderten Informationen um Analysen oder sonstiges Datenmaterial handelt, sollten Sie dringend klären, ob Sie dafür überhaupt die nötige Software besitzen. Falls in Ihrem Vertrag als Bedingung eine regelmäßige Auswertung auf der Basis von Excel definiert wurde und Sie mit diesem Programm arbeiten, dann ist ja alles wunderbar. Theoretisch zumindest, denn die nächste Frage lautet, ob

Sie über das entsprechende Know-how verfügen, um die gewünschte Analyse durchzuführen.

Sollte Ihr Vertragspartner jedoch beispielsweise eine Auswertung auf der Basis von SAP verlangen, könnte es durchaus sein, dass Sie damit schnell an Ihre Grenzen stoßen. Es kann ohne Weiteres auch passieren, dass Ihre monatliche Auswertung mit einem relativ exotischen Softwareprogramm kompatibel sein muss, und dann erweist sich eine derartige Aufgabe schon mal als relativ knifflig. Natürlich lässt sich mit Microsofts Excel so ziemlich alles konvertieren, keine Frage. Doch bei absoluten Speziallösungen müssen möglicherweise sogar die Jungs aus Redmond – dort befindet sich das Hauptquartier von Microsoft – passen.

Falls Sie einen dieser Punkte nicht erfüllen können, besteht immer noch die Möglichkeit, auf externe Dienstleister zuzugreifen, und diese kosten natürlich wieder Geld. Hier stellt sich erneut die Frage, ob Sie diese zusätzlichen Ausgaben in Ihrem Angebot berücksichtigt haben. Wenn nicht, könnte sich Ihre Kalkulation durchaus gegenteilig für Sie auswirken.

Gehen Sie dabei auch stets nach dem Worst-Case-Szenario vor. Das bedeutet: Berechnen Sie nicht ausschließlich den bestmöglichen Fall, sondern kalkulieren Sie immer äußere Einflüsse hinzu, die Sie selbst nicht kontrollieren können. Nehmen wir an, Ihr Rechner gibt urplötzlich den Geist auf oder der etwas ungeschickte Baggerfahrer auf der Baustelle vor Ihrem Haus durchtrennt die Datenleitung, wodurch es in den nächsten beiden Wochen kein Internet gibt. Können Sie trotzdem noch die vertraglich vereinbarten Berichte abliefern? Ja? Dann ist ja alles gut.

Falls Sie als Einzelunternehmer agieren, bleiben Sie bitte unbedingt bezüglich Ihrer Einschätzung realistisch. Wie lange benötigen Sie für die Erfüllung des Vertragspunktes?

Verpflichten Sie sich, jeden Monat konsolidierte Zahlen zu liefern? Dann benötigt Ihre Buchhaltung eventuell einige Stunden länger für diese Tätigkeit. Für den Fall, dass Sie völlig alleine arbeiten, ist es Ihre Zeit, die Sie dafür ansetzen sollten. Dadurch bleiben wiederum andere Aufgaben liegen, und das kostet ebenfalls wieder Zeit und Geld.

Achten Sie auf die Vertragsstrafen-Falle

Hüten Sie sich unbedingt davor, die Vereinbarung von Vertragsstrafen – also Strafzahlungen, die bei Nichteinhaltung von Vertragspunkten entstehen – zu schnell zu akzeptieren. Nehmen wir an, Sie verpflichten sich, Ihre Ware täglich bis 14 Uhr zu liefern, ansonsten müssen Sie Strafe zahlen. Aus Erfahrung prophezeie ich Ihnen: Ganz ohne Vertragsstrafe werden Sie nicht durchkommen. Aus diesem Grund sollten Sie eine Kalkulation vor Vertragsunterzeichnung durchführen, wie hoch die Wahrscheinlichkeit einer solchen Strafe sein wird und mit welchen Summen Sie dadurch rechnen müssen. Zahlt es sich dann noch aus, den Vertrag zu unterschreiben? Es lohnt sich, diese Frage vor der Vertragsunterzeichnung in Gedanken durchzuspielen.

Oft wird die Frage nach der Höhe der Vertragsstrafe gestellt. Das hängt von so vielen Faktoren ab, dass ich darauf keine allgemeingültige Antwort geben kann. Sie muss »angemessen« und »verhältnismäßig« sein. Alles klar? Nun, man wird auf den jeweiligen Einzelfall abstellen müssen. Das bedeutet, dass die Vertragsstrafe schon spürbar sein muss und »wehtun« darf, sie darf aber nicht dazu führen, dass der andere Vertragspartner überhaupt keinen Gewinn mehr macht oder vielleicht sogar in die Insolvenz getrieben wird. Schon gar nicht darf die Vertragsstrafe als praktische Einnahmequelle missbraucht werden. Sinnvoll kann es auch sein, dass im Vertrag für verschiedene Vertragsverletzungen unterschiedlich hohe Vertragsstrafen angesetzt werden.

Versprechen Sie nicht zu viel

Ein weiterer kritischer Punkt, der von Vertrieb und Marketing immer wieder eingesetzt wird, betrifft Anpreisungen über Funktion, Einsetzbarkeit und andere Eigenschaften eines Produktes, also sogenannte Beschaffenheitsangaben. Nehmen wir an, Ihr Unternehmen verkauft technische Geräte. Dann kann im Vertrag durchaus definiert werden, wie lange die Maschine zumindest halten muss. Also: Wie viele Stunden läuft das Ding, bis ein Service, eine Wartung oder eine Reparatur fällig wird? Bevor Sie hierzu Angaben leisten, sollten Sie sich ganz genau ausrechnen, wie realistisch dessen Einhaltung tatsächlich ist. Gehen Sie auch hier besser von einem schlechteren Fall aus und kalkulieren Sie eine plausible – nicht eine ideale – Abschätzung der voraussichtlichen Kosten ein, die im Laufe einer bestimmten Zeit anfallen könnten, beispielsweise innerhalb eines Jahres.

Lassen Sie sich bei Großaufträgen nicht blenden

Auch bei einem großen Auftragsvolumen liegt mitunter der sprichwortliche Teufel im Detail. Beispielsweise sollten Sie bei einem längerfristigen Projekt darauf achten, dass Sie dieses überhaupt umsetzen können. Häufig verkalkulieren sich Unternehmen dabei, und dann entsteht unter Umständen Druck durch Abgabefristen, die nicht einzuhalten sind. So etwas führt zwangsläufig zu Ärger. Aber auch bei technischen Produkten kann es zu Fehleinschätzungen kommen, die mitunter nach hinten losgehen können, beispielsweise bei der Durchführung von Wartungsverträgen oder wenn Sie sich zu einem Geräteservice verpflichten, der bestimmten Rahmenbedingungen unterliegt. Nicht selten unterschätzt man den dahinterliegenden technischen Aufwand, der dann nicht geleistet werden kann, weil zum Beispiel einfach die Manpower fehlt.

Nehmen wir an, Sie vertreiben Autowaschanlagen und befinden sich kurz davor, das Geschäft Ihres Lebens abzuschließen, in diesem Falle mit dem italienischen Energiekonzern Eni, zu dem das Tankstellennetz Agip gehört. Die Chancen stehen also nicht schlecht, künftig sämtliche Autobahntankstellen mit dem sechsbeinigen Hund mit Ihren fantastischen Anlagen zu bestücken. Zu den Vertragsbestandteilen zählen auch eine Auflistung der garantierten Betriebsdauer Ihrer Autowaschanlagen und eine verbindliche Angabe der Reaktionszeit im Falle einer notwendigen Reparatur.

In den vorausgehenden Verhandlungsrunden ließen Vertreter der Gegenseite anklingen, dass der bisherige Anbieter einen Reparaturservice von 24 Stunden zugesichert hat. Innerhalb dieser Zeit befand sich ein Techniker vor Ort, um eine defekte Anlage zu reparieren.

Welche Angaben sichern Sie vertraglich zu? Übernehmen Sie die angegebenen Betriebsstunden Ihres brasilianischen Herstellers, dessen Produkte Sie in Deutschland verkaufen? Dieser gibt eine Minimumbetriebslaufzeit von 20 000 Stunden an. Oder gehen Sie auf Nummer sicher und setzen diese Zahl etwas niedriger an? Wie verhält es sich mit der Reaktionszeit bei Störungsfällen? Ziehen Sie mit? Dann muss innerhalb von 24 Stunden einer Ihrer Techniker vor Ort aufschlagen. Können Sie das garantieren? Schaffen das Ihre Techniker überhaupt? Vielleicht entgegnen Sie mir an dieser Stelle, Sie beschäftigen zwar nur einen technischen Mitarbeiter, doch dessen zänkische Partnerin sorgt ohnehin dafür, dass er am liebsten nur unterwegs sein möchte. Aus Arbeitgebersicht eine wunderbare Voraussetzung, keine Frage. Wie verhält es sich jedoch mit dieser 24-Stunden-Zusicherung, falls Ihr Techniker mal krank sein sollte?

Und außerdem, was bedeutet es denn eigentlich, eine Reaktionszeit innerhalb von 24 Stunden einzuhalten? Muss in dieser Zeit eine Reparatur an der Anlage begonnen haben oder genügt es, wenn Ihr Techniker in dieser Zeitspanne zum Telefon greift, um den Tankstellenpächter zurückzurufen? Falls, wie in unserem Beispiel angenommen, darunter verstanden wird, dass sich ein Mitarbeiter in diesem Zeitraum vor Ort befindet, dann reicht es nicht, lediglich rechtzeitig den Kunden anzurufen.

Schaffen es Ihre Techniker, innerhalb von 24 Stunden – und zwar in der Zeit von Montag bis Sonntag inklusive Feiertagen – sich vor Ort zu befinden und zumindest mit den Reparaturarbeiten zu beginnen, falls eben ersteres Szenario gilt?

Sie sehen, der Teufel liegt mal wieder im Detail, und daher sollten Sie unbedingt kritisch prüfen, ob eine Durchführung der von Ihnen zugesagten Leistungen überhaupt realistisch ist. Im Zweifel kann es ansonsten nämlich ganz schön teuer für Sie werden. Nämlich dann, wenn bei Ihrem Vertragspartner ein Umsatzausfall entsteht und Sie für diese Kosten aufkommen dürfen.

Bei der vorhin erwähnten Reaktionszeit von 24 Stunden steht dann beispielsweise dabei, dass damit der Zeitraum Montag bis Freitag gemeint ist und Feiertage davon ausgenommen sind. Wenn also die Waschanlage am Samstag um 14 Uhr ausfällt, kümmert sich Ihr Techniker am darauffolgenden Montag darum. Es sei denn, es handelt sich dabei um den 25. Dezember. In diesem Falle beginnt Ihr Mitarbeiter erst am Mittwoch mit der Reparatur.

Selbstverständlich können wir heutzutage sämtliche Dienstleistungen auf Drittanbieter auslagern, und das betrifft auch externe Techniker für Autowaschanlagen. Allerdings gilt es hier ebenfalls, die ökonomische Seite gründlich zu prüfen. Ansonsten fressen derartige Serviceverpflichtungen Ihren Gewinn förmlich auf.

Das Gleiche betrifft auch Versicherungen. Sie können sich immer gegen (beinahe) jegliche Form von Risiken versichern, doch mit welchen Kosten müssen Sie dann rechnen? Und sind diese Kosten in der Gesamtkalkulation enthalten?

Ich empfehle Ihnen, jeden Satz zu prüfen und zu hinterfragen, was dieser für Sie wirtschaftlich und tatsächlich bedeutet.

Noch ein weiteres Beispiel gefällig? Mitunter steht in Verträgen, dass Sie Ihre Mitarbeiter regelmäßig schulen müssen, um beispielsweise Lizenzen zu behalten. In Franchising-Verträgen etwa kommt so etwas häufiger vor.

Das ist alles gut und schön und es macht auch vollkommen Sinn. Bitte prüfen Sie gleichzeitig, auf welche Verpflichtungen Sie sich im Detail einlassen, ob diese für Ihr Unternehmen überhaupt umsetzbar sind und vor allem ob Sie sich diese auch tatsächlich leisten können. Mitarbeiter, die in Schulungen sitzen, können nicht arbeiten, trotzdem müssen Sie diese Zeit den Angestellten bezahlen. Können Sie sicherstellen, dass Sie genügend Angestellte beschäftigen, die den Betrieb aufrechterhalten, während ein Teil Ihrer Belegschaft sein Wissen erweitert? Mit diesen Themen sollten Sie sich dringend vorher auseinandersetzen.

Gut zu wissen: Ein Konzern ist keine juristische Person

»Ich mache Geschäfte mit dem M-Konzern.«

Ab und an stößt man auf derartige Aussagen, wobei »M-Konzern« als Platzhalter für ein beliebiges Firmenkonstrukt steht.

An dieser Stelle gilt es zu beachten, dass es sich bei einem Konzern nie um eine juristische Person handelt. Mit anderen Worten: Ein Konzern ist nichts. Vielmehr bezeichnet man unter dem Begriff »Konzern« den Zusammenschluss eines herrschenden und eines oder mehrerer abhängiger Unternehmen zu einer wirtschaftlichen Einheit. Es handelt sich demnach um eine Bündelung von verschiedenen Unternehmen, wobei das herrschende Unternehmen die wirtschaftliche Leitung übernimmt.

Da es sich also bei einem Konzern um keine juristische Person im rechtlichen Sinne handelt, entfällt für ihn auch die Möglichkeit, Verträge zu unterschreiben, Personen anzustellen, Autos zu leasen und vieles mehr.

Es stellt sich daher die Frage, mit wem letztlich Geschäfte betrieben werden, und vielleicht noch bedeutender: Mit wem schließt man tatsächlich den Vertrag ab? Sicherlich nicht mit einem Konzern, so viel steht fest.

Normalerweise geht man das Vertragsverhältnis mit einer (Tochter-)Gesellschaft ein – oder dem »Konzernunternehmen«, wie es korrekterweise bezeichnet wird –, beispielsweise mit der »M GmbH«.

Im Allgemeinen gilt: Lassen Sie sich von der Bezeichnung »Konzern« nicht blenden, insbesondere schließen Sie nicht auf eine bestimmte Größe des Unternehmens, die in dieser Form nicht existiert. Man sollte sich daher nicht von Benennungen auf einer Webseite oder einem Briefpapier des künftigen Vertragspartners täuschen lassen, wenn dort steht: »... ein Tochterunternehmen des internationalen M-Konzerns«.

Das muss überhaupt nichts bedeuten. Theoretisch könnte es sich dabei genauso gut um eine kleine Gesellschaft handeln, die in Posemuckel betrieben wird. (Posemuckel gehört übrigens zur Gemeinde Babimost, und diese liegt in Polen.)

Es gilt also darauf zu achten, ob der Vertrag auch tatsächlich mit einem »richtigen« Unternehmen abgeschlossen wird. Zusätzlich sollten großspurig klingende Unternehmensbezeichnungen, insbesondere von tendenziell unbekannten Unternehmen, durchaus kritisch hinterfragt werden.

Das passende Timing bei Kündigungen

Im Kapitel 7 wurde das Thema Kündigung als Vertragsbestandteil behandelt, nun beschäftigen wir uns mit der Ausformulierung entsprechender Kündigungsfristen, da sich diese in der Praxis durchaus kritisch gestalten können. Die an dieser Stelle oft gestellte Frage lautet: Soll der Zeitraum dieser Frist besser länger oder kürzer ausfallen?

Nehmen wir an, Sie vereinbaren mit dem Vertragspartner eine Frist zur Aufhebung des Vertrages von einem Monat. Bekommen Sie in diesem Zeitraum einen entsprechenden Ersatz, um Ihren Geschäftsbetrieb aufrechtzuerhalten? Steht dann möglicherweise eine Anlage still, für die Sie jedoch weiter bezahlen müssen? Was bedeutet es denn für Sie überhaupt, diesen Vertrag zu kündigen?

Nicht nur einmal ging ein Unternehmen gerade deswegen in die Insolvenz, weil der Vertrag mit dem wichtigsten Lieferanten gekündigt wurde und alle Umsätze einbrachen, da sämtliche Alternativen fehlten. Speziell bei kleineren Unternehmen, deren Existenz an einem oder maximal zwei Großkunden hängen, kann dieser Punkt zum entscheidenden Faktor werden, wenn einer dieser Auftraggeber plötzlich wegfällt.

Bei einer kurzen Kündigungsfrist sind Sie gezwungen, schnell darauf zu reagieren, um schmerzhafte Verluste aufzufangen. Vielleicht haben Sie diesen Ausstieg bereits von langer Hand geplant, dann ist es ja wunderbar. Beispielsweise beenden Sie die Zusammenarbeit mit einem Lieferanten und können am nächsten Tag mit dessen Konkurrenten zu den nahezu gleichen Konditionen zusammenarbeiten. Sollte dem jedoch nicht so sein und Sie benötigen zumindest eine schnelle Zwischenlösung, werden Sie höchstwahrscheinlich schlechtere Konditionen als bisher in Kauf nehmen müssen.

Oder Sie gewinnen möglichst schnell einen neuen Kunden, und dafür nehmen Sie dessen unverschämt niedrige Preisvorstellung hin. Vielleicht hegen Sie in diesem Fall die Hoffnung, den Preis im Lauf der Zeit erhöhen zu können. Selbstverständlich ist letztlich alles eine Frage der geschickten Verhandlung, doch gehen Sie davon aus, dass es Ihnen nicht gelingen wird. Ganz einfach weil es keinen Grund gibt, diesen Preis wieder anzuheben. Ihr Kunde wird dabei nicht so ohne Weiteres mitspielen, und Sie werden nicht das Risiko eingehen, diesen Großkunden auch noch zu verlieren.

Das muss man verstehen und sich bewusst machen. Sollten Sie also zu diesem Schritt gezwungen sein, dann kalkulieren Sie zudem mit diesem geringen Preis. Alles andere ist Schönrechnerei.

Im Falle einer Vertragskündigung sollten Sie immer dessen Auswirkungen für Sie oder für Ihr laufendes Geschäft beachten. Mit der folgenden Geschichte möchte ich diesen Punkt verdeutlichen:

Vor Kurzem betreute ich einen Mandanten, der ein größeres Gebäude von einer Bank finanzieren ließ. Im Zuge der Immobilienübernahme machte mein Mandant vom Kündigungsrecht Gebrauch, da er sich eine höhere Rendite durch neue Mieter versprach. Er kündigte also dem Hauptmieter, der wiederum in der ganzen Angelegenheit nicht mitspielte, wodurch sich ein langatmiger Rechtsstreit entfachte, den mein Mandant so gut brauchen konnte wie einen Kropf am Hals. Nicht nur das, plötzlich entstand ein Dominoeffekt, da die Bank eine Klausel geltend machte, wonach sie den Darlehensvertrag fällig stellen konnte, wenn durch Mietausfälle mindestens 50 Prozent der Mietfläche leer stehen. So befand sich mein Mandant von einem Moment auf den nächsten in einer Art Mehrfrontenkrieg, der letztlich hässlich für ihn ausgehen konnte. Glücklicherweise einigten wir uns mit der Bank, und alles ging schließlich gut aus. Doch Sie sehen an diesem Beispiel, wie wichtig es ist, die Auswirkungen einzelner Faktoren in Verträgen kritisch zu prüfen. Mitunter existieren also Verquickungen, die zwar nicht miteinander geschlossen wurden, auch parteilich nicht zusammengehören, jedoch an gewisse Ereignisse anknüpfen.

An dieser Stelle hilft ein gut durchdachtes Vertragsmanagement ungemein, und in größeren Unternehmen wird diese Aufgabe manchmal von einer einzigen Person ausgeführt, die damit in Vollzeit beschäftigt ist.

Ich erlebte einmal einen Fall, bei dem ein Joint Venture aufgelöst wurde. Dabei übersah mein Mandant jedoch völlig, dass es noch Mitarbeiter gab, die weiterbeschäftigt werden mussten. Außerdem bestand für das Gebäude ein Mietvertrag, der noch zehn Jahre lief. Zu allem Unglück kamen Leasingverträge für sämtliche Gerätschaften wie Drucker und die Telefonanlage hinzu. So entstehen schnell mal Kosten, die sich in Ihrem Betriebsergebnis schmerzlich auswirken können.

Sie denken an dieser Stelle eventuell, so eine Situation betrifft Sie überhaupt nicht, da Sie ja nur ein überschaubares Unternehmen betreiben. Vielleicht haben Sie recht, doch derartige Vereinbarungen findet man bereits bei Ein-Mann-Betrieben. Beispielsweise wenn Sie zu dritt eine Bürogemeinschaft gründen, sich gegenseitig zu bestimmten Rahmenbedingungen verpflichten und eine Assistentin beschäftigen, die für alle drei Personen arbeitet. Da kann es Ihnen durchaus passieren, dass Sie für diese Mitarbeiterin weiter bezahlen müssen, obwohl Sie Ihr neues Büro inzwischen 100 Kilometer entfernt bezogen haben.

Hier kann ich Ihnen nur raten: Regeln Sie die Folgen, die sich aus einer Kündigung ergeben. Müssen Dokumente vernichtet, geliehene Maschinen abgebaut und zurücktransportiert, weitere Verträge gekündigt werden? Spielen Sie dies im Kopf durch, denn am Ende muss die Situation für beide Parteien wieder so sein, als hätte es den Vertrag nicht gegeben.

Preise im Vertrag fixieren

Einen vereinbarten Preis im Vertrag zu fixieren, kann ausgesprochen hilfreich sein. Beide Seiten ersparen sich damit zeitraubende wie anstrengende Preisverhandlungen innerhalb dieses Zeitraumes. Normalerweise gelten derartige Preisbindungen für die Zeitspanne von einem Jahr bis hin zu Laufzeiten über mehrere Jahre. Diese Zeiträume werden von Branche zu Branche sehr unterschiedlich gehandhabt.

Wenn Sie als Verkäufer einer derartigen Vereinbarung zustimmen, achten Sie unbedingt darauf, ob Ihre eigene Kalkulation auch entsprechend zuverlässig ist.

Beispielsweise falls Ihr Unternehmen Produkte produziert und Sie diese verkaufen, sollten Sie sich die Frage stellen, wie stabil die Einkaufspreise Ihrer Rohstoffe sind. Falls Sie selbst Ihre Produkte in einem volatilen, also dynamischen, Markt einkaufen, dann rate ich Ihnen von einer vertraglich fixierten Preisbindung mit einem Käufer dringend ab. Weit besser ist es, Sie fügen dieser Vereinbarung eine Variable hinzu, wie beispielsweise eine Preisanpassung in der Höhe der Inflationsrate oder einer exakten Abbildung der Einkaufspreise. Wobei Sie an dieser Stelle jedoch bedenken sollten, dass Sie dann Ihre Kalkulation offenlegen müssten.

Gerade in größeren Unternehmen erlebe ich es als juristischer Berater immer wieder, dass der Vertrieb einer Preisbindung zustimmt, ohne sich jedoch im Vorfeld mit dem Einkauf oder dem Produktmanagement abzusprechen. Dann liegt dieser Vertrag der Geschäftsführung vor, die diesen Vertragspunkt nicht absegnet, da die Rohstoffbeschaffung sich ständig ändernden Bedingungen unterliegt, und der ganze Vertrag muss letztlich neu aufgerollt werden.

Wenn Sie also eine Preisbindung in einen Vertrag aufnehmen wollen, überlegen Sie sich immer, wie diese Kalkulation gegen Ende dieses Zeitraumes aussehen könnte. Nehmen wir an, der vereinbarte Fixpreis besitzt eine Gültigkeit von zwei Jahren: Welche Marktbedingungen erwarten Sie denn in den kommenden 18 bis 24 Monaten? Falls Sie auf der Seite des Verkäufers stehen, stellt sich die Frage, ob Ihr Gewinn überhaupt noch hoch genug sein wird.

Angenommen, Sie arbeiten in einem Chemieunternehmen und sind für den Einkauf von Rohstoffen verantwortlich. Wäre es dann aus Ihrer Sicht sinnvoll, einen Festpreis für etwa zwei Jahre vertraglich zu vereinbaren? Möglicherweise, falls mit Preissteigerungen in diesem Segment zu rechnen ist und Sie sich auf diese Weise dagegen absichern können.

Auf der Seite des Kunden – also des Rohstofflieferanten – stellt sich ebenfalls die Frage nach dem Sinn einer Preisbindung. Er wird wiederum versuchen, eine Preisbindung zu vermeiden. Wohlgemerkt, falls mit einem Anstieg der Rohstoffpreise zu rechnen ist.

Hätten Sie als Händler noch vor zehn Jahren dem Vorschlag zugestimmt, Computer und Laptops zu einem fixierten Einkaufspreis über einen Zeitraum von 24 Monaten einzukaufen? Wahrscheinlich nicht, denn damals fanden Technologiesprünge beinahe im Wochentakt statt, und in Verbindung damit fielen die Preise dramatisch in den Keller.

Im Gegensatz dazu kann es etwa für ein Friseurunternehmen durchaus Sinn ergeben, einer Abnahmeverpflichtung eines bestimmten Produktes, beispielsweise Haarsprays, zu einem festgelegten Preis zuzustimmen.

Wägen Sie diese Entscheidung also gut ab, denn letztlich kennen nur Sie Ihr Marktumfeld ausreichend, um den richtigen Schritt zu gehen.

Wer trägt die Kosten?

»Die Kosten des Vertrages trägt jeder Vertragsteilnehmer zur Hälfte« oder »Jeder Vertragsteilnehmer trägt seine eigenen Kosten«. Auf den ersten Blick klingt es im Prinzip identisch, nicht wahr?

Auf den ersten Blick bestimmt, doch zwischen beiden Aussagen besteht ein gewaltiger Unterschied.

Nehmen wir an, die Gegenseite beauftragt als juristischen Berater den teuersten Anwalt, der für Geld zu bekommen ist. Ein abgebrühter Tausendsassa des Vertragsrechts, der regelmäßig mit Donald Trump Golfbälle durch die Gegend prügelt, die größten Konzerne zu seinen Kunden zählt und von Griechenland mit einem Einreiseverbot belegt wurde, weil er die Vertragsverhandlungen aufseiten der EU hochgradig erfolgreich führte.

Die Honorarforderung dieses Anwalts liegt wahrscheinlich im astronomischen Bereich, und den zahlen Sie zur Hälfte mit, sofern Sie sich zur ersten Aussage haben hinreißen lassen. Da in dieser Variante die Honorarforderung beider Anwälte addiert und durch zwei geteilt wird, finanzieren Sie automatisch diesen gegnerischen Anwalt mit. Ergo jenen Rechtsanwalt, der auf der Gegenseite sitzt und der alles dafür unternehmen wird, um Ihnen die sprichwörtlichen Hosen auszuziehen.

Achten Sie daher unbedingt auf diese Klausel und stimmen Sie bitte nur zu, falls jeder Vertragsteilnehmer seine eigenen Kosten trägt. Diese Kostenaufteilung ist natürlich nicht nur bei der Vertragsgestaltung ein wichtiger Punkt, sondern besonders für den Fall, dass das Vertragsverhältnis beendet wird. Dann werden meist Unterlagen vernichtet, Anlagen abgebaut und viele Dinge mehr, die in ihrer Rückabwicklung einiges an Kosten verursachen. Selbst hier können Sie unangenehme Überraschungen erleben, wenn Sie einer Kostenaufteilung zu gleichen Teilen zugestimmt haben.

Warum genau dieser Vertragspunkt?

Immer wieder empfehle ich Ihnen zu hinterfragen, welche Intention Ihr Verhandlungspartner verfolgt. Insbesondere wenn dieser gewisse Vertragspunkte fordert. Das ist natürlich auch bei sämtlichen Klauseln der Fall.

Vielleicht möchte er sich vor etwas Bestimmtem schützen oder sich einen besonderen Vorteil verschaffen. Meist handelt es sich um einen Punkt, der von seinem Unternehmen explizit verlangt wird. Bei größeren Firmen liegt darin nicht selten der Hauptgrund, weshalb eine bestimmte Klausel so vehement eingefordert wird. Natürlich können auch ganz andere Beweggründe für dieses Verhalten vorliegen. Je eher Sie diese herausfinden, umso zügiger kommen Sie im gesamten Verhandlungsprozess voran. Ganz oft, insbesondere bei Banken, wird so etwas einfach nur für die Ablage produziert. Irgendeine Abteilung druckt diesen Passus dann aus, heftet ihn ab und kein Mensch nimmt jemals wieder davon Notiz.

Ich empfehle Ihnen: Fragen Sie im Zweifel nach, warum es genau diese Klausel sein muss. Häufig entstehen in größeren Unternehmen ganz bestimmte Formulierungen, die in der Praxis wie Gollums Schatz gehütet werden, obwohl niemand mehr weiß, warum sie überhaupt existieren. In diesem Fall versuchen Sie am besten, den Verhandlungspartner zu einer vollkommen verrückten Tat zu überreden: diese Klausel zu entfernen. Schließlich kostet sie nur Geld, verursacht Arbeit und bringt letztlich niemandem etwas. Kurz: Es entstehen Kosten ohne Mehrwert.

Natürlich kann es sein, dass sich der Verhandlungspartner einfach nichts dabei dachte, als er diese bestimmte Klausel in den Vertrag aufnahm. Doch ganz gleich, welche Motivation dahinterliegt, fragen Sie immer nach dem Warum und nehmen Sie niemals eine Vertragsklausel, die Sie nicht uneingeschränkt unterschreiben würden, ungefragt hin.

Unbestimmte Rechtsbegriffe und Haftungsfragen

Unter **unbestimmten Rechtsbegriffen** versteht man vage, oft mehrdeutige und nicht abschließend aufgezählte Inhalte, deren objektiver Sinn sich deshalb nicht sofort erschließt. Erst durch deren Auslegung kann dieser Rechtsbegriff seine entsprechende Anwendung finden.

Formulierungen wie »Der Versand der Ware sollte in vernünftiger Weise durchgeführt werden«, »Für die Lieferung werden angemessene Kosten kalkuliert« oder auch Angaben wie »erhebliche Informationen« sowie »im üblichen Rahmen« zählen zu den typischen unbestimmten Rechtsbegriffen.

Dabei handelt es sich um Formulierungen, die einen breiten Interpretationsspielraum zulassen und alles Mögliche bedeuten können.

Die Formulierung »Die Vertragspartner verpflichten sich, sich gegenseitig zu informieren, falls ein Ereignis eintrifft, das für den anderen Geschäftspartner erheblich sein könnte« erfreut sich ebenfalls großer Beliebtheit. Diese Formulierungen werden zwangsläufig so allgemein gehalten, dass die darin geforderten Bedingungen beinahe per definitionem unerfüllbar werden.

Ich empfehle Ihnen, derartige Klauseln grundsätzlich zu unterlassen, und falls der Vertragspartner sein Lebensglück davon abhängig machen sollte und einen derartigen Passus im Vertrag sehen möchte, dann formulieren Sie ihn zumindest konkreter. Alternativ kann auch das Einfügen von Beispielen, die den Tatbestand dieses unbestimmten Rechtsbegriffs erfüllen sollen, sinnvoll sein.

Im Zusammenhang mit der **Haftung** kommt es ebenfalls immer wieder zu rechtlichen Auseinandersetzungen.

Wenn Sie bereit sind, Haftung für etwas zu übernehmen, dann überlegen Sie sich bitte schon vorher, ob Sie diesen Punkt tatsächlich erfüllen können. In jedem Fall sollten Sie über eine entsprechende Versicherung verfügen, mit ausreichend hohen Haftungssummen. Achten Sie dabei darauf, dass diese Versicherung auch mehrere derartige Haftungsansprüche im Jahr übernimmt, ansonsten kann schnell mal die Insolvenz drohen. Klären Sie diesen Punkt unbedingt mit Ihrem Versicherungsmakler ab, lassen Sie sich diesen Passus in der Versicherungspolice zeigen oder zumindest schriftlich bestätigen.

Generell sollten Sie Haftungsfragen so weit von sich wegzuschieben versuchen wie möglich, oder gehen Sie wenigstens mit diesem Thema nicht leichtfertig um. Individuell vereinbarte Haftungsausschlüsse sind immer möglich und rechtlich unbedenklich.

Seien Sie insbesondere vorsichtig mit Haftungsübernahmen, wenn Sie die Dinge, für die gehaftet werden soll, nicht oder nur bedingt selbst steuern können. Beispielsweise falls Sie mit Subunternehmern zusammenarbeiten. In diesem Fall gilt immer Folgendes: Sie haften zwar primär bei Ihrem Vertragspartner, nehmen allerdings nachfolgend beim jeweiligen (hoffentlich finanziell potenten) Subunternehmer Regress. In der Praxis bedeutet das: Sie werden zwar nicht umhinkommen, die Haftungsfrage in den Vertrag mit Ihrem Vertragspartner aufzunehmen, gleichzeitig verpflichten Sie aber etwaige Subunternehmer ebenfalls vertraglich, entsprechende Haftungsansprüche Ihnen gegenüber auszugleichen.

Auf Kausalitäten und Abhängigkeiten achten

Mitunter existieren in Verträgen verschiedene Arbeits- oder Handlungsschritte, die voneinander abhängen, die also miteinander abgestimmt werden müssen. Das klassische Beispiel dafür sind die einzelnen Bauabschnitte beim Hausbau. Als Bauunternehmen sollten Sie die jeweiligen Subunternehmer so einteilen, dass bestimmte Arbeitsschritte in logischer Reihenfolge erfolgen. Der Hausherr wiederum hat dafür Sorge zu tragen, dass dessen Bank die entsprechende Darlehenssumme schrittweise überweist. Hier greift also ein Teil in den anderen, und diese Abhängigkeiten müssen alle jeweils in allen beteiligten Verträgen klar geregelt werden.

Auch wenn Sie ein saisonales Geschäft betreiben, sollten Sie auf die Abfolge, wann welche Leistung bezahlt wird, genau achten und diese entsprechend mit Ihren Lieferanten berücksichtigen.

Nehmen wir an, Ihr Unternehmen produziert und verkauft Weihnachtskugeln. Diese werden bereits im Frühjahr hergestellt und im Sommer an die Händler geliefert. Das bedeutet: Im vorletzten Quartal kommt das große Geld herein. Dann macht es wahrscheinlich mehr Sinn, wenn Sie mit Ihrer Bank eine jährliche Rückzahlung Ihres Firmendarlehens vereinbaren und nicht eine monatliche Rate, die Sie möglicherweise von Januar bis Ende September gar nicht leisten können.

Letztlich geht es darum, verschiedene Faktoren miteinander zu harmonisieren. Das wird Ihnen jedoch nur dann gelingen, wenn Sie Ihr Unternehmen als Ganzes betrachten und nicht nur jeden einzelnen Vertrag prüfen, sondern darauf achten, ob und wie alle Vertragswerke zusammenpassen. Das gelingt Ihnen am besten mit einem entsprechend dafür eingerichteten System zum Vertragsmanagement.

Es ist also wichtig, auf die Harmonisierung einzelner Verträge zu achten, und die beginnt bereits bei der Vertragsverhandlung. Darunter verstehe ich, dass manchmal Verträge ineinandergreifen, und Sie sollten dafür Sorge tragen, sich nicht selbst ein Bein zu stellen.

Beispielsweise erlebte ich einmal den Fall bei einem Personaldienstleistungsunternehmen, das an einen größeren Kunden – ein Pharmaunternehmen – im Rahmen eines Projektes etwa 100 Pharmareferenten verlieh. Dabei setzte es jedoch dummerweise die monatliche Zahlungsfrist des Pharmaunternehmens zeitlich hinter die Zahlung der Gehälter, die es an diese Mitarbeiter zu leisten hatte. Anders ausgedrückt: Der Personaldienstleister war gezwungen, jeden Monat aufs Neue einen Überbrückungskredit bei seiner Bank in Anspruch zu nehmen. Die dadurch entstehenden Kosten hätte er sich leicht sparen können, wenn jemand im Vorfeld über einen sinnvollen Ablauf nachgedacht hätte. Jeder Vertrag für sich war zwar ausgewogen und gut durchdacht, doch das Zusammenwirken hat eben nicht funktioniert.

Zu den Aufgaben des Vertragsmanagements gehört ferner auch die Kontrolle sämtlicher in den Verträgen vereinbarten Fristen wie Zahlungs- und Kündigungsfristen und Verlängerungsoptionen sowie die Schaffung eines Alarmsystems, das aufzeigt, wann welche Reaktion notwendig ist.

Was kostet jede Klausel?

Grundsätzlich sollten Sie jeden Vertrag nach seinen ökonomischen Gesichtspunkten bewerten. Dahinter verbirgt sich nicht nur die Überlegung, welchen tatsächlichen wirtschaftlichen Erfolg Sie erzielen, wenn dieses Vertragswerk umgesetzt wird, sondern auch, mit welchen Kosten Sie rechnen müssen. Nachdem Sie beides gegenübergestellt haben – und vor allem die Kostenseite nach Eintrittswahrscheinlichkeiten gewichtet haben –, erhalten Sie ein gutes Bild über den voraussichtlichen wirtschaftlichen Erfolg.

Zur Veranschaulichung dazu ein Beispiel: Bereits während der Vertragsverhandlungen konnten Sie feststellen, dass es sich bei Ihrem Verhandlungspartner – der Geschäftsführer eines mittelständischen Betriebes mit Sitz in Hamburg – um einen durchaus geradlinigen Gesprächspartner handelt, der sozusagen das Herz auf der Zunge trägt. Damit muss man umgehen können, keine Frage, doch angenommen, Ihnen liegt diese Art, mehr noch: Irgendwie mögen Sie seine zeitweilig polternde Art. Gleichzeitig neigt er jedoch auch dazu, Verhandlungspunkte auf eine andere Weise zu interpretieren als vermutlich der gesamte Rest der Menschheit. Nicht selten gab es zwischen Ihnen genau deswegen stundenlange Diskussionen, bis sich Ihr Verhandlungspartner endlich davon überzeugen ließ, dass nicht hinter jedem Wort eine heimtückische Falle lauert. Letztlich unterschreiben Sie beide diesen Vertrag, und da sich Ihr Geschäftspartner auch das eine oder andere Mal durchsetzen konnte, wurde als Gerichtsstand Hamburg vereinbart, während Ihr Unternehmen seinen Sitz in Neuss hat.

Sollten Sie also einen Vertrag mit einem ziemlich streitbaren Geschäftspartner abschließen, müssen Sie kalkulieren, dass im Laufe ihrer Zusammenarbeit einer oder mehrere Konflikte entstehen könnten, möglicherweise sogar Auseinandersetzungen, die vor Gericht ausgetragen werden. Wenn Sie nun versuchen, diesen Faktor zu gewichten: Welche Kosten kommen da im Laufe eines bestimmten Zeitraumes auf Sie zu? Diese sollten Sie bereits vor der Vertragsunterzeichnung überschlagen, damit Sie keine unliebsamen Überraschungen an späterer Stelle erleben.

In diesem Falle müssten Sie also von Neuss nach Hamburg reisen, und zu diesen Kosten gesellen sich dann auch noch die Spesen Ihres Anwaltes und vielleicht sogar die eines weiteren Mitarbeiters, der als Zeuge fungiert. Ihr Rechtsanwalt wird außerdem ein Honorar für den Zeitaufwand der Anreise verlangen, falls Sie dies nicht vorher anders vereinbaren konnten. Obendrein müssen Sie die Kosten für den Arbeitsausfall für sich selbst und Ihren Mitarbeiter kalkulieren. Für einen Verhandlungstag kommen auf diese Weise sehr schnell vierstellige Eurobeträge zusammen.

Meine Empfehlung lautet: Prüfen Sie alle Klauseln des Vertrages auf ihre voraussichtlichen Kosten. Am besten gehen Sie jede einzelne Klausel durch. So erhalten Sie ein gutes Bild, ob dieser Vertrag für Sie auch insgesamt ökonomisch sinnvoll ist.

Gut zu wissen: Der ökonomische Ansatz

Unter dem ökonomischen Ansatz wird die wirtschaftliche Betrachtung jeder Vertragsposition verstanden, wonach jede Vertragsklausel dem Unternehmen entweder einen Gewinn bringt oder Kosten verursacht. Häufig summieren sich Zugeständnisse bei einzelnen Vertragspunkten zu durchaus ansehnlichen Kostenfaktoren, die sich empfindlich auf die ursprüngliche Kalkulation auswirken können. So verwandelt sich ein zu Beginn profitables Projekt schnell mal in ein negatives Geschäft, wenn man den ökonomischen Ansatz in Verträgen vernachlässigt.

Es empfiehlt sich daher, jede Vertragsklausel daraufhin zu prüfen, mit welchen Kosten bei realistischer Betrachtung zu rechnen ist. Was kostet beispielsweise die vereinbarte Transportversicherung oder die übernommene Bürgschaft? Wie schlägt sich kostenseitig die jährlich durchzuführende Gerätewartung nieder, wenn eine Anlage gekauft werden soll? nd viele Punkte mehr. Je genauer einzelne Vertragsklauseln auf ihren ökonomischen Faktor hin geprüft werden, desto geringer ist die Gefahr einer unliebsamen wirtschaftlichen Überraschung nach Vertragsabschluss.

Es gibt natürlich noch viele weitere Fallstricke. Dabei handelt es sich jedoch weniger um irgendwelche Formulierungen oder Schreibfehler, die Ihnen zum Verhängnis werden können. So etwas kommt ausgesprochen selten vor. Wenn, dann lauern die größten Gefahren tatsächlich in versteckten finanziellen Überraschungen, die Sie bei der Vertragsprüfung nicht beachtet haben.

Checkliste: Prüfung der einzelnen Vertragsklauseln

☐ Wurde jede Klausel sorgfältig geprüft und ist ihre Bedeutung für Sie und Ihr Unternehmen klar?

☐ Wurden unbestimmte Rechtsbegriffe vermieden beziehungsweise durch Erläuterungen und Beispiele näher spezifiziert?

☐ Haben Sie bei jeder Klausel nach dem Warum gefragt und wurde diese Frage jeweils zu Ihrer vollsten Zufriedenheit beantwortet?

☐ Können Sie die Regelungen einer jeden Klausel, so wie sie im Vertrag formuliert wurde, erfüllen?

☐ Besitzt Ihr Unternehmen die notwendigen Ressourcen wie Arbeitskraft, Material, Versicherungen etc., um jede Klausel zu erfüllen?

☐ Falls keine ausreichenden Ressourcen vorhanden sind: Was kostet die einzelne Klausel an zusätzlichen Ressourcen?

☐ Wurden die Kosten für die zusätzlichen Ressourcen in Ihrem Angebot berücksichtigt?

☐ Wurden alle Klauseln unter dem Blickwinkel eines Worst-Case-Szenarios durchleuchtet?

☐ Haben Sie Ihr Angebot auf einer Worst-Case-Basis erstellt?

☐ Falls Vertragsstrafen vereinbart wurden: Sind hierfür ausreichend liquide Mittel vorhanden?

- ☐ Falls Sie Dritte für die Abarbeitung Ihrer Leistungen einsetzen: Wurde sichergestellt, dass diese mindestens in gleicher Höhe Ihnen gegenüber haften wie Sie gegenüber Ihrem Vertragspartner?
- ☐ Falls Preise vertraglich fixiert wurden: Sind Anpassungsmechanismen vorgesehen?
- ☐ Wurden die Kündigungsfristen für Sie ausreichend festgelegt, sodass Sie nach Vertragsende nahtlos weiterhin Ihre operativen Ziele erreichen können?
- ☐ Besitzen Sie den Überblick, welche Folgen eine Kündigung unter einem Vertrag für die weiteren von Ihnen abgeschlossenen Verträge haben kann?
- ☐ Haben Sie den Vertag daraufhin geprüft, ob seine Regelungen in andere bereits bestehende oder noch abzuschließende Verträge Ihres Unternehmens einwirken und daher Regelungsbedarf besteht?
- ☐ Wurde der Vertrag in ein Vertragsmanagementsystem aufgenommen?
- ☐ Wurden sämtliche Fristen des Vertrages notiert und in ein »Alarmsystem« übertragen?

Kapitel 9 – Verträge mit Beteiligung Dritter

Stellen Sie sich vor, Sie stehen kurz vor Vertragsabschluss. Gehen wir einen Moment lang davon aus, Sie betreiben ein Unternehmen im Bereich Eventmanagement und möchten mit dieser Vereinbarung eine Gruppe Musiker, eine Band also, für einen Auftritt in einer Location, die Sie vertreten, verpflichten. Kurz: Sie vereinbaren einen Gig mit einer Rockband.

Der Bandleader, der die Vertragsverhandlung führt, erklärt sich mit der Bezahlung und sämtlichen weiteren Verhandlungspunkten einverstanden. Alles läuft also wunderbar. Doch dann besteht er darauf, das Equipment der Band – also Schlagzeug, E-Piano, Verstärkeranlage, Boxen und was alles sonst noch so dazugehört – von der Spedition »Roggenrohl« liefern zu lassen. Die Transportkosten in einer im Vertrag bereits fixierten Höhe sollen Sie auch noch übernehmen. Die Kosten selbst gehen für Sie in Ordnung, zumal diese Band bereits über eine riesige Fangemeinde verfügt, die höchstwahrscheinlich in großer Zahl an diesem Abend erscheinen wird, allesamt bekanntermaßen durstige Musikliebhaber, weshalb Sie mit einem ansehnlichen Getränkeumsatz rechnen können. Es klingt also alles perfekt und in Ihren Ohren klingelt die Kasse. Ein durchaus angenehmer Ton. Was meinen Sie, stimmen Sie diesem Vertrag zu?

An dieser Stelle befinden wir uns nun mitten im Thema dieses Kapitels, denn Verträge mit Beteiligung Dritter kommen häufiger vor, als man glaubt. Nachdem Sie nun einen Moment lang über die oben beschriebene Situation nachdenken konnten, wofür würden Sie sich entscheiden? Vertrag unterschreiben oder besser doch nachverhandeln, und falls ja, an welcher Stelle?

Ich verrate es Ihnen: Diese Art von Verträgen dürfen niemals zulasten Dritter abgeschlossen werden. Ich habe hier schon so ziemlich alle Varianten kennengelernt, und meist handelt es sich dabei um Konstellationen, in denen ein Tochterunternehmen vertraglich zu einer Leistung verpflichtet wird, ohne selbst an der Vertragsgestaltung und – noch wichtiger – Vertragsunterzeichnung teilzuhaben.

Gut zu wissen: Verträge zulasten Dritter sind nicht erlaubt

Angenommen, Partei A vereinbart mit Partei B eine Leistung, die von einer dritten Partei (C) bezahlt werden soll, und das, obwohl C weder an der Vertragsverhandlung noch an der Vertragsgestaltung teilgenommen geschweige denn den Vertrag unterschrieben hat.

Auch wenn das jetzt etwas an den Haaren herbeigezogen klingt: Derartige Konstellationen kommen durchaus im Geschäftsleben vor. Beispielsweise, wenn ein Unternehmen A im Bereich der Medizintechnik ein Gerät an Unternehmen B verkauft, das für den laufenden Betrieb notwendige Verbrauchsgüter benötigt, und diese Kosten wiederum von einer bestimmten Krankenkasse getragen werden. Sollte diese Institution ihre Gebührensysteme ändern und diese Leistung wird dadurch künftig nicht mehr übernommen, kann sie durch den Vertrag zwischen A und B nicht zur Kostenübernahme gezwungen werden. In diesem Fall fehlt die sogenannte privatautonome Willenserklärung. Mit anderen Worten: Diese Krankenkasse trat nicht als Vertragspartner C auf, sondern ihr wurde eine Pflicht auferlegt, die sie nicht mitgetragen hat.

Solche Konstellationen bezeichnet man als »Verträge zulasten Dritter«, und sie sind nicht gültig.

Im genannten Beispiel kann die Krankenkasse zur Bezahlung der Verbrauchsgüter nicht verpflichtet werden, also kann diese Verpflichtung auch nicht im Vertrag stehen. Möglich sind allenfalls Formulierungen, dass sich »Unternehmen B bemühen wird, dafür zu sorgen, dass die Krankenkasse C sämtliche Kosten übernimmt«. In diesem Fall liegt eine Verpflichtung des Unternehmens B vor, nämlich das Bemühen um die Kostenübernahme durch die Krankenkasse.

Ein weiteres Beispiel von Verträgen zulasten Dritter stellt die Kostenübernahme des gegnerischen Anwaltes bei Rechtsstreitigkeiten dar. Wenn zwischen Vertragspartei A und B ein Dissens besteht, schaltet eine der beiden, beispielsweise A, meist an irgendeiner Stelle einen Anwalt ein, der ein geharnischtes Schreiben an B aufsetzt. Häufig endet dieses mit der Aufforderung an B, seine Kosten zu übernehmen, und es wird gleichzeitig eine entsprechende Honorarforderung beigelegt. Auch hier wurde ein Vertrag nur zwischen A und dem Anwalt geschlossen. B hat mit diesem keinen Vertrag, sodass er nicht automatisch die Rechnung des Anwaltes übernehmen muss. Dabei gilt immer: Drohungsszenarien sind eine Sache, die rechtliche Basis dafür eine vollkommen andere.

Die Einbeziehung eines Dritten in die Abwicklung Ihres Vertrages

Wie verhält es sich also mit der oben beschriebenen Geschichte? Ganz klar sollten Sie diesen Vertrag nicht so ohne Weiteres akzeptieren. Selbst wenn das vorhin erwähnte Speditionsunternehmen »Roggenrohl« vom Bruder des Bandleaders geführt wird, sollte dieser mit am Verhandlungstisch sitzen, sobald die Leistungen seines Unternehmens zum Vertragsbestandteil werden.

Sehr häufig erlebe ich es, dass zwei Vertragsparteien eine Vereinbarung treffen und beispielsweise von einer der beiden Seiten ein Transportunternehmen mit der Auslieferung der Ware beauftragt wird. Meist lese ich in derartigen Abmachungen Formulierungen wie »… wird die Warenlieferung von Firma X durchgeführt«.

Was ist, wenn Firma X morgen entscheidet, jene Art von Produkte, die Sie anbieten, nicht mehr auszuliefern? So undenkbar ist diese Entscheidung nicht, denn angenommen, Firma X nimmt künftig nur noch Pakete in der Größe von 50 mal 50 Zentimetern an, dann hätten Sie ein Problem, falls Sie sich auf den Verkauf von Kühlschränken spezialisiert haben. In diesem Fall müsste der erste Vertrag so viel Flexibilität aufweisen, dass bei einem Abspringen der Firma X auch andere Transportdienstleister in Anspruch genommen werden dürfen, ohne dass demjenigen, der sich verpflichtete, die X-GmbH zu nehmen, hieraus Nachteile erwachsen.

In diesen und vielen ähnlichen Fällen schließen Sie Verträge ab, deren Abwicklung unter Einbindung Dritter stattfinden soll. Bei diesem Dritten handelt es sich also nicht um die Vertragspartei, er spielt aber dennoch eine gewichtige Rolle für das Gelingen des Vertrages. Mit ihm muss ein separater zweiter Vertrag abgeschlossen werden, der auf den ersten Vertrag hinsichtlich Konditionen etc. abgestimmt ist.

Einfacher verhält es sich, wenn der Dritte ebenfalls am Verhandlungstisch sitzt und alle drei Parteien gemeinsam einen Vertrag unterzeichnen, doch das kommt eher seltener vor. Angenommen, Sie verkaufen Kücheneinrichtungen und schließen mit einem anderen Händler einen Rahmenvertrag ab. Bei diesen Verhandlungen nimmt das Speditionsunternehmen gleichermaßen teil und es verpflichtet sich, Ihre Kühlschränke künftig zuzustellen. Selbst wenn dieses Unternehmen entscheidet, ab nächstem Monat nur noch größere Schuhkartons auszuliefern, müsste das Speditionsunternehmen in den sauren Apfel beißen, da Ihnen gegenüber eine vertragliche Erfüllungspflicht existiert.

Die Zusammenarbeit mit Subunternehmern

Typisch für Verträge mit Beteiligung Dritter ist die Zusammenarbeit mit Subunternehmern. Dabei werden weitere Firmen für die teilweise Erfüllung einer vertraglich geschuldeten Leistung eingebunden. In der

Bauindustrie gibt es diese Konstellation sehr häufig, wobei viele Bauträger nur noch als Planer und an späterer Stelle als Vermittler von Immobilien auftreten. Die Zwischenschritte, also der eigentliche Bau des Gebäudes, wird heute in den meisten Fällen von anderen Firmen übernommen, die im Auftrag des Bauträgers Wände aufstellen, Dächer decken und Treppen einbauen.

Nehmen wir einmal an, ein solcher Bauträger, die Bautoll GmbH, führt ein derartiges Projekt durch. Nach der Planung der geplanten Immobilie werden die einzelnen Wohnungen sofort in den Verkauf gegeben. Die Vertriebsleute der Bautoll GmbH beginnen also damit, die Wohnungen vom Verkaufsprospekt weg interessierten Personen anzubieten. Gleichzeitig starten die Bauarbeiten, wofür die Bautoll GmbH Verträge mit diversen Unternehmern abschließt, damit ein Loch gegraben, eine Garage mit einem Haus obendrauf und zum Abschluss ein Dach gebaut werden kann. Fast ganz zum Schluss kommen die todschicken Aufzüge hinein.

Bereits während dieser Bauphase kommt es zu den ersten Verkaufsabschlüssen. Beispielsweise die Familie Jansen, die eine Wohnung im obersten Stockwerk kaufen möchte. Eine Art Loft mit einem Balkon und einem Erker, also der pure Luxus. Im Vertrag zwischen den Jansens und der Bautoll GmbH wird übrigens auch der Baufortschritt des Wohnhauses haarklein aufgeführt. Dabei werden außerdem die jeweiligen Unternehmen angegeben, die mit den einzelnen Tätigkeiten beauftragt wurden. In diesem Zusammenhang formuliert die Bautoll GmbH in der Vereinbarung Folgendes: »… haftet jeweils der im Vertrag genannte Subunternehmer«. Was meinen Sie, soll Familie Jansen diesen Vertrag so unterzeichnen?

Wenn ein Unternehmen Dritte – in diesem Fall die entsprechenden Subunternehmer – für die Erfüllung einer Leistung hinzuzieht, kann es sich trotzdem nicht von seiner Haftung ausschließen und alles an diese Drittunternehmen abwälzen. Das bedeutet im Umkehrschluss: Wenn Sie mit Ihrem Kunden einen Vertrag abschließen und ein anderes Unternehmen damit beauftragen, zumindest teilweise eine vereinbarte Leistung zu erbringen, dann haften Sie weiterhin auf das vertraglich Geschuldete.

Übrigens sollten Sie in diesem Zusammenhang stets darauf achten, einem Subunternehmer nur Pflichten aufzuerlegen, die dieser auch zu erfüllen in der Lage ist. So etwas kann sich schnell als Bumerang erweisen, vor allem aus der soeben beschriebenen Haftungsverpflichtung. Stellen Sie also immer sicher, dass jenes Unternehmen, das Sie mit der teilweisen Erfüllung von Leistungen, die Sie verkaufen, beauftragt haben, diese auch tatsächlich in der geforderten Qualität zu liefern imstande ist. Es empfiehlt sich daher grundsätzlich, sich von diesem Unternehmen Referenzarbeiten zeigen zu lassen oder nach Referenzadressen zu fragen, mit denen Sie Kontakt aufnehmen können.

Nehmen wir an, Sie entwickeln Webseiten und treffen mit einem Malereibetrieb die Vereinbarung, dessen Homepage zu gestalten. Da Sie selbst keine Bilder erstellen oder bearbeiten, beauftragen Sie den Werbegrafiker Schulze mit dieser Tätigkeit und schreiben dies auch in den Vertrag.

Wenn Schulze diesen Auftrag nun völlig verpennt – beispielsweise weil er die geforderten Bilder nicht liefert, da er viel lieber seinen ganzjährigen Urlaub auf Mallorca genießt, statt langweiligen Aufträgen nachzugehen –, wird sich Ihr Vertragspartner, der Malereibetrieb, an Sie wenden, und da können Sie sich im ersten Schritt auch nicht herauswinden.

Natürlich besteht für Sie gleichzeitig die Möglichkeit, den Grafiker für einen aufkommenden Schaden haftbar zu machen, doch wenn der Malereibetrieb mit Ihnen vor Gericht geht, weil er durch die Verzögerung an der Homepage einen (nachgewiesenen) Einkommensausfall erlitten hat, dann müssen Sie dafür bezahlen. Erst anschließend können Sie das gleiche Spiel mit Schulze betreiben, doch zuerst entstehen in diesem angenommenen Fall Kosten für Sie selbst.

Das bedeutet also: Wenn Sie sich dazu entscheiden, Ihre Leistungen gemeinsam mit beauftragten Dritten zu erfüllen, prüfen Sie unbedingt, ob Sie sich einen verlässlichen Partner mit ins Boot holen.

Fragen Sie: Ist dieses Unternehmen überhaupt für die anstehenden Tätigkeiten qualifiziert? Darf dieses Unternehmen diese Arbeiten denn auch ausführen (falls für die Erfüllung etwa vorgeschriebene gesetzliche Vorgaben bestehen)? Beispielsweise, wenn die Tätigkeit an bestimmte ISO-Normen gebunden ist. Dann muss nämlich das von Ihnen beauftragte Unternehmen ebenfalls nach diesen Normen (oder höher) zertifiziert sein oder zumindest garantieren können, entsprechend der geforderten ISO-Normen zu arbeiten.

Anschließend müssen Sie die Tätigkeit des Subunternehmers auch überwachen oder bis zu einem bestimmten Grad kontrollieren. Stimmt die Qualität der Leistung und wird er seine Arbeiten in der geforderten Zeit fertigstellen können? Diese Fragen sind dabei von großer Bedeutung.

Sie sollten also nicht einfach einen Auftrag annehmen, beispielsweise die Herstellung von 10 000 Handtüchern für ein Hotel, und sich erst anschließend überlegen, wer denn so etwas überhaupt produzieren könnte. Wenn Sie dann den nächstbesten Handtuchproduzenten, den Sie im Internet finden konnten, damit beauftragen, besteht eine gewisse Wahrscheinlichkeit, dass dieser Auftrag schiefgeht. Vor allem, wenn Sie dieses Unternehmen weder persönlich kennen noch mit ihm an früherer Stelle schon mal zusammengearbeitet haben.

Da Sie also erst im Nachgang Regress nehmen können, tragen Sie die Konsequenzen für die Schlechtleistung des Subunternehmers in diesen Fällen automatisch mit, wodurch natürlich auch ein gewisses Insolvenzrisiko für Sie besteht. Bedenken Sie diesen Aspekt in der Zusammenarbeit mit Dritten.

Es ist an dieser Stelle übrigens egal, ob es sich um ein Unternehmen handelt, das Sie mit der Erfüllung von Leistungen beauftragen, die Sie mit Ihrem Vertragspartner vereinbart haben, oder ob es eine freiberuflich beziehungsweise selbstständig tätige Einzelperson betrifft. Sie hängen haftungsseitig immer mit drin, sind also gegenüber Ihrem Vertragspartner grundsätzlich für die korrekte Erfüllung der vereinbarten Leistung verantwortlich. Sie können sich daher nicht »freizeichnen«, wie es so schön in der Juristensprache genannt wird.

Leistungen des Subunternehmers im Vertrag anführen

Nachdem die Rahmenbedingungen bei Beteiligung Dritter nun geklärt sind, möchte ich Ihnen einige Empfehlungen zur Vertragsgestaltung unter diesen Bedingungen mitgeben.

Prüfen und klären Sie gegebenenfalls mit der Gegenseite ab, ob Sie überhaupt ein Subunternehmen einsetzen dürfen. Ich erlebe es nicht selten, dass man mich zu Vertragsverhandlungen hinzuzieht, mein Mandant kurz nach dem Small Talk mit der Gegenseite in die eigentliche Vertragsverhandlung einsteigt und alsbald ausgesprochen freimütig von Beteiligungen Dritter erzählt, worauf der Verhandlungsführer auf der anderen Seite plötzlich große Augen bekommt. Ein solcher Punkt kann schon mal zum Abbruch der Verhandlungen führen, daher besprechen Sie bitte bereits vor dem ersten Verhandlungstermin, ob die Gegenpartei den Einsatz Dritter zur Leistungserfüllung überhaupt akzeptiert.

Nachdem diese Hürde überwunden wurde, sollten Sie im Vertrag immer ganz deutlich formulieren, welche Leistungen von Ihnen selbst erbracht werden und welche der von Ihnen beauftragte Subunternehmer liefern muss. Falls Sie auf der Gegenseite sitzen, also Ihnen ein Vertragsentwurf vorgelegt wird, in dem Beteiligungen Dritter vorkommen, dann achten Sie bitte darauf, dass dieser Punkt im Vertrag niedergelegt ist. Vermeiden Sie es also unbedingt, den Subunternehmer – eben die Beteiligung Dritter – in irgendeiner Form im Vertrag zu verstecken. Schreiben Sie daher bitte nicht: »Wird sich der Auftraggeber bemühen, die folgenden Leistungen idealerweise persönlich durchzuführen.« Unterlassen Sie eine derartige Formulierung vor allem dann, wenn es für Sie ohnehin klar ist, dass Sie dafür ein anderes Unternehmen beauftragen werden. Beschreiben Sie ganz eindeutig, für welche Leistungen ein anderes Unternehmen von Ihnen eingesetzt wird. So vermeiden Sie im Nachgang eventuell zeitaufwendige Streitigkeiten mit Ihrem Vertragspartner. Sorgen Sie also bereits im Vertragswerk zwischen Ihnen und Ihrem Vertragspartner für klare Verhältnisse und Aufteilung im Umgang mit Beteiligung Dritter, und formulieren Sie außerdem – als Auftraggeber – ein Vetorecht im Vertrag. Damit behalten Sie die Möglichkeit, den Subunternehmer notfalls austauschen zu können.

Sie sollten obendrein sicherstellen, dass Ihr Subunternehmer nicht ebenfalls ein anderes Unternehmen mit der Leistungserfüllung beauftragt. Falls dies unumgänglich ist, verpflichten Sie Ihren Subunternehmer unbedingt, von Ihnen vorher eine schriftliche Einwilligung einzuholen. Bitte schreiben Sie diesen Punkt auch in den Vertrag mit Ihrem Kunden. Es kommt nämlich durchaus vor, dass ein und dieselbe Leistung an verschiedene Unternehmen weitergereicht wird. In solchen Situationen leidet nicht nur die Kommunikation, sondern letztlich vor allem die Qualität. Es gilt: Je mehr Beteiligte involviert werden, umso geringer fällt der Verdienst am untersten Ende dieser Kette aus. Schließlich möchte jedes Unternehmen zumindest eine Vermittlungsprovision einstecken, und am Ende bleibt für das letzte und somit tatsächlich ausführende Unternehmen kein Geld mehr übrig.

Wenn Sie mit Ihrem Vertragspartner Geheimhaltungspflichten vereinbaren, dann müssen Sie diese im gleichen Umfang an Ihre Subunternehmer weitergeben. Nicht nur das, die Weitergabe dieser Geheimhaltungspflichten an beteiligte Dritte muss bereits im Vertrag definiert werden. Es genügt also nicht, dass Sie Ihre »Erfüllungsgehilfen« verpflichten, wie ein Grab zu schweigen. Ihr Kunde möchte sich nämlich bereits im Vertrag mit Ihnen absichern, dass alle Beteiligten höchste Verschwiegenheit zusichern, und Sie verpflichten, auch bei Ihren Subunternehmern auf die Einhaltung dieser Verschwiegenheit zu achten.

Versuchen Sie, im Zuge der Vertragsgestaltung mit Ihrem Kunden sich die Möglichkeit offenzuhalten, aus betriebswirtschaftlichen oder engpassbedingten Gründen einen Subunternehmer mit der Durchführung der vereinbarten Leistung zu beauftragen. Vermeiden Sie also die Verpflichtung, diese Leistung persönlich erbringen zu müssen. Dieser Punkt ist insbesondere von Bedeutung, wenn Sie alleine tätig sind und auf keine Mitarbeiter in Ihrem Betrieb zurückgreifen können. Bedenken Sie bitte: Selbst wenn Sie jeden Tag mindestens ein Kilogramm Obst essen, könnten Sie durchaus mal krankheitsbedingt ausfallen. Sollten Sie dann auch noch einen Auftrag übernehmen, der an vorgegebene Zeitfristen gekoppelt ist, könnte es für Sie hochgradig anspruchsvoll werden, diesen Vertrag zu erfüllen. Aus diesem Grund empfehle ich Ihnen, entsprechende Freiheiten zu verhandeln, und das am besten schon vorher. Wenn Sie erst mal mit 40 Grad Fieber im Bett liegen, lässt sich dieser Punkt bestimmt schwieriger nachverhandeln, zumal Ihnen dann auch noch die Zeit davonläuft.

Subunternehmer namentlich im Vertrag nennen oder nicht?

Hier handelt es sich in der Tat um eine spannende Frage, die wiederum eine Menge an Möglichkeiten in der künftigen Zusammenarbeit bietet. Wenn Sie als Webseiten-Designer bereits seit zehn Jahren mit dem Werbegrafiker Schulze zusammenarbeiten, dann können Sie natürlich auch dessen Namen im Vertrag mit Ihrem Kunden (entsprechend unserem bereits vorhin erwähnten Beispiel, dem Malereibetrieb) anführen. Ärgerlich wäre es, wenn sich Schulze plötzlich entscheidet, seinem Leben einen höheren Sinn zu verleihen, und spontan nach Indien auswandert, um dort künftig sein Dasein in einem Ashram zu verbringen. Dann wäre Schulze nicht mehr verfügbar, und das gesamte Vertragspaket müsste neu verhandelt werden. Mit allen Zugeständnissen, denen Sie an dieser Stelle höchstwahrscheinlich zähneknirschend zustimmen müssten.

Andererseits könnten Sie in den Vertrag auch folgende Formulierung setzen: »Dem Auftragnehmer steht es zu, geeignete Subunternehmer einzusetzen. Als geeignet werden bereits jetzt folgende Firmen angesehen: …« An dieser Stelle setzen Sie einige Unternehmen ein, die Sie bereits kennen und die dafür infrage kommen.

Falls Sie komplett auf Nummer sicher gehen möchten, fügen Sie dieser Formulierung auch noch »deren Nachfolger oder einen gleichwertig qualifizierten Unternehmer« hinzu. Letztlich könnte eine dieser genannten Firmen zwischenzeitlich verkauft werden oder das Unternehmen wurde von einem Familienmitglied übernommen. Mit dieser Formulierung haben Sie automatisch etwaige künftige Veränderungen bereits abgedeckt.

Gut zu wissen: Die Bedeutung des Wortes »geeignet«

»Dem Auftragnehmer steht es zu, geeignete Subunternehmer einzusetzen. Als geeignet werden bereits jetzt folgende Firmen angesehen: …«

Bei dieser bereits vorhin verwendeten Formulierung kommt einem Wort eine ganz besondere Bedeutung bei: Dem Begriff »geeignet«.

Die Verwendung dieses Wortes ermöglicht die nötige Flexibilität, die mitunter essenziell für die Umsetzung des Vertrages ist. Beispielsweise könnte der Text lauten: »Das Unternehmen verpflichtet sich, eine geeignete Versicherung abzuschließen. Als geeignet wird heute die Gutversichert AG angesehen.«

Übersetzt bedeutet das, es könnte die Gutversichert AG sein, aber auch eine Versicherungsgesellschaft, die eine ähnliche Größe und Ausrichtung aufweist. Fehlt das Wort »geeignet«, dann *muss* es die Gutversichert AG sein und kein anderes Unternehmen kommt infrage.

Theoretisch ergibt es also durchaus Sinn, wenn Sie im Rahmen unseres Beispiels mit dem Webdesigner schreiben: »… einen geeigneten Werbegrafiker einzusetzen. Als geeignet wird Werbegrafiker Schulze betrachtet.«

Auf diese Weise behalten Sie die notwendige Flexibilität.

Wenn Sie jetzt noch zusätzlich aufnehmen: »Für sämtliche weiteren Fälle bedarf es der vorherigen schriftlichen Zustimmung des Auftraggebers«, dann können Sie jeglichen Subunternehmer beauftragen, ohne gleich den ganzen Vertrag neu verhandeln zu müssen. Möchten Sie sich noch mehr absichern, schließen Sie am besten folgenden Textteil an: »…, die nur aus wichtigem Grund verweigert werden kann.« Diese Formulierung können Sie sich auch für andere Stellen im Vertrag merken, bei denen Sie auf die Zustimmung Ihres Vertragspartners angewiesen sind.

Es bedarf somit lediglich einer gegenseitigen schriftlichen Zustimmung, die dann dem Vertrag beigefügt wird, wobei wir uns an dieser Stelle automatisch wieder im Vertragsmanagement befinden, das bereits in Kapitel 8 behandelt wurde. Alternativ dazu können Sie natürlich auch das vorhin beschriebene Vetorecht in den Vertrag setzen.

Wechsel (Austausch) von Vertragsparteien

Es kann durchaus vorkommen, dass ein Vertragspartner das Unternehmen auswechseln möchte und sich somit Ihr direkter Geschäftspartner von einem auf den anderen Tag ändern würde. Diese Konstellation kommt normalerweise nur in der Zusammenarbeit mit Konzernen oder Unternehmensgruppen vor.

Angenommen, Sie produzieren Hüllen für Smartphones in unterschiedlichen Varianten und konnten mit einem großen Mobilfunkanbieter einen Liefervertrag abschließen. Einige Monate später tritt der Mobilfunkanbieter mit dem Wunsch an Sie heran, dass von nun an nicht mehr er, sondern seine Ihnen bisher nicht bekannte und an eher schwacher Bonität leidende Auslandstochtergesellschaft Vertragspartner sein soll.

Es kann auch passieren, dass Ihr Vertragspartner von Ihrem größten Konkurrenten gekauft wird. Wollen Sie in diesen beiden dargestellten Fällen die Geschäftsbeziehung weiter aufrechterhalten? Oder anders gefragt: *Müssen* Sie die Geschäftsbeziehung beibehalten?

Im ersten Fall lautet die klare juristische Antwort »Nein«. Jeder kann sich seinen Geschäftspartner frei aussuchen und muss einen späteren Wechsel nicht akzeptieren. Wer sich aber im Vertrag Flexibilität einräumen möchte, kann den Wechsel des Vertragspartners immer von der Zustimmung des anderen abhängig machen.

Schwieriger ist der zweite Fall: Fachleute sprechen an dieser Stelle vom *Change of Control,* das bedeutet: dem Auswechseln der Gesellschafter.

Wenn im Vertrag nichts anderes definiert wurde, müssen Sie wohl in diesen sauren Apfel beißen und den neuen Gesellschafter, Ihren größten Konkurrenten im Markt, akzeptieren. Höchstwahrscheinlich handelt es sich bei ihm auch gar nicht um Ihren neuen Vertragspartner, aber er könnte im Hintergrund wirken. Auf diese Weise gelangt er möglicherweise an Ihre Geschäftsgeheimnisse, wenn Sie mit seiner neuen Tochtergesellschaft von nun an Geschäfte betreiben. Um diesem Szenario zu entgehen, sollten Sie die Option einer fristlosen Kündigung verhandeln, die bei derartigen Fällen greift.

Umgekehrt können Sie in manchen Vertragskonstellationen auch ein sogenanntes Eintrittsrecht vereinbaren. So etwas ergibt dann Sinn, wenn ein Unternehmen beispielsweise einen Leasingvertrag über drei Fahrzeuge abgeschlossen hat und diese Verträge später auf seine Schwesterngesellschaft übertragen möchte.

Es bestehen also ungemein viele Möglichkeiten, wie Vertragsparteien ausgetauscht oder hinzugefügt werden, und Sie sollten sich überlegen, ob Sie derartige Wechsel ausschließen wollen oder eben nicht. Dieses Thema ist sicherlich eher relevant bei Großunternehmen, aber selbst im kleineren wirtschaftlichen Umfeld stellt sich immer wieder einmal das Thema der Hinzunahme Dritter.

Nehmen wir an, Sie gründen eine Bürogemeinschaft. Soll dann irgendjemand anderer den Mietvertrag eines Ihrer Kollegen übernehmen dürfen? Oder wollen Sie sich die Freiheit einräumen zu entscheiden, wer künftig mit Ihnen dieses Büro teilt?

Ich empfehle Ihnen grundsätzlich: Räumen Sie sich stets die Freiheit des Austausches des Vertragspartners ein und überlassen Sie diese nicht dem anderen. Im Zweifel erfolgt der Austausch eines Vertragspartners immer nur nach Zustimmung der anderen Vertragspartei, und das sollte auch so im Vertrag formuliert werden.

Abtreten von Forderungen

Vor einigen Jahren las man in den Tageszeitungen von Immobilienkrediten, die an andere Banken verkauft wurden, ohne die Zustimmung der jeweiligen Darlehensnehmer. Die neuen Kreditgeber gingen bei Zahlungsschwierigkeiten wesentlich rigoroser vor, als es die ursprüngliche Bank gemacht hätte, und so mussten nicht wenige Hausbesitzer erdulden, dass ihr Heim zwangsversteigert wurde.[7]

Wie verhält es sich nun mit dem Abtreten von Forderungen, wenn Sie beispielsweise Ihre Computeranlage per Ratenzahlung angeschafft haben und Ihr Vertragspartner möchte diese Kaufpreisforderung nun an eine Bank abtreten?

Um dies zu vermeiden, definieren viele Vertragspartner in ihren Verträgen ein Abtretungsverbot, wonach es Partei A untersagt wird, ihre Forderungen an Partei B an eine dritte Partei abzutreten. Das klappt auch ganz gut, jedoch nur, wenn es sich bei den Vertragsparteien nicht um Kaufleute handelt.

Mit anderen Worten: Ein Abtretungsverbot ist dann unwirksam, wenn zwei Kaufleute den Vertrag abgeschlossen haben.

Im Umkehrschluss müssen Sie theoretisch davon ausgehen, dass Forderungen gegen Sie (als Kaufmann) an Dritte abgetreten werden können. Parallel wird sich Ihr Gläubiger diesen Schritt gut überlegen, denn dieses Vorgehen bedeutet höchstwahrscheinlich auch das Ende dieser Geschäftsbeziehung, es sei denn, dieser Gläubiger führt eine »stille Abtretung« durch. In diesem Falle bemerken Sie diese Abtretung der Forderungen gegen Sie noch nicht einmal, zumal sich zunächst einmal nichts für Sie ändert. Jedoch können Sie, wenn Sie sich gegen diesen Schritt schützen möchten, im Vertrag aufnehmen, dass Ihr Vertragspartner vor der Abtretung die vorherige schriftliche Zustimmung von Ihnen einholen muss.

Gut zu wissen: Geheimhaltung und Datenschutz

Geheimhaltung und Datenschutz ist heute mehr denn je in aller Munde. Es sollte selbstverständlich sein, dass alle Personen, die an der Vertragsverhandlung, der Vertragsgestaltung und der Vertragsumsetzung mitwirken, sämtliche Vertragsdetails geheim halten. Dies wird in aller Regel bereits im jeweiligen Anstellungsvertrag oder der Beauftragungsvereinbarung der einzelnen Mitwirkenden vereinbart sein.

Unternehmen, die miteinander in Verhandlungen treten, werden oft im Vorfeld Geheimhaltungsvereinbarungen mit Androhung von Strafe unterzeichnen, um schon vor der Vertragsunterzeichnung den Schutz sensibler Daten gewährleistet zu haben.

Datenschutz geht jedoch grundsätzlich weit über den ausschließlichen Schutz der eigenen Geschäftsgeheimnisse hinaus. Auch die Weitergabe von Daten an Dritte, in der Praxis meistens Kundendaten, muss sauber geregelt werden.

Angenommen, ein Unternehmen beliefert Senioren mit Essen auf Rädern und beauftragt unter anderem auch ein Subunternehmen mit der Durchführung von Essenlieferungen. Darf dieses Unternehmen die Unterlagen wie Name und Adresse der Senioren überhaupt weitergeben?

Grundsätzlich gilt: Werden Daten, egal welcher Art, eingeholt, gespeichert und/oder verarbeitet, dann besteht immer die Pflicht zum Datenschutz.

Werden diese Informationen weitergereicht, muss zuvor von jeder einzelnen Person (in unserem Fall: dem Kunden, der mit Essen beliefert werden soll) ein Einverständnis eingeholt werden, dass seine Daten weitergegeben werden dürfen. Wenn Sie selber eine Datenschutzverpflichtung gegenüber Ihrem Kunden abgegeben haben und sich eines Subunternehmers bedienen, achten Sie darauf, dass Sie diesem Subunternehmer mindestens den gleichen Standard an Datenschutz auferlegen, wie Sie gegenüber Ihrem Kunden einhalten müssen.

Checkliste: Verträge mit Beteiligung Dritter

- ☐ Wurde darauf geachtet, dass kein Vertrag zulasten eines Dritten abgeschlossen wurde?
- ☐ Ist ein Dritter bei der Erbringung Ihrer vertraglich geschuldeten Leistung notwendig oder könnte dies zumindest in der Zukunft einmal der Fall werden?
- ☐ Wurde die Einbeziehung eines Dritten erlaubt oder explizit ausgeschlossen?
- ☐ Sind neben einem Subunternehmer auch noch weitere Subsubunternehmer zulässig?
- ☐ Wurde der Dritte rechtzeitig in die Verhandlungen eingebunden?
- ☐ Wurde der Dritte sorgfältig ausgewählt? Sind Referenzen eingeholt worden?
- ☐ Verfügt der Dritte über ausreichenden Versicherungsschutz und haftet er Ihnen gegenüber mindestens in der Höhe, in der Sie Ihrem Vertragspartner gegenüber haften?
- ☐ Wurde sichergestellt, dass der Dritte nach einem festgelegten System regelmäßig überwacht wird?
- ☐ Wurde die Einhaltung des Datenschutzes sichergestellt?
- ☐ Wurde eine Change-of-Control-Klausel im Vertrag eingebaut?

- ☐ Ist es Ihnen wichtig, dass im Vertrag eine Übertragung des Vertrages auf eine andere Person erlaubt ist?
- ☐ Ist es Ihnen wichtig, dass Ihr Vertragspartner nicht ausgetauscht werden darf?

Kapitel 10 – Das tote Vertragspferd oder: Wann es Zeit ist, abzusteigen

Die Dakota-Indianer, die in der Gegend des heutigen Minnesota lebten, also ganz oben im Norden der USA, wussten bereits damals, wann es besser ist, aufzuhören. Man schreibt diesem Stamm den Spruch zu: »Wenn du entdeckst, dass du ein totes Pferd reitest, steig ab!«

In vielen Menschen schlummert das sogenannte Durchhalte-Syndrom. Diesem verdanken wir es, dass wir an einer Sache festhalten, selbst wenn wir wissen, dass dieses Verhalten eigentlich keinen Sinn mehr hat.

In solchen Fällen sitzen wir also auf diesem Pferd, treiben es an, motivieren es verzweifelt, und das, obwohl das arme Tier bereits vor Wochen das Zeitliche gesegnet hat. So sehr wir uns auch anstrengen, es bewegt sich nichts mehr und wir können rein gar nichts dagegen unternehmen.

Ich durfte in Vertragsverhandlungen schon die unterschiedlichsten Arten »toter Vertragspferde« erleben. Es gab Vertragspartner, die sich im Lauf der Wochen komplett überworfen hatten und denen jegliche Perspektive einer künftigen Zusammenarbeit fehlte. Im Grunde wollte niemand mehr diesen Vertrag, und trotzdem verhandelten sie verbissen weiter.

Beispielsweise erlebte ich einen Mandanten, der unbedingt einen Vertragsabschluss mit einem Produzenten zu erzielen versuchte, obwohl die Gegenseite mit immer groteskeren Forderungen ihre fehlende Bereitschaft zur Einigung signalisierte. Mein Auftraggeber hatte zuvor einen lukrativen Auftrag abgeschlossen, und für dessen Umsetzung benötigte er eben einen Produzenten. Er verkaufte also eine Ware, die er selbst nicht anfertigen konnte. Doch dieser Hersteller wollte sichtlich nicht mit meinem Mandanten zusammenarbeiten, und anstatt ihm das ganz einfach mitzuteilen, versuchte er, durch immer abwegigere Forderungen den Verhandlungsabbruch zu provozieren. Spätestens als der potenzielle Vertragspartner verlangte, die komplette Auftragssumme bereits vor Beginn der Produktion zu erhalten, hätte mein Mandant das tote Vertragspferd erkennen müssen. Es wäre ganz einfach möglich gewesen, sich einen anderen Hersteller zu suchen, da am Markt genügend Anbieter existierten. Doch mein Auftraggeber hielt eisern an den Verhandlungen fest, und erst viel zu spät sah er ein, dass eine Fortführung keinen Sinn mehr machte. Zwischenzeitlich hatte er so viel Zeit verloren, dass sein Kunde immer unruhiger wurde und mit einer Vertragsstrafe drohte, falls er die Ware nicht bald erhielt.

An diesem Beispiel lässt sich gut erkennen, in welche missliche Lage Sie kommen können, wenn Sie an Vertragsverhandlungen verbissen festhalten, obwohl diese längst gescheitert sind.

Verhandlungsspielraum und alternative Varianten

Darin besteht tatsächlich das größte Problem für viele Verhandlungsparteien. Sie sehen nämlich normalerweise nicht sofort, wann eine Vertragsverhandlung in einer Sackgasse steckt, aus der es keinen Ausweg gibt. Aus meiner Erfahrung existiert für Sie nur eine Möglichkeit, um das tote Vertragspferd rechtzeitig zu erkennen: Sie müssen bereits bei Verhandlungsbeginn definieren, wo Ihre Grenzen liegen, ein Thema, das auch schon im ersten Kapitel behandelt wurde.

Wie weit sind Sie also bereit, für diesen Vertragsabschluss zu gehen? Wie lautet Ihr niedrigster Preis, welche Lieferzeiten, Zahlungsbedingungen oder sonstige Bedingungen wollen Sie maximal beziehungsweise minimal akzeptieren? Notieren Sie sich diese Punkte, denn sie zeigen Ihre Grenzen auf, und sobald eine davon überschritten wird, sollten die Vertragsverhandlungen abgebrochen oder zumindest kritisch infrage gestellt werden. Ich kann Ihnen nur raten, an dieser Stelle rigoros vorzugehen.

Wie sehen Ihre Alternativen aus? Mit wem könnten Sie außerdem noch verhandeln, falls Sie mit diesem Unternehmen zu keiner Einigung kommen? Diese Fragen sollten Sie sich ebenfalls bereits vor Verhandlungsbeginn stellen. Schließlich wäre die denkbar schlechteste Voraussetzung für Vertragsverhandlungen, dass Sie den Abschluss mit einem Unternehmen unbedingt erzielen möchten und keine anderen Alternativen am Markt finden konnten. Überlegen Sie sich daher einen Plan B, einen zusätzlichen möglichen Anbieter, falls die Verhandlungen mit Ihrem Wunschkandidaten scheitern sollten.

Soll ich mit mehreren Anbietern gleichzeitig verhandeln?

Diese Frage lässt sich nicht so einfach beantworten. Auf der einen Seite erscheint es durchaus sinnvoll, wenn Sie parallele Verhandlungen führen. Fällt ein Verhandlungspartner aus, verringern Sie auf diese Weise das Risiko, zu viel Zeit zu verlieren, indem Sie wieder komplett von vorne beginnen.

Mehrere Verhandlungsgespräche gleichzeitig zu führen – natürlich ohne die jeweilige Gegenseite davon zu informieren – birgt jedoch auch einige Gefahren. In einem kleinen Markt kennen sich meistens sämtliche Wettbewerber, und da käme es einem Wunder gleich, wenn Ihre Vorgehensweise unentdeckt bliebe. Sollte Ihr Verhandlungspartner feststellen, dass Sie zeitgleich mit dessen größtem Konkurrenten am Tisch sitzen, könnte diese Erkenntnis das Vertrauensverhältnis zu Ihnen empfindlich stören.

Außerdem bedeutet es immer grundsätzlich größeren Zeitaufwand und Mehrkosten, wenn Sie mit mehreren Anbietern gleichzeitig verhandeln. Das sollten Sie nicht unterschätzen.

Parallel zu verhandeln gilt zwar als nicht als ganz unüblich, jedoch ist hier Vorsicht angebracht. Alternativ können Sie Ihre Verhandlungstaktik auch offen kommunizieren, doch das ist riskant. Denn am Ende könnten beide Verhandlungspartner sagen: »Wir lassen uns nicht für dumm verkaufen.« So könnten Sie schnell alleine und ohne Vertrag in der Tasche dastehen.

Auch sollten Sie bedenken, wie Sie sich verhalten, wenn Sie kurz vor Vertragsabschluss stehen. Falls Sie mit verschiedenen Unternehmen gleichzeitig verhandeln, müssen Sie in diesem Fall dem anderen Verhandlungspartner absagen, und das sollten Sie am besten so hinbekommen, dass kein Vertrauensbruch entsteht (oder, noch viel schlimmer, Ansprüche der anderen aus sogenannten vorvertraglichen Vertragsverhandlungen). Sie sehen also, die Entscheidung, ob Sie lediglich mit einem oder mit mehreren Partnern verhandeln, sollten Sie ausreichend durchdenken.

Keine leeren Drohungen aussprechen

Vor einigen Jahren saß ich als juristischer Berater in einer ziemlich zähen und langwierigen Verhandlung. Seit Wochen stritten beide Parteien über einen ganz bestimmten Vertragspunkt. Beide Seiten hatten sich darin so richtig verbissen. Wie zwei Hyänen, die an einem Stück Fleisch zerren.

Irgendwann, nach etwa drei Stunden, verkündete der Verhandlungsführer meines Mandanten, falls ein spezieller Vertragspunkt noch einmal heute zur Sprache komme, würde er aufstehen und gehen. Einen kurzen Moment lang herrschte Stille, dann diskutierten beide Seiten wieder eifrig weiter. Es dauerte nicht lange, und tatsächlich sprach die Gegenseite genau diesen Vertragspunkt erneut an, worauf mein Mandant seine Unterlagen in aller Seelenruhe zusammenpackte, aufstand und ging. Jetzt befanden sich nur noch ein Vertreter meines Mandanten, die zwei Verhandlungspartner der Gegenseite und ich im Besprechungsraum. Nach einer knappen Minute abermaligen Schweigens ging die Verhandlung weiter, und es dauerte keine Viertelstunde, bis der Verhandlungsgegner den strittigen Vertragspunkt erneut ansprach. Daraufhin stand der zweite Verhandler meines Mandanten auf und verließ den Raum, worauf ich nun alleine mit der Gegenseite an einem Tisch saß.

Dieser Punkt ist außerordentlich wichtig: Bitte sprechen Sie niemals Drohungen aus, die Sie nicht umzusetzen bereit sind. Ansonsten wirken Sie für die Gegenseite schnell wie ein zahnloser Tiger, und man wird Sie nicht mehr ernst nehmen. Stellen Sie sich einen Moment lang vor, wie es wäre, wenn mein Mandant seine Drohung nicht wahr gemacht hätte. Richtig, er hätte höchstwahrscheinlich seine Glaubwürdigkeit verloren. Es blieb ihm also letztlich gar nichts anderes übrig, als aufzustehen und zu gehen.

Auch mal Grenzen aufzeigen

Auch durfte ich eine Verhandlungssituation erleben, in der mein Mandant ab einer bestimmten Stelle plötzlich auf die Bremse trat. Es kamen zu viele Punkte für ihn zusammen, die er nicht akzeptieren konnte. Die Verhandlung wurde an dieser Stelle unterbrochen, und da Weihnachten vor der Türe stand, schwiegen beide Verhandlungspartner anschließend drei Wochen lang, bedingt durch die folgenden Feiertage. So eine Phase kann schon unerträglich lang wirken. Schließlich kam dann die Gegenseite auf uns zu und die Gespräche gingen weiter.

Eine derartige Situation können Sie theoretisch auch aussitzen, jedoch nur, wenn Sie sich in einer entsprechend starken Position befinden. Wenn Sie beispielsweise diesen Vertragsabschluss nicht unbedingt brauchen oder es für Sie kein Problem darstellt, den Abschluss hinauszuzögern. Sie sollten sich allerdings überlegen, ob Sie die Vertragsverhandlung aus einer Verhandlungstaktik heraus unterbrechen oder ob sich die aktuellen Gespräche sogar zu einem toten Vertragspferd entwickeln könnten. Im ersten Fall macht es meist Sinn, dem Verhandlungspartner eine Grenze aufzuzeigen. Hier sollten Sie jedoch darauf achten, das Vertrauensverhältnis zu bewahren. Spielen Sie also diese Karte nicht zu häufig aus, denn das könnte Ihnen wiederum als beleidigtes Verhalten ausgelegt werden, wodurch eventuell sogar die Gegenseite die Lust an einer künftigen Zusammenarbeit verliert. »Die Dosis macht das Gift«, stellte der Schweizer Arzt Paracelsus bereits im 16. Jahrhundert fest, und genau darauf kommt es letztlich an.

Im zweiten Fall sollten Sie in sich hineinfühlen, wie weit der aktuelle Verhandlungsstand überhaupt jenem Vertrag entspricht, den Sie ursprünglich abschließen wollten. Hier kommen die Grenzen zum Tragen, die ich zu Anfang dieses Kapitels beschrieben habe.

Wenn Sie in einer derartigen Situation die Verhandlungen unterbrechen, nutzen Sie die dadurch entstandene Zeit und prüfen Sie sämtliche Vertragspunkte, ob Sie diese überhaupt noch als stimmig empfinden. Es muss ja nicht gleich eine mehrwöchige Verhandlungspause bedeuten, mitunter genügt eine kurze Unterbrechung von einigen Minuten. In dieser Zeit sollten Sie in der Lage sein festzustellen, ob Sie die Verhandlungen weiterführen wollen oder nicht.

Sie können anschließend vorschlagen, die Verhandlung der strittigen Vertragspunkte auf einen späteren Zeitpunkt zu verschieben und mit anderen Themen weiterzumachen. Wenn die kniffligen Punkte nach einiger Zeit – dabei kann es sich um eine Unterbrechung von mehreren Stunden handeln oder auch um eine Woche – wieder zur Sprache kommen, erzielen die Vertragsparteien meist schneller eine Einigung. Die ursprünglich vorhandene Verbissenheit löst sich nämlich in solchen Situationen meist in Luft auf. Falls dann noch immer keine neuen Lösungen in Sicht sind, also beide Seiten einfach keine neuen Ansätze finden, braucht es entweder doch noch mehr Zeit oder andere Personen, die nun involviert werden müssen. Häufig erkennt eine unbeteiligte Person komplett neue sinnvolle Ansätze, die von den Vertragsparteien überhaupt nicht in Betracht gezogen wurden.

Alternativ können Sie auch einen Wirtschaftsmediator hinzuziehen. Dabei handelt es sich um jemanden, der als unabhängiger Dritter auftritt und beide Seiten bei der Suche nach einer Lösung unterstützt. Welche Funktion ein Wirtschaftsmediator ausübt, wird in Kapitel 11 ausführlich beschrieben.

Wenn das alles nichts hilft, kann es sich durchaus um ein totes Vertragspferd handeln und es wird Zeit, die Verhandlungen für gescheitert zu erklären.

Aus meiner Erfahrung sollte man sich auf sein Bauchgefühl verlassen, ob weitere Verhandlungen überhaupt noch Sinn ergeben oder nicht. Vergessen Sie bitte nie: Am Ende ist nicht die Vertragsunterzeichnung das Ziel. Dabei handelt es sich immer nur um ein Zwischenziel. Der Hauptgrund für Vertragsverhandlungen ist stets ein kaufmännisch guter Deal, und den bekommen Sie nur hin, wenn der Vertrag später auch entsprechend gelebt wird.

Das kranke Vertragspferd – Verhandlungspartner austauschen

Die Verhandlungen müssen nicht unbedingt scheitern, wenn einzelne Verhandlungspartner für eine Sackgasse in den Gesprächen verantwortlich sind.

Sollten Sie mit dem Geschäftsführer eines Unternehmens verhandeln, wird ein solcher Austausch natürlich schwierig, keine Frage. In größeren Firmen könnte es jedoch durchaus der Fall sein, dass Mitarbeiter der mittleren Managementebene mit Ihnen die Vertragsgespräche führen. Sollte es hier zu Differenzen kommen, die nicht mehr geradegerückt werden können, dann macht es Sinn, über einen Wechsel der Person oder mehrerer Personen nachzudenken. Dabei kommt es natürlich stark auf die Art und den Inhalt der Verhandlungen an. Wenn Sie mit einem Weltkonzern wegen Ihres neuen Mobilfunkvertrages verhandeln und den Ansprechpartner wechseln möchten, weil Ihnen dieser kein unmoralisch günstiges Angebot unterbreiten wollte, werden die Aussichten auf Erfolg Ihres Vorschlages tendenziell gering ausfallen. Hier steckt also der Ansatz dahinter: Wie wichtig ist der Vertragsabschluss für die Gegenseite?

Je weniger austauschbar Sie und Ihr Angebot sowie Nachfrage sind, desto eher wird der Verhandlungspartner zu Zugeständnissen bereit sein. Aber selbst an dieser Stelle gilt: Bitte überspannen Sie nicht den Bogen, denn auch dieses Unternehmen hat Grenzen, die es niemals überschreiten wird.

Die Möglichkeit, einen Teil des Verhandlungsteams zu tauschen, nutzen Vertragsparteien viel zu selten, obwohl der Verhandlungserfolg sehr häufig an einzelnen Personen hängt. Wenn Sie diesen Weg gehen möchten (und können), empfehle ich Ihnen, dabei ganz sachlich vorzugehen. Gegenseitige Beschuldigungen und persönliche Angriffe haben in dieser Phase keinen Platz, sie verzögern nur den Prozess und sorgen für eine vergiftete Stimmung. Zeigen Sie besser dem Vertragspartner in wenigen Punkten auf, weshalb die weiteren Gespräche mit der entsprechenden Person aus Ihrer Sicht keinen Sinn machen, und bekräftigen Sie Ihr Interesse an einem Vertragsabschluss. Zeigen Sie auf, wie weit Sie inzwischen vorangekommen sind, skizzieren Sie also den bisherigen Verhandlungserfolg für beide Seiten.

Überlegen Sie sich auch, wie Sie vorgehen werden, wenn die Gegenseite diesem Austausch nicht zustimmt. Verhandeln Sie dann trotzdem weiter oder erklären Sie die Gespräche in diesem Fall für gescheitert? Darüber sollten Sie sich unbedingt vollkommen klar sein, bevor Sie den Austausch eines Verhandlungspartners fordern. Alternativ können Sie natürlich auch in Ihrem Team oder gar bei sich über einen Ersatz nachdenken. Am Ende muss der Schuldige ja nicht nur auf der anderen Seite des Zaunes gesucht werden.

Wie Sie das Steuer doch noch herumreißen können

Wie ich bereits beschrieben habe, gibt es häufig klare Hinweise, die auf gescheiterte Verhandlungen hindeuten. Natürlich lässt sich so etwas in der Praxis nie so einfach feststellen, und eine festgefahrene Situation muss nicht automatisch einen Vertragsabbruch bedeuten.

Aus meiner Sicht gibt es eine einzige Möglichkeit, um das Vertragspferd doch noch zu retten, sozusagen eine Art Wunderheilung. Diese tritt dann ein, wenn eine der beiden Seiten nachgibt.

Bevor Sie an dieser Stelle mit den Augen rollen, da diese Antwort so naheliegend war: Ich beschreibe Ihnen einige Szenarien, wie Sie diese Entwicklung fördern können, also sozusagen das Steuer im letzten Moment noch herumreißen können. Gleichzeitig ist auch klar: Gelingt Ihnen diese Kursänderung nicht, dann besteht auch keine Chance auf eine sinnvolle Fortführung der Vertragsverhandlung mehr.

Zuerst einmal sollten Sie bedenken, dass es Verhandlungspartner gibt, denen das Verhandeln an sich Spaß macht. Häufig praktizieren diese Personen mit großer Hingabe diverse Machtspielchen und sie bringen Verhandlungen ins Stocken, oft nur, um zu sehen, was weiter passiert. Vor allem, wenn der Verhandlungspartner den Vertrag gar nicht so dringend und schnellstmöglich abschließen muss, können derartige Situationen schon mal auftreten. Dieses Verhalten tritt vor allem bei bestimmten Menschentypen auf, die es zum Glück nicht so häufig gibt. Doch dieser Menschentyp existiert, und deswegen gehe ich auf diesen grundsätzlich eher unangenehmen Verhandlungspartner ein.

Sollte Sie daher das Gefühl beschleichen, Ihr Gegenüber treibt irgendein Spiel mit Ihnen, stellen Sie ihm die ernst gemeinte Frage, ob es ihm lieber ist, die Verhandlungen abzubrechen. Diese Frage stellt sozusagen eine Orientierungshilfe für Sie dar, an welcher Stelle Sie sich befinden, also ob die Gegenseite überhaupt weiterverhandeln möchte. Lenkt Ihr Verhandlungspartner jetzt ein, wird er anschließend beim strittigen Vertragspunkt kompromissbereiter sein, damit es insgesamt wieder vorwärtsgeht. Stellt er jedoch einen Vertragsabbruch in Aussicht, ohne gleichzeitig in irgendeiner Form einzulenken – »Falls es nicht anders geht, müssen wir wohl abbrechen, doch ich würde das bedauern« –, sollten Sie sich tatsächlich überlegen, ob Sie mit diesem Unternehmen weiterverhandeln wollen.

Wenn Sie also beispielsweise folgende Antwort erhalten: »Wenn Sie meinen, Sie müssen die Verhandlungen abbrechen, dann machen wir das halt«, können Sie davon ausgehen, dass die Gegenseite nicht wirklich an der Zusammenarbeit interessiert ist. Derartige Firmen ignorieren auch häufig getroffene Vereinbarungen und halten sich oft wenig an die unterzeichneten Vertragspunkte.

Wie erreichen Sie nun, dass die Gegenseite an einer bestimmten Stelle in der Verhandlung nachgibt? Zu diesem Thema könnte man ganze Bücher verfassen und Sie finden dazu auch bereits genügend Literatur. Eine mögliche Vorgehensweise möchte ich dennoch mit Ihnen teilen: Es gelingt Ihnen dann, wenn Sie den ersten Schritt gehen.

Ja, so schwer es Ihnen vielleicht fällt, es bleibt Ihnen nicht erspart, den Weg zum Ziel mit einem Kompromiss einzuleiten. Nehmen wir mal an, die Verhandlungen kamen wegen zweier Vertragspunkte ins Stocken. Nehmen wir auch an, einer dieser Punkte (A) ist Ihnen persönlich sehr wichtig. Diesen Teil des Vertrages wollen Sie unbedingt durchsetzen. Auf den anderen Punkt (B) könnten Sie gerne verzichten, wenn es sich nicht vermeiden lässt. Jetzt sollten Sie sich in der Verhandlung ganz auf Punkt B fokussieren und somit Ihrem Verhandlungspartner das Gefühl vermitteln, an diesem Thema hänge Ihr Herz. Letztlich geben Sie natürlich nach und stimmen den Forderungen der Gegenpartei zu Punkt B zähneknirschend zu, jedoch nur unter der Bedingung, dass Punkt A – den Sie nebenbei erwähnen – unverändert bestehen bleibt. In den meisten Fällen wird diese Strategie, einen Kompromiss zu finden, klappen.

Diese Situation lässt sich mit einer engen Straße vergleichen, in der zwei Fahrzeuge versuchen, aneinander vorbeizufahren. Einer von den beiden Autofahrern muss sich bewegen, erst dann wird der andere auch mehr Platz schaffen. Nur wenn einer einlenkt, kommen beide Seiten vorwärts. Ohne diesen ersten Schritt funktioniert es meist nicht, und Sie sind gut damit beraten, in dieser Situation eine Art Entwicklungshelfer zu spielen. Auf diese Weise können Sie eine stockende Verhandlungssituation also doch noch retten. Bedenken Sie jedoch: Auch dazu gehören immer zwei – einer, der sich nach außen hin kompromissbereit zeigt, und ein anderer, der daraufhin ebenfalls einen Schritt auf sein Gegenüber zugeht.

Warum es so schwerfällt, gescheiterte Verhandlungen endgültig abzubrechen

Möglicherweise haben Sie bis jetzt sämtliche Punkte in diesem Kapitel zustimmend abgenickt. Alles klingt für Sie plausibel und nachvollziehbar: die Tatsache, dass man nicht auf toten Pferden reiten soll und woran man den todkranken Vertragsgaul überhaupt erkennen kann. Außerdem stimmen Sie mit mir vielleicht überein, dass Sie Drohungen auch wahr machen sollten und es sich mitunter als hilfreich erweisen kann, einen destruktiven Verhandlungspartner auszutauschen.

Doch jetzt einmal Hand aufs Herz: Nehmen wir an, die Verhandlungen mit einem großen Kunden drehen sich seit Wochen im Kreis und Sie bekommen immer heftigere Bauchschmerzen, wenn Sie nur an diesen Vertrag denken. Schaffen Sie es tatsächlich, diese Vertragsverhandlung abzubrechen? Schaffen Sie es, vom Vertragspferd abzusteigen, nachdem Sie sich eingestanden haben, dass es in die ewigen Jagdgründe eingegangen ist? Genau dieser Schritt erweist sich nämlich in der Praxis als ungemein schwierig, vor allem dann, wenn Sie emotional wie wirtschaftlich stark in dieser Verhandlung stecken.

In vielen Verhandlungen habe ich bereits erlebt, wie meine Mandanten trotzdem weiterzumachen versuchten, selbst wenn die Gegenseite klipp und klar kommunizierte, kein Interesse an zusätzlichen Gesprächen zu diesen Konditionen mehr zu haben. Ab einer bestimmten Phase wird der Wunsch, den Vertrag zu unterzeichnen, so stark, dass wir sämtliche weitere Kriterien über Bord werfen. Anders ausgedrückt: Ganz gleich, wie schlecht die Bedingungen sein werden und wie zerrüttet die Beziehung beider Vertragsparteien bereits ist, der Vertrag muss unterzeichnet werden. Koste es, was es wolle!

Wird ein Vertrag endgültig abgebrochen, betrachten die Vertragsparteien diesen Schritt immer als persönliches Scheitern. Schließlich ist bis zu diesem Moment viel Zeit vergangen, ein Aufwand, der zudem normalerweise eine Menge Geld gekostet hat. In dieser Zeit hätten Sie sich anderen Projekten widmen können, mit denen Sie viel bessere Ergebnisse erzielt hätten, nicht wahr? Doch höchstwahrscheinlich haben Sie noch viel mehr Geld ausgegeben: für den Anwalt, der den Vertragsentwurf gestaltet hat, für einen Dolmetscher oder Übersetzer, die Fahrtkosten zu den Besprechungsterminen und dann kam auch jedes Mal ein Mitarbeiter mit zu diesen Verhandlungsrunden. Seit Beginn der Vertragsverhandlung haben Sie also ein kleines Vermögen investiert, und das soll jetzt ganz umsonst gewesen sein?

»Never ever«, denken sich an dieser Stelle viele Unternehmer und hoffen gleichzeitig, diese ganze Investition doch noch irgendwie retten zu können, also einen unterschriftsreifen Vertrag hinzubekommen.

Dann machen Sie sich Folgendes klar: Zum Scheitern gehören immer zwei Personen, und wie in einer Ehe ist normalerweise auch niemals nur einer der beiden daran schuld, wenn sie in die Brüche geht. Falls sich die Verhandlungsteams an einem bestimmten Vertragspunkt nur noch reiben, wenn sie verschiedenste Argumente und Herangehensweisen ausgetauscht haben und emotional feststecken, ohne auch nur ein Stück vorwärtszukommen, dann ist das Vertragspferd tot. Wenn auf der Sachebene von beiden Seiten alles unternommen wurde, sämtliche alternative Szenarien durchexerziert wurden, die Gespräche aber nur noch laut, zynisch und sarkastisch untereinander ablaufen, ist der Punkt für eine Unterbrechung der Verhandlung erreicht. Wenn, nach Wiederaufnahme der Gespräche, noch immer nichts vorwärtsgeht, gilt diese Verhandlung im Normalfall als endgültig gescheitert. Punkt.

Sobald Sie sich in dieser Phase befinden, gibt es keine Alternativen mehr und Sie werden genauso wenig wie die Gegenseite eine Lösung finden, das kann ich Ihnen aus langjähriger Erfahrung sagen. In diesem Fall scheitern beide Verhandlungsseiten, nicht nur eine.

Bedenken Sie an dieser Stelle, warum dieser Vertrag geschlossen werden sollte. Ein Vertrag folgt immer dem wirtschaftlich Gewollten, und sobald diese Grundlage fehlt, macht auch die schriftliche Vereinbarung keinen Sinn mehr.

Und die ganze Investition soll nun einfach so verloren sein? Es steht außer Frage, dass Sie viel Geld und Zeit investiert haben. Am Ende für einen Aufwand, der ohne Ergebnis blieb. Der erwartete Ertrag, also der Verkauf der Ware oder der Dienstleistung, bleibt aus. Außer Spesen nichts gewesen, oder wie der Fachmann sagen würde: Opportunitätskosten.

Grundsätzlich ist das ein Verlust, keine Frage. Auf der anderen Seite sollte man bedenken, wie hoch die Verluste noch geworden wären, wenn dieser Vertrag doch noch zustande gekommen wäre. Nehmen wir an, beide Parteien hätten diese Vereinbarung unterschrieben, obwohl die Konditionen so stark vom ursprünglichen Ziel abgewichen sind, obwohl das Vertrauensverhältnis inzwischen so stark angeschlagen ist. Ich kann an dieser Stelle natürlich pauschal keine Kosten beziffern, doch ich kann Ihnen aus Erfahrung sagen, dass Verträge, die unter solchen Voraussetzungen trotzdem abgeschlossen wurden, in den meisten Fällen ein Pyrrhussieg waren. Also ein Sieg, bei dem es keine Sieger gibt, sondern nur Verlierer.

Wenn Sie sich diesen Punkt einen Augenblick lang überlegen, werden Sie Ihre scheinbar verloren gegangene Investition sehr schnell relativieren können. Letztlich setzen Sie durch den Abbruch der Verhandlungen zwar im ersten Moment Geld in den Sand, doch auf den zweiten Blick ersparen Sie es sich, noch mehr Geld zu verlieren, und auch eine Menge Ärger. Also besser ein Ende mit Schrecken als ein Schrecken ohne Ende.

Gut zu wissen: Culpa in contrahendo

Hinter diesem Begriff verbirgt sich der Anspruch auf Schadensersatz, falls es bereits während der Vertragsverhandlungen zu einer schuldhaften Verletzung einer Pflicht einer der beiden Verhandlungsparteien kommt. Ein Lehrbuchfall: Der Kaufinteressent, der ein Ladengeschäft betritt, rutscht dabei auf einem feucht gewischten Boden aus und verletzt sich.

Ansprüche aus *culpa in contrahendo* (Lateinisch für: Verschulden bei Vertragsschluss) können aber auch bei einem Vertragsabbruch infrage kommen. Grundsätzlich steht im Rahmen der Vertragsfreiheit jeder Partei zu, eine Verhandlung abzubrechen und den angedachten Vertrag nicht zu unterzeichnen. Aufwendungen wie Anwaltskosten, Arbeitszeit, Vorinvestitionen sind dann abzuschreiben und von jeder Partei selber zu tragen. Stichwort: Opportunitätskosten. Es kann aber Fälle geben, in denen ohne triftigen Grund eine der beiden Parteien die Verhandlungen kurz vor dem Ziel, das heißt vor der Vertragsunterzeichnung, abbricht, und in diesem Fall könnte die andere Partei ihre im Vertrauen auf den Vertragsabschluss gemachten Aufwendungen geltend machen.

Da am Ende immer strittig sein wird, ob es einen wirklich triftigen Grund für den Abbruch der Verhandlungen gab, sollte dieser stets sauber begründet und ebenso gegenüber dem Vertragspartner dokumentiert werden.

Ich halte es für weitaus geschickter, wenn Sie Ihre Lehren aus dieser Vertragsverhandlung ziehen – am besten auch durchaus selbstkritisch dabei vorgehen – und dann den Blick wieder nach vorne richten. Es handelt sich bei Vertragsverhandlungen immer um ein unternehmerisches Risiko, das Sie eingehen. Mal verdienen Sie Geld, mal verlieren Sie welches. Glauben Sie mir, diese nüchterne Betrachtung hilft Ihnen weitaus mehr, als Ihren verlorenen Investitionen nachzuhängen.

Das tote Vertragspferd entsorgen

Nehmen wir nun mal an, alle Versuche, die Verhandlung doch noch zu retten, schlugen fehl. Die Vertragsgespräche wurden offiziell für gescheitert erklärt und jetzt geht es darum, sauber aus dieser Situation auszusteigen.

Zunächst einmal sollten sich beide Seiten darauf einigen, alle bisherigen Vertragsentwürfe zu vernichten und hier entsprechend den Datenschutzvereinbarungen vorzugehen. Es genügt also in den meisten Fällen nicht, den Entwurf von der Festplatte zu löschen, das ausgedruckte Papier in der Mitte zu falten und in den Hausmüll zu stecken. Möglicherweise müssen sämtliche E-Mails, die aus diesen Verhandlungen entstanden sind, vernichtet werden, und alle Ausdrucke sollten zumindest einmal durch den Aktenvernichter gejagt werden.

Falls Kosten für die Rückabwicklung entstehen, sollte spätestens jetzt geklärt werden, wer welche Aufwände übernimmt. Beispielsweise wenn bereits eine GmbH gegründet wurde oder ein Joint Venture: Wer bezahlt dann was? Im Idealfall trägt jeder seine eigenen Kosten, doch damit das funktioniert, sollten Sie sich mit der Gegenseite darüber verständigen und die getroffene Vereinbarung zumindest schriftlich erfassen.

Schließlich stellt sich noch die Frage, wie man jetzt dieses Scheitern nach außen hin verkaufen möchte. Gerade in kleineren Märkten, wo sich sämtliche Marktteilnehmer persönlich kennen, sollten Sie es vermeiden, den Vertragsabbruch als individuellen Triumph zu präsentieren. So etwas wirft immer ein schlechtes Licht auf Sie und es kann durchaus passieren, dass Sie deswegen sogar als unattraktiver Geschäftspartner eingestuft werden. Dann haben Sie noch einen zusätzlichen Schaden.

Ich empfehle Ihnen, grundsätzlich zu Vertragsabschlüssen ebenso wie zu gescheiterten Vertragsverhandlungen zu schweigen. Sollten Sie danach befragt werden, antworten Sie am besten immer mit: »Wir konnten uns zufriedenstellend einigen.« Diese Aussage klingt wunderbar diplomatisch und glänzt mit gleichzeitig vollkommener Inhaltslosigkeit.

Es bringt Ihnen nichts, im Nachgang bei gescheiterten Vertragsverhandlungen schmutzig nachzutreten. Letztlich bleibt immer ein schaler Beigeschmack übrig, sollten Sie respektlos gegenüber Ihrem ehemaligen Verhandlungspartner auftreten.

Checkliste: Vertragsunterzeichnung versus Vertragsabbruch

☐ Haben Sie bereits zu Beginn der Verhandlungen Ihre wirtschaftlichen/tatsächlichen/rechtlichen Grenzen definiert?

☐ Wurden diese Grenzen während der Verhandlungen überschritten und zu welchem Ergebnis kommen Sie bei einem Soll-Ist-Abgleich? Lohnt sich dann der Vertrag noch?

☐ Sind mindestens gleichwertige Alternativen zum derzeitigen Verhandlungspartner vorhanden?

- ☐ Ist ein Abschluss mit einem alternativen gleichwertigen Partner im vorgegebenen Zeitplan noch herzustellen?
- ☐ Ist eine geräuschlose Abwicklung des toten Vertrages sichergestellt?
- ☐ Werden ständig leere Drohungen ausgesprochen?
- ☐ Haben Sie sichergestellt, dass die Beteiligten vertrauensvoll miteinander umgehen, oder macht ein Austausch der verhandelnden Personen auf Ihrer Seite oder der Seite des Verhandlungspartners Sinn?
- ☐ Haben Sie den Eindruck, dass Ihr Verhandlungspartner Machtspiele spielt, und haben Sie ihn damit konfrontiert?
- ☐ Könnte ein unbeteiligter Dritter in den Konflikt eingeschaltet werden?
- ☐ Warum wollen Sie den Vertrag noch unterzeichnen? Weil er für Sie wirtschaftlich Sinn macht? Oder gibt es nun andere Gründe, die dafür sprechen?

Kapitel 11 – Die finale Phase vor der Vertragsunterzeichnung

Selbst die langwierigste Vertragsverhandlung neigt sich irgendwann dem Ende entgegen, und dann erscheint er wie ein leuchtender Diamant am Horizont: der unterschriftsreife Vertrag.

Sie denken, jetzt kann nichts mehr passieren? Sie möchten dieses Vertragswerk nur noch unterschreiben und es endlich im dafür liebevoll vorbereiteten Aktenordner einheften?

Zunächst einmal kann ich Sie wunderbar verstehen, doch gleichzeitig mahne ich an dieser Stelle zur Vorsicht. Sie ahnen es bereits: Es gibt nichts, das es nicht gibt, und selbst in dieser finalen Phase lauert noch immer die eine oder andere Falle, die den gesamten Prozess zumindest auf lästige Weise verzögern könnte.

Worauf Sie dabei insbesondere achten sollten, erfahren Sie in diesem Kapitel.

Abwesende Zeichnungsberechtigte und stundenlange Unterschriftsorgien

Vor Kurzem erlebte ich den Fall, dass ein Vertrag, dessen Verhandlungen sich über 18 Monate hinzogen, endlich in unterschriftsreifer Form vorlag und den Vertragsparteien jeweils zugeschickt wurde. Meine Mandantin unterzeichnete das Schriftstück, schickte dieses artig der Gegenseite zu, und: wartete erst einmal. Nach etwa zehn Tagen, in denen das andere Unternehmen gemäß der Praktik »Still ruht der See« agierte, also keinerlei Reaktion zeigte, rief mein Auftraggeber den Kunden an. Es meldete sich die Sekretärin des Geschäftsführers, und sie erklärte mit relativ kleinlauter Stimme, ihr Chef sei für drei Wochen in den Urlaub gefahren. Natürlich, ohne einem Mitarbeiter im Unternehmen eine entsprechende Vollmacht für die Unterzeichnung zu erteilen. Daraufhin fuhr der Verhandlungsführer meiner Mandantin vor Zorn beinahe aus der sprichwörtlichen Haut. Es hätte nicht viel gefehlt, und der Vertrag wäre im letzten Moment doch noch geplatzt.

So kurios es für Sie klingen mag, derartige Fälle kommen häufiger vor, als man denkt.

So etwas tritt dann auf, wenn sich Vertragsverhandlungen verzögern und in die Länge ziehen. Irgendwann einmal muss auch der Geschäftsführer oder der Unternehmer in Urlaub gehen. Insbesondere wenn ihn dessen Familie dazu drängt. Meistens wurde diese Auszeit bereits vor Monaten gebucht und es gibt kein Zurück. Sie können also nie mit Sicherheit behaupten, dass Ihnen so etwas in keinem Fall passieren könnte. Trotzdem sollte niemals die Vertragsunterzeichnung darunter leiden, daher vermeiden Sie eine solche Situation am besten dadurch, dass Sie am besten bereits während der Vertragsverhandlung einen zeichnungsberechtigten Vertreter bestimmen, wie schon in Kapitel 1 behandelt. Es muss ja nicht mal die heiß ersehnte mehrmonatige Weltreise sein, zu der Sie aufbrechen, just kurz vor Vertragsunterzeichnung. Sie können ebenso nie ausschließen, dass Sie plötzlich krank werden und deshalb nicht unterschreiben können. All das kam mir im Laufe der Jahre bereits unter, und glauben Sie mir: Sobald Sie eine ausgewachsene Influenza ans Bett fesselt, werden Sie heilfroh darüber sein, wenn eine Person Ihres Vertrauens das Vertragswerk unterzeichnen kann.

In einem anderen Fall vereinbarten beide Verhandlungspartner, den finalen Vertrag auf jeder einzelnen Seite zu paraphieren, also mit einer handschriftlichen Initiale zu versehen. Diese Vorgehensweise ist übrigens durchaus üblich. Dieser Vorgang erscheint dann umso sinnvoller, da ein Vertrag, der lediglich auf der letzten Seite unterschrieben wurde, leicht verändert werden kann, etwa durch das Austauschen einzelner Vertragsseiten. Das Paraphieren verhindert sozusagen die Gefahr des Missbrauchs.

In diesem konkreten Fall handelte es sich jedoch um ein 200-seitiges Vertragswerk, das noch dazu in 18 Exemplaren ausgestellt wurde. Der Vertragsunterzeichner – der arme Kerl – musste also insgesamt 3600 Seiten eigenhändig mit seinem Kürzel versehen und saß daran bestimmt mehrere Stunden.

Damit Ihnen ein derartiger Gewaltakt erspart bleibt, sollten Sie auf die vor allem bei umfangreichen Vertragswerken durchaus gängige Praxis zurückgreifen, die Vertragsseiten fest miteinander zu verbinden. In solchen Fällen genügt es tatsächlich, lediglich die letzte Seite zu unterschreiben, da einzelne Blätter nicht mehr so einfach ausgetauscht werden können. Sie sollten also bei Verträgen mit vielen Seiten Inhalt auf diesen Punkt achten und nicht leichtfertig einer gegenseitigen Paraphierung zustimmen. Es sei denn, Sie empfinden Freude daran, zwei Kugelschreiberminen leer zu schreiben.

Müssen Verträge überhaupt unterschrieben werden?

Während bei umfangreicheren Vertragswerken für gewöhnlich so gut wie nie das Problem von fehlenden Unterschriften auftritt, kommt so etwas bei »kleineren« Vereinbarungen durchaus vor. Besonders beliebt sind dabei Wartungsverträge oder auch Vereinbarungen über kurzfristige Leistungsänderungen. Beispielsweise wenn für eine Warenlieferung eine spezielle Sonderkondition gilt und dafür eine formlose Vereinbarung verfasst wurde.

Solange sich beide Seiten einig bleiben und der Vertrag »gelebt wird«, kommt es logischerweise zu keinen Problemen. Sollten jedoch Streitigkeiten auftreten und die Vertragsparteien treffen sich vor Gericht wieder, können derartige Verträge durchaus brisant werden.

Dennoch gilt: Selbst wenn ein Vertrag keine oder nur eine Unterschrift trägt, kann er trotzdem gültig sein, wenn beide Parteien diesen Vertrag so gelebt haben, wie sie ihn vertraglich fixiert hatten. Spannend wird es nur dann, wenn eine Seite die Vertragsbedingungen nicht mehr anerkennt oder einhält. In diesem Falle muss nämlich bewiesen werden, dass der Vertrag auch tatsächlich wie vereinbart umgesetzt wurde. Derartige Streitigkeiten können sich daher empfindlich in die Länge ziehen und durchaus zu ärgerlichen Kostentreibern werden.

Aus diesem Grund empfehle ich Ihnen, immer für eine gegenseitige Unterschrift im Vertragswerk zu sorgen. Nur so befinden Sie sich auf der sicheren Seite. Vielleicht klingt es profan, aber fragen Sie mal im Kollegenkreis nach, wie viele halb oder überhaupt nicht unterschriebene Verträge in deren Büros vor sich hin schlummern.

Die finale Vertragsprüfung oder: Psychoterror am Verhandlungstisch

Eher selten, also vielleicht in zehn Prozent der Fälle, erlebe ich die peinlichst genaue Prüfung des Vertrages, selbst wenn alle Verhandlungen längst abgeschlossen wurden und nur noch die Unterschrift fehlt.

Stellen Sie sich vor, nach vielen Wochen harter Beratungen liegt nun endlich das finale Prachtstück vor Ihnen. Anlässlich dieser denkwürdigen Situation vereinbaren Sie mit Ihrem künftigen Vertragspartner, die Unterzeichnung feierlich zu zelebrieren. Sie treffen sich dazu in Ihrem Büro. Der Geschäftsführer des anderen Unternehmens kommt also zu Ihnen. Sie haben für dieses Ereignis bereits den Champagner kalt gestellt, Ihren Besprechungstisch mit dem besten Tischtuch überzogen und sogar einen Strauß Blumen in einer ansprechenden Vase stilvoll in Szene gesetzt. Der Geschäftsführer nimmt also Platz, Sie reichen ihm das Vertragswerk und können gerade noch dem Drang widerstehen, mit der Titelmusik aus »Der König der Löwen« der ganzen Situation die nötige Dramatik zu verleihen.

Natürlich erwarten Sie an dieser Stelle, dass Ihr Vertragspartner die letzte Seite des Vertrages aufschlägt, seine kunstvoll geschwungene Unterschrift an die richtige Stelle setzt, worauf Sie endlich die Champagnerflasche köpfen können. Doch weit gefehlt. Stattdessen schlägt der Mann die erste Seite auf und beginnt, höchst genussvoll und mit stoischer Ruhe, jedes einzelne Wort dieses Vertragswerkes genauestens zu prüfen. Zwischendurch wirft er Ihnen über seine rahmenlose Lesebrille hinweg immer wieder einen strengen Blick zu.

Nach etwa einer knappen Stunde intensiven Studiums, dem Sie lediglich als Zaungast beiwohnen, befindet sich Ihr künftiger Vertragspartner gerade einmal bei der Hälfte des Dokumentes, und Ihr Wunsch, einen leckeren Champagner zu trinken, weicht langsam dem Verlangen, ihm alles über den Kopf zu schütten.

Natürlich gibt es grundsätzlich an diesem Verhalten nichts auszusetzen. Wenn Sie den finalen Vertrag nochmals prüfen möchten, dann nur zu. Sie sollten es jedoch vermeiden, diese Durchsicht so wirken zu lassen, als ob Sie dem größten lebenden Gauner gegenübersitzen würden.

Ich verstehe selbstverständlich, dass jeder sichergehen will, die aktuellste und vereinbarte Version in Händen zu halten. Auch gilt es in dieser ausgesprochen sensiblen Phase, sorgfältig vorzugehen. Eine Prüfung zu diesem späten Zeitpunkt ist aus zwischenmenschlicher Sicht gesehen jedoch eine Katastrophe. Sie vermitteln Ihrem Gegenüber auf diese Weise, dass Sie ihm nicht trauen.

Das wirkt sich gar nicht gut auf das Verhältnis zu Ihrem Vertragspartner aus, vor allem, wenn Sie, wie im oben beschriebenen Fall, eine gemeinsame Unterzeichnung vereinbaren und dann Ihren Vertragspartner wie einen Schuljungen stehen lassen, während Sie in aller Seelenruhe dieses Vertragswerk scheinbar auswendig lernen möchten.

Falls es Ihrer Natur entspricht, eine Unterschrift erst dann mit Ihrem Gewissen vereinbaren zu können, wenn Sie alles akribisch geprüft haben, sollten Sie den Akt der Vertragsunterzeichnung besser unabhängig voneinander durchführen. Damit meine ich, dass Sie den Vertrag im eigenen Büro unterschreiben und ihn anschließend dem Vertragspartner in zweifacher Ausführung postalisch zuschicken, damit dieser ebenfalls ein Exemplar unterzeichnen kann und Ihnen dieses wieder zurückschickt. Diese Vorgehensweise empfiehlt sich jedenfalls weit mehr, als die andere Seite mit Ihrer Akribie zu brüskieren.

Ebenso unpassend ist es, Ihr Gegenüber in letzter Minute – sozusagen zur Vertragsunterzeichnung – mit doch noch gewünschten Änderungen zu überraschen. Am besten, indem Sie Ihre Kopie des Vertrages, gespickt mit unzähligen bunten Klebestreifen, mitbringen. Die Gegenseite wird Ihnen bei diesem Verhalten eine ausgesprochen belastende Unorganisiertheit unterstellen.

In solchen Fällen wird normalerweise auch kein neuer Termin zur Vertragsunterzeichnung vereinbart, sondern die Gegenseite wird sich wohl zähneknirschend mit den gewünschten Änderungen auseinandersetzen, wobei sämtliche Vertragsanpassungen nur noch handschriftlich angefügt werden. Dabei kann es durchaus vorkommen, dass diese Anmerkungen bereits nach wenigen Minuten niemand mehr zu entziffern in der Lage ist.

Außerdem ist es auch die Frage, wie ein derartiger Vertrag wohl auf Dritte wirkt. Nehmen wir an, Sie möchten eine Anlage kaufen und haben dafür einen Kaufvertrag geschlossen, den Sie während der Vertragsunterzeichnung abermals umfangreich abgeändert haben. Alle Änderungen wurden handschriftlich vermerkt. Jetzt gehen Sie mit diesem Vertrag – der mit seinen vielen durchgestrichenen Stellen und Ergänzungen wie ein Entwurf wirkt – zu Ihrer Bank und legen ihn dort vor. Natürlich werden Sie das Darlehen erhalten, doch das Bankhaus wird sich Gedanken darüber machen, ob Sie Ihre Geschäfte immer so führen, und das könnte sich negativ auf künftige Darlehensgespräche auswirken. Das muss jetzt nicht der Fall sein, doch Banken achten durchaus auf derartige Kleinigkeiten.

Ich erlebte einmal einen extremen Fall, in dem mein Mandant zwei Stunden vor Vertragsunterzeichnung mit erneuten Änderungswünschen bei mir anrief. Als ich ihn fragte, ob diese Punkte tatsächlich in dieser Situation neu diskutiert werden müssen, erklärte er mir, er habe einfach Spaß daran, zum Schluss noch mal für etwas Aufregung zu sorgen.

Der Vertrag wäre dann beinahe geplatzt, da die Gegenseite plötzlich unter extremer Schmallippigkeit litt. Die Vertragsunterzeichnung wurde jedenfalls um mehrere Wochen vertagt, es gab neue Verhandlungsrunden, und letztlich entstanden auf diese Weise lediglich Spesen ohne jeglichen Mehrwert für beide Parteien.

Wenn sich handschriftliche Änderungen im Vertrag nicht vermeiden lassen, sollten diese von beiden Seiten entsprechend paraphiert werden. Dann erhalten derartige Ergänzungen auch die erforderliche Beweiskraft. Und bitte denken Sie daran, sämtliche handschriftliche – und lesbare! – Einfügungen sowie durchgestrichene Passagen und Paraphierungen immer auf allen Vertragsexemplaren durchzuführen. Also auf Ihrem Vertrag, auf dem des Vertragspartners und auf sämtlichen weiteren Exemplaren.

Vielleicht fragen Sie sich spätestens an dieser Stelle, warum Sie nicht einfach den überarbeiteten Vertrag nochmals ausdrucken und dann unterschreiben dürfen. Vor allem, wenn sich beide Vertragsseiten ohnehin im Büro eines der beiden Unternehmen zur Vertragsunterzeichnung eingefunden haben.

Dieses Argument bietet natürlich viele Vorteile, doch es birgt eine Gefahr, die Sie entsprechend abwägen sollten: Wie können Sie oder die Gegenseite sicherstellen, dass auch tatsächlich die letzte Version des Vertragswerkes für die Durchführung der Änderungen verwendet wird?

In solchen Situationen wird nämlich meist die Assistentin damit beauftragt, den Vertrag zu aktualisieren und alles zweifach auszudrucken, während Sie mit dem Verhandlungspartner im Besprechungsraum warten. Sofern ein gut funktionierendes Vertragsmanagement vorhanden ist, funktioniert das auch reibungslos. In allen anderen Fällen kann dies ansonsten dazu führen, dass die Assistentin eine falsche Version ausdruckt. Dann liegt Ihnen plötzlich ein älterer Vertrag vor. Beide Seiten müssten also dieses Vertragswerk Zeile für Zeile mit dem Originalvertrag vergleichen, der inzwischen mit handschriftlichen Änderungen verfeinert wurde, wodurch die Lesequalität einer Zahnwurzelbehandlung gleichkommt. Bei einem Vertragswerk mit geringem Umfang lässt sich ein solcher Arbeitsaufwand noch relativ schnell bewerkstelligen, doch nehmen wir an, es handelt sich um einen 100-seitigen Vertrag. Dann wird dieser Akt zur Qual. Kurz, das Fehlerrisiko steigt durch dieses Vorgehen exorbitant an, daher rate ich Ihnen davon eher ab.

Noch ein Wort zur Unterschriftenberechtigung

Vorhin legte ich Ihnen nahe, rechtzeitig eine zeichnungsberechtigte Person innerhalb Ihres Unternehmens zu benennen, damit nicht knapp vor Vertragsunterzeichnung etwas schiefläuft, sollten Sie aus irgendeinem Grund ausfallen.

Es erscheint klar: Falls Sie als Einzelunternehmer tätig sind, entfällt natürlich diese Variante. In diesem Fall bleibt Ihnen nichts anderes übrig, als eine außenstehende Person – einen Freund, einen Familienangehörigen oder Ihren Anwalt – mit einer Vollmacht auszustatten. Wenn Sie jedoch mehrere Mitarbeiter beschäftigen und diese Möglichkeit besitzen, übertragen Sie die Unterschriftenberechtigung an einen von ihnen. Stellen Sie gleichzeitig unbedingt sicher, dass nur jene Person den Vertrag unterschreibt, die auch tatsächlich die entsprechende Zeichnungsberechtigung besitzt.

Nehmen wir mal an, eine wie aus dem Nichts auftauchende Mittelohrentzündung überfiel Sie mitten in der Nacht, und seitdem liegen Sie im Bett. Mit anderen Worten: Sie sind so richtig krank. Jetzt steht die bedeutsame Vertragsunterzeichnung an und der Verkaufsleiter Ihres Unternehmens unterschreibt.

Wer darf jedoch nun den Vertrag unterzeichnen, wenn es sich nicht um eine Einzelperson, sondern um ein Unternehmen handelt? Nun, zuerst einmal der Geschäftsführer oder ein Vorstandsmitglied oder, falls vorhanden, der Prokurist. Zusätzlich besitzen viele Unternehmen teilweise sehr ausgefeilte Vertretungsregelungen. Dann darf beispielsweise ein Prokurist nur zusammen mit einem Geschäftsführer unterzeichnen. Um herauszufinden, wie das bei Ihrem Unternehmen ist, besorgen Sie sich bitte einen aktuellen Handelsregisterauszug, der nicht älter als 15 Tage sein sollte.

Daneben gibt es auch Personen, die aufgrund einer Handlungsvollmacht unterzeichnen dürfen. Lassen Sie sich am besten entweder das Original der Handlungsvollmacht vorgelegen oder ein Unterschriftenverzeichnis, wenn Sie sichergehen möchten, wer denn nun von der Gegenpartei rechtsverbindlich unterschreiben darf.

Alternativ kommt noch in Betracht, dass die Person auf der Gegenseite im Rahmen einer Anscheins- oder Duldungsvollmacht unterzeichnen kann.

Gut zu wissen: Die Anscheinsvollmacht und die Duldungsvollmacht

Der juristische Begriff »Anscheinsvollmacht« bezeichnet Personen, die sich so verhalten, als würden sie im Rechtsverkehr über eine Vollmacht verfügen. Diese Person arbeitet möglicherweise zwar für das von ihr angegebene Unternehmen, doch besitzt sie nicht die notwendige Vollmacht und damit auch keine Berechtigung, Verträge zu unterzeichnen. Bei sorgfältiger Prüfung hätte der angeblich

Vertretene aber merken können, dass die Person nur vorgibt, mit Vollmacht zu handeln, und diese in ihrem Handeln stoppen können.

Eine Duldungsvollmacht hingegen liegt vor, wenn der Vertreter gemerkt hat, dass eine Person ohne Vollmacht handelt, und dies billigt, beispielsweise weil diese Person ein besonders guter Verkäufer ist.

In beiden Fällen kommt dann zwischen dem Vertretenen und dem Vertragspartner ein Vertrag zustande, es sei denn, dieser Vertragspartner wusste, dass in Wahrheit keine Vollmacht vorlag.

Die Vertragsunterzeichnung: persönlich oder doch nicht?

Möglicherweise fragen Sie sich an dieser Stelle, was denn nun besser ist: den Vertrag jeder für sich im stillen Kämmerlein zu unterzeichnen oder die gegenseitige Unterschrift zu einem feierlichen Akt zu erklären.

Angenommen, Sie entsprechen so gar nicht dem vorhin beschriebenen Typ des kritischen Vertragsprüfers, dann habe ich folgende Empfehlung für Sie: Je heftiger und intensiver die Vertragsverhandlungen abliefen, desto besser ist es, die Unterzeichnung als feierlichen Akt zu gestalten. In solchen Fällen sollten Sie tatsächlich ein persönliches Treffen in Erwägung ziehen, denn Sie signalisieren damit auch sozusagen einen Neubeginn als Vertragspartner. Die gemeinsame Unterschrift, danach das Glas Champagner und vielleicht sogar ein anschließendes gemeinsames Abendessen glätten mitunter auf gesunde Weise die Wogen, die noch wenige Tage zuvor bedrohlich hochkochten.

Selbst und gerade wenn Sie die Verhandlungen lediglich telefonisch geführt haben, sollten Sie eine gemeinsame Vertragsunterzeichnung dazu nutzen, um sich auch mal persönlich kennenzulernen. Dabei empfehle ich Ihnen, sämtliche Teilnehmer der Verhandlungsteams ebenfalls einzuladen. Also auch die Sachbearbeiter und andere Mitarbeiter, die künftig zusammenarbeiten werden. So schaffen Sie sehr schnell eine vertrauensvolle Atmosphäre zwischen den Mitarbeitern, die letztlich für die Umsetzung des Vertragswerkes verantwortlich sind.

Natürlich genügt es aus rein rechtlicher Sicht vollkommen, wenn jede an der Durchführung des Vertrages beteiligte Person ihr relevantes Vertragsexemplar bekommt und dieses unterschrieben wieder zurückschickt. Ich habe es aber immer als positiv für den weiteren Verlauf einer solchen Zusammenarbeit erlebt, wenn sich sämtliche Akteure zu diesem Anlass auch mal persönlich kennenlernen. So ein Aufwand zahlt sich immer aus, auch wenn Kosten durch etwaige Anfahrten entstehen.

Der Ort der Vertragsunterzeichnung

»Das Auge isst mit.« Sie kennen vielleicht dieses Zitat. Das Thema Gestaltung kommt spätestens dann ins Spiel, wenn Sie sich mit dem Vertragspartner zur persönlichen Unterzeichnung des Vertragswerkes verabreden und Sie die Rolle des Gastgebers übernehmen.

Falls Sie sich jetzt fragen, an welchem Ort dieses Treffen am besten stattfinden sollte, habe ich einen Tipp für Sie: Wenn die Vertragsverhandlungen die meiste Zeit über beim Vertragspartner stattgefunden haben, wäre es nun an der Zeit, das andere Unternehmen zu sich ins Büro einzuladen. Letztlich handelt es sich dabei um eine höfliche Geste, nicht mehr.

Natürlich müssen Sie dann auch über entsprechende Räumlichkeiten verfügen, und darunter verstehe ich zumindest einen Konferenzraum mit Tisch und Stühlen in angemessener Größe, Anzahl und Qualität.

Während es für größere Unternehmen ohnehin als Selbstverständlichkeit gilt, einen passenden Besprechungsraum für die Vertragsunterzeichnung bereitzustellen, kann dieses Thema für Einzelunternehmer eine gewisse Hürde darstellen. Zum Beispiel, wenn Sie Ihr Büro bei sich zu Hause haben. Dann könnte sich eine derartige Einladung zu einem gleichermaßen aufregenden wie peinlichen Erlebnis entwickeln, wenn Sie sich etwa um den Couchtisch im Wohnzimmer drängen müssen.

Mit anderen Worten: Stellen Sie unbedingt sicher, dass Ihre Räumlichkeiten auch tatsächlich für einen derartigen Anlass geeignet sind. Falls nicht, dann verlagern Sie dieses Treffen besser in den Konferenzraum eines Hotels.

Ich habe in meiner Berufspraxis schon einige Räume erlebt, die zur Unterschriftenzeremonie herhalten mussten, die ich persönlich nie und nimmer dafür genutzt hätte. Da gab es das Unternehmen, das im Bereich des produzierenden Gewerbes angesiedelt war und dessen Besprechungsraum in einer Zeitschleife in den frühen Siebzigerjahren stecken geblieben war: Tapeten mit gewaltigen mehrfarbigen Kreisen, runde Plastikstühle und ein quietschgelber Besprechungstisch. Es hätte nur gefehlt, dass die Assistentin des Geschäftsführers mit orangefarbener Schlaghose, grünem Pulli und riesiger Sonnenbrille aufgetaucht wäre.

Bitte verstehen Sie mich nicht falsch: Es muss sich nicht um einen Konferenzraum mit hypermodernen LCD-Bildschirmen, Alu-Skulpturen und einem Tisch mit Teflonbeschichtung handeln. Der Raum sollte einfach dem Anlass entsprechen.

Notwendige Änderungen nach Vertragsunterzeichnung

Es kann durchaus vorkommen, dass ein Vertrag nach Wochen oder Monaten noch einmal aufgeschnürt werden muss, beispielsweise wenn eine gesetzliche Änderung beide Vertragsseiten dazu zwingt.

Es kann auch andere Gründe dafür geben, Teile eines Vertrages doch noch an späterer Stelle neu zu verhandeln.

Manchmal erweisen sich bestimmte Vertragspunkte schlichtweg als in der Praxis nicht durchführbar.

Es könnte auch sein, dass Sie oder Ihr Vertragspartner doch noch einen Punkt vergessen haben, und dann muss darüber (erstmalig) verhandelt werden. Besonders bei Verträgen, die sozusagen »mit heißer Nadel gestrickt wurden«, wo also alles ganz schnell gehen musste, kommt es nicht selten nach Vertragsunterzeichnung zu Nachverhandlungen.

Gesetzlich bedingte Vertragsänderungen sind meist kein großes Problem, da beide Seiten gleichermaßen daran interessiert sind, dass der Vertrag angepasst wird.

Sollten Sie allerdings eine einseitige Vertragsänderung vorschlagen, bedeutet das, dass Sie dem anderen gegenüber Zugeständnisse machen müssen. Wenn Sie also einen Vertragspunkt neu verhandeln wollen, Ihr Vertragspartner sieht darin jedoch keine Notwendigkeit, dann bleibt Ihnen nichts anderes übrig, als ihm eine Gegenleistung anzubieten.

Vereinfacht könnte man sagen: Jede nachträgliche Änderung an Verträgen kostet Geld, sei es durch besseren Service, einen bestimmten Rabatt oder schnellere Lieferzeiten. Deshalb sollten Sie sich gut überlegen, ob es wirklich unbedingt nötig ist, den Vertrag neu zu verhandeln. Sie könnten auch warten, ob sich mehrere Vertragspunkte ergeben, die es zu überarbeiten gilt. In diesem Fall werden Ihre Zugeständnisse insgesamt wahrscheinlich nicht so hoch ausfallen, als wenn Sie jeden Vertragspunkt einzeln verhandeln.

Natürlich sollten Sie sich umgekehrt auch Forderungen überlegen, falls die Gegenseite bei Ihnen anklopft, um das Vertragspaket aufzuschnüren.

Oft wird dann lediglich ein Änderungsvertrag geschlossen. Das bedeutet, der ursprüngliche Vertrag behält seine Gültigkeit und es werden bloß die Änderungen vertraglich neu geregelt. »Ziffer 17 wird wie folgt geändert: …«, lautet beispielsweise eine entsprechende Formulierung im Änderungsvertrag.

Hier erlebe ich es häufig, dass an einem Originalvertrag unzählige Änderungsverträge hängen, da jede Vertragsänderung nach diesem System erfolgte. Das führt meist zu einem Sammelsurium an Überarbeitungen, bei dem am Ende keiner mehr durchblickt. Sie sollten daher den Originalvertrag am besten ganz neu formulieren, wenn sich mit der Zeit zu viele Änderungen angesammelt haben. Natürlich investieren Sie dabei erneut Zeit und Geld, aber der Aufwand lohnt sich, sonst verlieren Sie in dem Vertragschaos noch ganz den Überblick.

Sollten Sie aber doch einen Änderungsvertrag anhängen, vergessen Sie nicht, immer darin anzuführen, dass alle sonstigen Bestandteile und Vertragspunkte des Originalvertrages weiterhin unberührt bleiben.

Gut zu wissen: Die Unterschrift mit den drei Kreuzen

Als juristischer Berater in Vertragsverhandlungen erlebt man im Lauf seiner beruflichen Tätigkeit die kuriosesten Formen von Unterschriften, wobei jedoch die berühmten drei Kreuze unter dem Vertrag wohl eher zu den Mythen und Märchen zählen.

Viele durchaus sonderliche Unterschriftsvarianten, wie Dreiecke, Kreise und verschiedenste Arten horizontaler Striche, tauchen jedoch häufig in Verträgen auf, und an dieser Stelle kann vor jeglicher Form von Hieroglyphen nur gewarnt werden.

Eine Unterschrift muss als solche erkennbar sein und zusätzlich dem Urheber zugeordnet werden können. Vor allem, wenn kein Name daruntersteht, könnte sonst ja jeder diese Unterschrift geleistet haben.

Aus diesem Grund gilt die Empfehlung, die Unterschrift nicht nur als Kürzel zu setzen, sondern in jedem Fall auch den Namen auszuschreiben. Dieser darf ruhig schwer leserlich bleiben, doch sollte er immer eindeutig erkennbar sein. Im Idealfall befindet sich unterhalb der handschriftlichen Unterschrift der in Druckbuchstaben ausgeschriebene Name sowie dessen Position innerhalb des Unternehmens.

Solange diese beiden Punkte eingehalten werden, entstehen auch keine Probleme – weder gerichtlich noch außergerichtlich –, wenn nachgewiesen werden muss, wer den Vertrag tatsächlich unterzeichnet hat.

Checkliste: Die finale Phase vor der Vertragsunterzeichnung

- ☐ Soll vor der Unterzeichnung noch einmal eine Endkontrolle des Vertrages stattfinden?
- ☐ Falls ja, ist dann eine Unterzeichnung des Vertrages mit nachfolgender Versendung an die Gegenseite sinnvoller als ein langwieriges und aufwendiges Unterschriftsprozedere?
- ☐ Wurde ein letzter Check gemacht und sichergestellt, dass die zu Beginn des Prozesses festgelegten wichtigen Punkte alle in den Vertrag eingearbeitet wurden, beziehungsweise kann nachvollziehbar erklärt werden, warum etwaige Punkte aus der ursprünglichen Liste fehlen?
- ☐ Sind letzte Änderungswünsche der Gegenseite rechtzeitig, also vor dem Tag der Unterzeichnung, mitgeteilt worden?
- ☐ Wurde auf Ihrer Seite sichergestellt, dass die final ausgehandelte Version des Vertrages auch tatsächlich unterzeichnet wird?
- ☐ Soll der Vertrag paraphiert werden oder können die einzelnen Seiten so miteinander verbunden werden, dass eine Trennung nicht mehr möglich ist?
- ☐ Verhandlung, die Einbeziehung des gesamten Teams, Feiern des Abschlusses nach anstrengender Verhandlung.
- ☐ Gibt es Gründe, die für eine persönliche Vertragsunterzeichnung vor Ort sprechen? Beispielsweise ein erstmaliges Kennenlernen nach nur telefonischer Verhandlung, die Einbeziehung des gesamten Teams, Feiern des Abschlusses nach anstrengender Verhandlung….

- ☐ Haben Sie sich Gedanken über den Ort der Vertragsunterzeichnung gemacht?

- ☐ Wurde bei einer gemeinsamen Unterzeichnung vor Ort technischer Support und ein funktionierendes Sekretariat für eventuelle Änderungen in letzter Minute eingerichtet?

- ☐ Wurde sichergestellt, dass zum Zeitpunkt der Vertragsunterzeichnung eine zeichnungsberechtigte Person oder die notwendige Anzahl zeichnungsberechtigter Personen anwesend ist? Gibt es eine bevollmächtigte Vertretung (sofern dies notwendig ist)?

Kapitel 12 – Was tun bei Rechtsstreitigkeiten?

Rechtsstreitigkeiten zwischen Unternehmen kommen weit seltener vor, als der juristische Laie vermutet. Wenn sich Unternehmen juristisch in die Haare kriegen, landet nur ein Bruchteil dieser Auseinandersetzungen am Ende vor Gericht. Ich kann Sie in dieser Hinsicht also beruhigen, das Risiko, mit Ihrem Geschäftspartner vor Gericht zu landen, ist ausgesprochen gering.

Weit häufiger kommt es jedoch zu Streitigkeiten, die unter Einschaltung der Anwälte beider Unternehmen ausgetragen werden. Zwar enden diese Geplänkel normalerweise in einer Art Vergleich – beide Unternehmen finden also irgendeine Form der Einigung, bevor die Sache vor Gericht landet –, doch bis dahin kostet es das jeweilige Unternehmen einiges an Geld und auch an Nerven.

Vor Gericht ziehen oder besser doch nicht?

Grundsätzlich lässt sich sagen, dass die heimischen Gerichte unter einer chronischen Überlastung leiden. Momentan dauert es im Schnitt vom Einreichen der Klage bis zum Verhandlungstermin gut zwölf Monate, und in den nächsten Jahrhunderten wird sich daran wohl auch nichts ändern. Das heißt für Sie: So lange befinden Sie sich dauerhaft im Unklaren, mit welchem Ergebnis Sie rechnen können, ob Sie gewinnen oder verlieren. Außerdem erhalten Sie in diesem Zeitraum in der Regel auch kein Geld, sofern Sie sich darum streiten. Noch dazu stehen häufig ganze Anlagen still, bis es zu einer richterlichen Entscheidung kommt, wodurch ein Gang vor Gericht für manche Unternehmen durchaus existenzbedrohende Ausmaße annehmen kann.

Diesen Punkt sollten Sie unbedingt bedenken, wenn Sie mit einem Geschäftspartner in Streit geraten.

Wenn es dann aber endlich zu einer Gerichtsverhandlung kommt, wird der Richter vor Beginn der Verhandlung immer vorschlagen, ob Sie und die gegnerische Partei sich nicht per Vergleich einigen wollen. Der Richter muss übrigens diesen Vorschlag unterbreiten, er ist dazu gesetzlich verpflichtet. Erst wenn kein Vergleich möglich ist, wird er ein Urteil fällen. An dieser Stelle sollten Sie wissen, dass Anwälte in solchen Fällen eine sogenannte Vergleichsgebühr kassieren. Übersetzt lässt sich also sagen: Ein Vergleich ist für den Anwalt eine durchaus lukrative Angelegenheit.

Sie können sich daher vorstellen, dass viele Anwälte ein gewisses Interesse an Vergleichen besitzen, schließlich verkürzt dies den gesamten Ablauf enorm.

Vielleicht fragen Sie sich jetzt, warum Sie überhaupt vor Gericht gehen, wenn ohnehin alles mit einer hohen Wahrscheinlichkeit auf einen Vergleich hinausläuft. Und wissen Sie was? Sie haben recht: Genau das ist der Punkt.

Ich rate Ihnen dringend: Ziehen Sie nur dann vor Gericht, wenn Sie auch tatsächlich ein Urteil erreichen wollen. In diesem Fall müssen Sie jedoch einen langen Atem haben und vor allem dem Druck standhalten, wenn Ihnen der Richter sowie höchstwahrscheinlich auch Ihr Anwalt einen Vergleich einzureden versuchen. Kurz gesagt: Wenn Sie sich schon für einen Gang vor Gericht entscheiden, dann ziehen Sie es auch durch.

In sämtlichen weiteren Fällen können Sie sich ansonsten gleich einigen, und dafür brauchen Sie ehrlich gesagt auch kein Gericht.

Der Wirtschaftsmediator als Alternative

Die Krux bei Vergleichen liegt jetzt darin, dass beide Vertragsparteien miteinander im Clinch liegen und meistens viel lieber streiten, als eine Einigung zu erzielen. Sehr häufig stehen sich verhärtete Fronten gegenüber, wodurch es zu einer Art Kräftemessen kommt. Dieses wird dann gerne über Anwälte ausgetragen.

An dieser Stelle könnte der bereits in Kapitel 10 vorgestellte Mediator eingesetzt werden. Die Aufgabe eines Wirtschaftsmediators wäre es hier, die Parteien so lange zu begleiten, bis eine gemeinsame Lösung für den Konflikt gefunden wurde.

Abgesehen davon, dass die Kosten dabei normalerweise weit unter denen liegen, die für einen anwaltlichen Stellungskrieg mit Gerichtstermin als finalem Schlachtfeld anzusetzen sind, gibt es bei dieser Variante einen zusätzlichen nicht zu verachtenden Aspekt: Die Gespräche mit dem Mediator finden nicht öffentlich statt, im Gegensatz zu Gerichtsterminen.

Gehen Sie davon aus, dass bei Ihrem Gerichtstermin mit Ihrem Lieferanten auch sämtliche Wettbewerber anwesend sein können. Man findet wohl auf dieser Welt keinen besseren Ort als die Gerichtssäle, um an sensible Wettbewerbsinformationen heranzukommen.

Sie wollten immer schon herausfinden, zu welchen Konditionen Ihr größter Konkurrent anbietet? Oder welche Einkaufspreise dieser von jenem Lieferanten erhält, der Sie ebenfalls beliefert? Mit etwas Glück erfahren Sie all das am örtlichen Amtsgericht oder am Landgericht, je nachdem, wie hoch der Streitwert angesetzt wurde.

Tatsache ist, dass alle zivilrechtlichen Gerichtsverfahren normalerweise öffentlich stattfinden. Für gewöhnlich interessiert sich absolut niemand für Gerichtsverhandlungen (ausgenommen der berühmte Gerichtsrentner, der aus purer Langeweile in sämtlichen Gerichtsstreitigkeiten sitzt und den inzwischen alle Richter persönlich kennen). Die Zahl der Besucher steigt jedoch grundsätzlich bei Verfahren zwischen zwei Unternehmen exponentiell an – durch die Anwesenheit von Mitbewerbern.

In derartigen Prozessen werden dann jegliche firmeninternen Zahlen und Kalkulationen offengelegt. Ein gefundenes Fressen für andere Marktteilnehmer.

Die Mediation

Immer häufiger wird inzwischen die Mediation als Lösungsansatz bei Rechtsstreitigkeiten genutzt.

Besonders wenn ein Vertrag und die Beziehung zu Ihrem Vertragspartner eine sehr hohe wirtschaftliche Bedeutung besitzen oder wenn es sich um große Summen als Streitwert handelt, sollten Sie versuchen, die Streitigkeit mit der Hilfe eines Mediators zu lösen, bevor es tatsächlich vor ein Gericht geht. Aus meiner Erfahrung verhärten sich zwar schon mal schnell die Fronten, wenn ein Streit entsteht, doch wenn beide Parteien erst einmal vor dem Richter stehen, lässt sich normalerweise nichts mehr kitten. Diese Geschäftsbeziehungen sind dadurch meist nachhaltig zerstört, und das kann sich existenziell für Sie auswirken.

Ein Mediator kann, aus seiner neutralen Position heraus, durchaus Lösungsansätze begleiten, die jegliche weiteren Streitigkeiten verhindern. Er wendet Techniken an, mit denen verhärtete Fronten wieder zueinander geführt werden. Der Einsatz eines Mediationsverfahrens kann dazu führen, dass die Parteien wieder einen Schulterschluss herstellen oder eine Lösung herbeiführen, wo zuvor keine Lösung in Sicht war.

Am Ende dieser Prozesse steht eine Mediationsvereinbarung, die beide Seiten unterschreiben. Darin wird die Lösung beschrieben und welche Aufgaben die Vertragspartner jeweils unternehmen, um diese umzusetzen. Außerdem wird in dieser Vereinbarung die Vorgehensweise aufgenommen, die im Falle einer Nicht-Einhaltung greifen soll.

Da beide Vertragsparteien letztlich gemeinsam an einer Lösung arbeiten – und diese finden –, sind die Erfolgsaussichten nach der unterschriebenen Mediationsvereinbarung ausgesprochen hoch, da es sich ja um die eigene Lösung handelt und nicht um ein Ergebnis, das von einem Dritten, das heißt dem Richter, vorgegeben wird. Auch von der Kostenseite aus betrachtet bleibt eine Wirtschaftsmediation in einem ausgesprochen überschaubaren Rahmen. Meist findet die Abrechnung nach Tagessätzen statt, die für gewöhnlich weit unter den Kosten liegen, die Sie für Anwälte und Gerichtstermine kalkulieren müssen. Ein zusätzlicher Vorteil für diesen Weg liegt darin, dass Sie normalerweise sehr schnell zu einer Lösung kommen.

Wenn Sie im Falle einer Rechtsstreitigkeit überlegen, einen Mediator einzusetzen, sollten Sie diesen Schritt immer gehen, *bevor* Sie Ihre Anwälte aufeinanderhetzen, und natürlich auch, bevor Sie die ersten Runden vor Gericht drehen. Der Mediator stellt also idealerweise den ersten Schritt der Annäherung zur Problemlösung dar. Er kann aber auch in einer späteren Phase einer Rechtsstreitigkeit noch eingesetzt werden.

Das Schiedsgericht

Statt Ihren Kontrahenten vor ein ordentliches Gericht zu zerren, können Sie eine Entscheidung auch über ein Schiedsgericht herbeiführen, und am besten vereinbaren Sie diese Variante bereits im Vertrag. Übrigens findet man diese sogenannte Schiedsklausel inzwischen immer häufiger in Verträgen.

Diese Klausel könnte etwa so formuliert werden:

> »Alle Streitigkeiten, die sich im Zusammenhang mit dem Vertrag {Bezeichnung des Vertrages} oder über seine Gültigkeit ergeben, werden nach der Schiedsgerichtsordnung der Industrie- und Handelskammer {Stadt X} unter Ausschluss des ordentlichen Rechtsweges endgültig entschieden.«

Der Vorteil einer Streitabwicklung über ein Schiedsgericht liegt darin, dass dort unabhängige Experten mit hoher Sachkompetenz sitzen, die über die Branche, die Marktsituation und die spezifischen Details zum Streitthema Bescheid wissen. Dabei handelt es sich dann um entsprechende Sachverständige, um Experten zu diesem Thema oder um Vertreter der jeweiligen IHK. Allein aus diesem Grund wird vor einem Schiedsgericht seltener ein Vergleich geschlossen, sondern ein Urteil zugunsten einer der beiden Parteien gefällt. Außerdem läuft das gesamte Verfahren weit schneller ab als vor einem staatlichen Gericht. Ein weiterer Vorteil liegt darin, dass diese Verfahren nicht öffentlich ablaufen. In diesen Terminen sitzen dann weder der Gerichtsrentner noch Vertreter der Mitbewerber.

Allerdings ist ein solches Verfahren empfindlich teurer, verglichen mit staatlichen Gerichten.

Hier sollten Sie sämtliche Faktoren gegenrechnen, um abzuschätzen, ob es sich lohnt, vor ein Schiedsgericht zu ziehen. Denn wenn beispielsweise Ihre Anlage so lange stillsteht, bis ein Urteil ausgesprochen wird, fallen alleine durch den Stillstand womöglich immense Kosten für Sie an. Da kann eine Urteilsfindung vor einem Schiedsgericht innerhalb von beispielsweise zwei Monaten am Ende immer noch weitaus günstiger sein als vor einem außerordentlichen Gericht, das zwar geringere Gebühren veranschlagt, jedoch mindestens zwölf Monate an Zeit benötigt.

Falls Sie mit Ihrem Geschäftspartner einen Vertrag abschließen, der eine längerfristige Zusammenarbeit regelt, oder wenn es dabei um große Geldsummen geht, empfehle ich grundsätzlich das Schiedsgericht als Anlaufstelle bei Streitigkeiten. Natürlich lässt sich dies nicht pauschal beantworten, doch normalerweise sind Sie unter diesen beiden Voraussetzungen bei einem Schiedsgericht besser aufgehoben.

Die Wahrnehmung der Marktteilnehmer

Ein zusätzlicher Vorteil sowohl der Mediation als auch des Schiedsverfahrens – das gleich im Anschluss ausführlich beschrieben wird – liegt in der fehlenden Wahrnehmung von außen. Nehmen wir mal an, Sie agieren in einem relativ überschaubaren Marktumfeld, und ein anderes Unternehmen bietet Ihnen eine interessante Form der Zusammenarbeit an. Jetzt wissen Sie jedoch von anderen Marktteilnehmern, dass es sich beim Eigentümer dieses Unternehmens um einen streitbaren Gesellen handelt, der nicht zögert, seinen Anwalt mit neuen Fällen zu beliefern. Ein Lieferant erzählte Ihnen sogar neulich, mit diesem Unternehmen einen Rechtsstreit vor Gericht ausgefochten zu haben. Wie denken Sie nun über dieses Unternehmen oder anders ausgedrückt: Welchen Einfluss hätten diese Informationen auf Ihre Entscheidung, mit diesem Unternehmen künftig zusammenzuarbeiten?

Vermutlich werden Sie, wenn überhaupt, nur mit der nötigen Vorsicht die Verhandlungen mit diesem Unternehmen aufnehmen. Tendenziell distanziert man sich eher von einem Unternehmen, das in der Branche als klagefreudig gilt. Glauben Sie mir, so etwas spricht sich rasch herum, falls Sie mit einem – oder mehreren – Wettbewerbern bereits vor Gericht gegangen sind. Eine Mediation oder ein Schiedsverfahren kommt nicht so schnell ans Licht wie eine anwaltliche Auseinandersetzung oder sogar ein Gang vors Gericht, und diesen Punkt sollten Sie nicht unterschätzen.

Selbst wenn Sie sich in großen Märkten bewegen, sollten Sie sich gut überlegen, wann Sie mit Klage drohen und wann Sie es besser doch sein lassen. Ich kann Ihnen versichern, ein solches Verhalten hat immer eine entsprechende Strahlungswirkung auf Ihre Kunden und natürlich auch auf Ihre Lieferanten. So etwas spricht sich halt herum.

In einer Kanzlei, in der ich vor einigen Jahren arbeitete, gab es die Devise »Wir verklagen keine Mandanten«. Wie verhält es sich bei Ihnen, wenn ein Kunde seine Rechnung nicht bezahlt? Hier gibt es keine richtige oder falsche Entscheidung, sondern die Frage ist: Welche Wirkung erzeugt Ihre Vorgehensweise bei Ihrem Marktumfeld? Sollte es schlichtweg egal sein, wenn Sie Streitigkeiten grundsätzlich über Anwälte regeln, wenn dieses Verhalten also keinerlei Auswirkung auf Ihren Geschäftserfolg hat, brauchen Sie in dieser Sache auch keine Rücksicht zu nehmen. Wenn es jedoch nicht so ganz egal ist, empfehle ich Ihnen, sensibler vorzugehen.

Da ich vorhin die unbezahlte Rechnung erwähnt hatte: Bevor Sie diese einklagen, sollten Sie auch mit der betriebswirtschaftlichen Brille einen Blick auf den zu erwartenden Ausgang werfen. Angenommen, es handelt sich um einen Rechnungsbetrag von 10 000 Euro, die Ihr Kunde trotz mehrmaliger Mahnung nicht bezahlen will. Der Anwalt, den Sie nun mit der Lösung dieser Angelegenheit beauftragen, verdient logischerweise auch daran, also müssen Sie diesen Betrag von Ihrem zu erwartenden Umsatz abziehen. Dabei gilt: Jedes schlaue Schreiben, das so ein Rechtsanwalt aufsetzt, kostet Geld. Mitunter läuft der anwaltliche Gebührenrechner bei jedem einzelnen Abstimmungsgespräch am Telefon mit, wenn Sie sich zwischenzeitlich absprechen. Wenn Sie also finanzielle Überraschungen vermeiden möchten, sollten Sie den Punkt der Gebührenabrechnung unbedingt vorher mit Ihrem Rechtsbeistand klären.

Ihr Anwalt wird Ihrem Kunden also ein Schreiben unter die sprichwörtliche Nase reiben, in dem er diesen dazu auffordert, die fällige Rechnung sofort zu bezahlen. Selbstverständlich inklusive der inzwischen anfallenden Kosten von mehreren Hundert Euro, die durch den Aufwand dieses Schreibens entstanden sind. Diese zusätzlichen Forderungen wird Ihr Kunde höchstwahrscheinlich mit einem Lächeln auf den Lippen ignorieren.

Falls es dann vor Gericht gehen sollte, können Sie davon ausgehen, dass ein Vergleich angestrebt wird, wodurch sich Ihre ursprüngliche Forderung ohnehin reduzieren wird – es sei denn, Sie waren auf jeden Fall im Recht und können dies auch vor Gericht beweisen. Ansonsten bleibt von den 10 000 Euro im Vergleichsfall vielleicht die Hälfte übrig, und davon bezahlen Sie schließlich Ihren Anwalt sowie einen Teil der Gerichtskosten.

Ich empfehle Ihnen daher: Überlegen Sie sich vorher, ob ein derartiges Szenario wirtschaftlich für Sie sinnvoll ist.

Der allwissende Richter?

»Vor Gericht und auf hoher See ist man in Gottes Hand«, sagt ein Sprichwort. Dahinter steckt die Annahme vieler juristischer Laien, dass Sie nie sicher sein können, wie eine Rechtsstreitigkeit letztlich endet, sobald Sie damit vor Gericht gehen.

Doch was hat es mit diesem Spruch auf sich? Bleibt tatsächlich jegliche Logik im Gerichtssaal auf der Strecke?

Ganz so pauschal lässt sich diese Frage natürlich nicht beantworten, denn jeder Richter versucht, sich mit dem ihm anvertrauten Fall bestmöglich auseinanderzusetzen, um ein sowohl faires wie auch gerechtes Urteil zu fällen.

Doch wie kompetent sind unsere Richter tatsächlich? Hier sollten Sie zwei Punkte bedenken: Erstens sind, wie bereits erwähnt, unsere Gerichte hoffnungslos überlaufen. Zweitens: Je komplexer ein Verfahren ist, desto schwieriger wird es für den Richter sein, sich darin zurechtzufinden.

Die meisten Fälle werden nach dem Gesetz richtig entschieden, jedoch blenden viele Richter die wirtschaftliche Komponente aus, weil sie diese häufig nicht in ihrer Komplexität verstehen. Dies führt verstärkt dazu, dass bei komplexeren Verfahren Gutachter eingesetzt werden, wodurch wiederum mit zusätzlichen Kosten zu rechnen ist sowie ein mitunter erheblicher Zeitverlust bis zur Urteilsfindung entsteht. Hier liegt übrigens ein weiterer Grund, weshalb Richter mit großer Leidenschaft Vergleiche anstreben: Sie ersparen sich dadurch den (Zeit-)Aufwand, ein Urteil zu schreiben.

Ein anderer Aspekt, der bei Rechtsstreitigkeiten vor Gericht beachtet werden sollte, sind die anfallenden Anwaltskosten. Es könnte natürlich sein, dass Ihr Rechtsanwalt nach dem Rechtsanwaltsvergütungsgesetz (RVG) abrechnet, dann bleibt alles in einem kalkulierbaren Rahmen. Die meisten Anwälte setzen jedoch auch bei Gerichtsverfahren einen Stundensatz an. In diesem Fall beginnt die Kostenuhr schon ab dem Moment zu ticken, in dem sich der Anwalt in sein Fahrzeug setzt und zum Termin losfährt. Hier kommt wieder der Gerichtsstand zum Tragen. Sollte sich dieser in Hamburg befinden und Ihr Anwalt reist aus Hannover an, dann müssen Sie womöglich bereits für dessen An- und Rückreise ungefähr acht Stundensätze kalkulieren. Es sei denn, Sie konnten eine andere Vereinbarung mit ihm treffen. Beispielsweise die Abrechnung der reinen Fahrzeit mit halbem Stundensatz. Wie auch immer, im Fall eines Sieges vor Gericht muss der Unterlegene immer nur die Gebühren nach RVG bezahlen, teurere Anwälte sind damit Privatvergnügen.

Wie Sie sich vor Gericht verhalten sollten

Nehmen wir mal an, durch eine ärgerliche Verkettung von Zufällen sehen Sie sich plötzlich in eine Rechtsstreitigkeit mit einem Lieferanten verwickelt. Obwohl Sie einen Wirtschaftsmediator bereits in einer sehr frühen Phase dieser Auseinandersetzung einsetzten, konnte dieser Konflikt leider nicht aus der Welt geschafft werden. Der Streit entbrennt nun in neuer Heftigkeit, die Anwälte beginnen, sich gegenseitig die Köpfe einzuschlagen, und schließlich geht es vor Gericht.

Vielleicht keimt in Ihnen die Versuchung auf, den Gegner in dieser Phase psychologisch unter Druck zu setzen. Sie könnten ihn beispielsweise in der Presse schlechtmachen, Gerüchte streuen. Ihn bei anderen Marktteilnehmern auf höchst subtile Weise anschwärzen. Das alles geschieht selbstverständlich vor dem ersten Gerichtstermin, denn eventuell liest der Richter auch Zeitung und erfährt – dank Ihrer vorzüglichen Pressearbeit –, mit welch einem üblen Typen er es in Kürze zu tun haben wird.

Derartige Strategien sind vor allem in größeren Unternehmen keine Seltenheit, und trotzdem rate ich Ihnen davon ab. Jede Form von Diffamierung birgt die Gefahr in sich, als solche erkannt zu werden, und dann wendet sich nämlich das Blatt. Und zwar gegen Sie. Aus meiner Erfahrung sind Sie immer klüger beraten, wenn Sie seriös und sachlich bleiben. Denken Sie an dieser Stelle, wie Ihre Kunden Sie sehen, oder besser: Sie sehen sollten. Schließlich bleibt dabei auch stets die Frage offen, wie der Richter selbst – sollte er davon über die Presse Wind bekommen – derartiges Verhalten interpretiert. Hier besteht zumindest eine 50-prozentige Chance, dass er dieses Vorgehen nicht gutheißt.

Wenn es nun zum Gerichtstermin kommt, kann es durchaus vorkommen, dass sofort eine Entscheidung herbeigeführt wird. Meistens in Form eines Vergleiches. Ebenso häufig aber kommt es vor, dass ein weiterer Termin angesetzt wird, beispielsweise um neue Zeugen anzuhören oder weil zusätzliche Beweise erbracht werden müssen. Wichtig ist jedenfalls, dass Sie jederzeit aussteigen können!

Sie haben richtig gelesen: Selbst wenn ein Gerichtsverfahren angelaufen ist, steht es beiden Parteien offen, dieses Verfahren zu unterbrechen, etwa, um doch noch einen Mediator einzuschalten. An dieser Stelle brauchen Sie auch keine Sorge zu haben, ob der Richter die Nase wegen dieser Entscheidung argwöhnisch rümpft. Im Gegenteil: Die Gerichte freuen sich, sobald ein Fall abgeschlossen oder zumindest ausgesetzt wird. Bitte behalten Sie diese Variante immer im Hinterkopf, denn möglicherweise kann Ihnen diese Entscheidung helfen, doch noch eine solide Lösung herbeizuführen und gleichzeitig eine Menge Geld zu sparen.

Ich habe es schon oft erlebt, dass vor Gericht plötzlich beide Parteien zu dem Schluss kommen, dass eine friedliche Lösung weit näherliegt als ein weiterführender langwieriger Streit.

Eine taktische Frage, die mir häufig gestellt wird, lautet: Schicke ich nur meinen Anwalt zum Gerichtstermin oder sollte ich als Unternehmer oder Geschäftsführer besser ebenfalls mitkommen? Alternativ könnte man auch fragen, ob man als Chef selbst vor Gericht erscheinen soll oder einen Vertreter hinschickt. Beispielsweise den Verkaufsleiter oder eben nur den Rechtsanwalt.

Rein rechtlich betrachtet ist es egal, wer vor Gericht aufschlägt, es sei denn, ein persönliches Erscheinen wurde gerichtlich angeordnet.

Wie wichtig ist Ihnen die ganze Angelegenheit? Aus meiner Sicht hängt die Beantwortung dieser Frage eng mit der vorangegangenen Abwägung zusammen. Auch sollten Sie sich mit der Überlegung auseinandersetzen, wen Sie letztlich beeindrucken möchten. Am Ende ist es nämlich weder die gegnerische Partei noch die Presse. Es ist immer der Richter, den es zu überzeugen gilt.

Wenn Sie der Vertragsunterzeichner waren, der damals bei den Vertragsverhandlungen mitwirkte, dann wird es wohl Sinn machen, selbst hinzugehen. Dadurch zeigen Sie, wie wichtig Ihnen diese Angelegenheit ist. Wenn Sie zum Gerichtstermin Ihre Putzfrau schicken, setzen Sie damit natürlich auch ein Signal, und zwar an den Richter.

Außerdem empfehle ich Ihnen, niemals den Anwalt alleine zu schicken, sonst läuft es vielleicht aus dem Ruder und Sie können nicht gegensteuern. Ich habe schon oft erlebt, dass sich ein Rechtsanwalt vor Gericht in einen bestimmten Punkt verrannt hatte. In solchen Fällen hilft es ungemein, wenn Sie sich mit ihm kurz besprechen oder ihn sogar stoppen.

Ich rate Ihnen dringend dazu, vor dem Gerichtstermin die Strategie mit Ihrem Anwalt abzustimmen. Grundsätzlich gilt in einem Zivilprozess, anders als in einem Strafprozess, dass das Gericht die Wahrheit nicht erforscht, sondern die Parteien selber alle Tatsachen vorbringen und geltend gemachte Ansprüche auch beweisen müssen. Da Richter auch nur Menschen und chronisch überlastet sind: Erläutern und antworten Sie immer kurz und gerade so ausführlich wie nötig. Sollte Sie der Richter beispielsweise zu einer bestimmten Funktion der Maschine – dem Gegenstand der Verhandlung – befragen, dann beginnen Sie bitte nicht bei der Kindheit des Erfinders dieser fantastischen Gerätschaft.

Gut zu wissen: Anwaltliche Vertretung und der Weg in die Berufung

Auch diese Frage wird häufig gestellt: »Kann ich mich denn nicht auch selbst vor Gericht vertreten?«

Diese Möglichkeit besteht durchaus, jedenfalls beim Amtsgericht. Sobald es sich um größere Beträge handelt, also wenn der Streitwert bestimmte Grenzen überschreitet, dann findet die Verhandlung gleich am Landgericht statt, und da ist eine anwaltliche Vertretung Pflicht. Trotzdem sollte man sich auch beim Amtsgericht von einem Anwalt vertreten lassen, es sei denn, man verfügt selbst über die Befähigung als Rechtsanwalt. Mitunter sind es gewisse Formulierungen in den einzelnen Schriftsätzen, die über Erfolg oder Misserfolg der Verhandlung entscheiden, und der juristische Laie wird diese aller Wahrscheinlichkeit nach nicht kennen.

In sämtlichen weiteren Instanzen besteht ohnehin die Pflicht für beide Parteien, Kläger wie Beklagte, sich durch einen Rechtsanwalt vertreten zu lassen.

Nehmen wir nun an, das Urteil wurde gefällt und Sie sind damit so überhaupt nicht einverstanden. Jetzt können Sie dagegen Berufung einlegen.

Zum einen muss diese Entscheidung nicht sofort und im Gerichtssaal getroffen werden, sondern Sie bekommen dafür eine Frist von mehreren Tagen. Sie sollten nun gut abwägen, wie hoch Ihre Chancen auf ein für Sie besseres Urteil liegen. Schließlich entstehen für Sie in jedem Fall ein erneuter Zeitverlust sowie weitere Kosten, wenn dieses Verfahren in die nächste Instanz geht und Sie hier erneut unterliegen.

Eine Berufung hat nur dann Aussicht auf Erfolg, wenn das erstinstanzliche Urteil ein Fehlurteil ist, das heißt, wenn das Gericht das anwendbare Recht nicht oder falsch angewendet hat. Jegliches sachlich begründete und durchaus nachvollziehbare Urteil, also jede vernünftige Entscheidung des Richters, wird in der nächsten Instanz vermutlich in ähnlicher Weise bestätigt werden. Dabei verstehe ich vollkommen, wenn Sie sich über eine für Sie nachteilige Entscheidung ärgern, jedoch war vielleicht Ihre Rechtsauffassung letztlich doch nicht die richtige. Das klingt womöglich hart, kann aber durchaus sein.

Eine mangelhafte Vorbereitung im Vorfeld des Prozesses können Sie in der nächsten Instanz nicht korrigieren. Das bedeutet, Sie können nur neue Tatsachen vorbringen, und keine Tatsachen, die Sie bereits in der ersten Instanz hätten vorbringen müssen.

Checkliste: Verhalten bei Rechtsstreitigkeiten

- ☐ Wollen Sie ein Urteil erreichen und was ist der Grund hierfür?
- ☐ Geht es Ihnen darum, recht zu bekommen, oder sind Sie eher an einer (gegebenenfalls verminderten) Geldzahlung durch den Vertragspartner interessiert?
- ☐ Können Sie und Ihr Unternehmen sich ein Gerichtsverfahren unter Beachtung der teilweise sehr langen Verfahrensdauer leisten?
- ☐ Ist für Sie ein Vergleich akzeptabel oder wollen Sie eher eine »Alles-oder-nichts-Entscheidung«?
- ☐ Lohnt sich eine gerichtliche Auseinandersetzung auch nach Abzug aller durch den unterlegenen Vertragspartner erstatteten Kosten?
- ☐ Haben Sie über den Einsatz eines Mediators nachgedacht?
- ☐ Sind Sie bereit, das Risiko eines öffentlichen Gerichtsverfahrens zu tragen? Haben Sie sich ausreichend Gedanken über die dadurch entstehende Öffentlichkeit gemacht?
- ☐ Ist ein Schiedsverfahren für Sie und Ihren Gegner eine Alternative? Sieht dies bereits der dem Streit zugrunde liegende Vertrag vor?

Der Vertrag – Ihr neuer Freund

An dieser Stelle wünsche ich Ihnen zuerst einmal viel Erfolg bei Ihren künftigen Vertragsverhandlungen sowie beim Ergebnis, das aus diesen Gesprächsrunden entsteht: dem Vertrag.

Mit meinen Tipps und Empfehlungen sollten Sie jetzt auf die häufigsten und wichtigsten Hindernisse sowie Fallstricke ausreichend vorbereitet sein. Natürlich gibt es noch eine Menge unbekannter Herausforderungen, die in der angehenden Zusammenarbeit mit Ihren Geschäftspartnern auf Sie warten, und es ist mir ganz unmöglich, alle Varianten erschöpfend aufzuzählen. Es sollte mir jedoch gelungen sein, Sie vor den größten Überraschungen in der Vertragsgestaltung zu bewahren und Ihnen ein wenig die Angst vor Verträgen zu nehmen.

Vielleicht ist Ihnen aufgefallen, dass ich auf gewisse Themen nicht besonders ausführlich eingegangen bin, beispielsweise die Möglichkeiten und Herausforderungen im Falle von Berufungsverfahren vor Gericht. Diese Thematik ist derart komplex, dass sich selbst gestandene Juristen mitunter beim Versuch, juristisch sauber zu argumentieren, um Kopf und Kragen reden. Auch die unterschiedlichen Rechtsformen juristischer Personen können Dimensionen annehmen, die bei manchen Laien höchstwahrscheinlich zu kreisrundem Haarausfall führen, wenn sie sich intensiver damit beschäftigen. Derartige Themen müsste ich also ausgesprochen umfangreich beschreiben. Dies hätte nicht nur den Umfang dieses Buches gesprengt, sondern es hätte auch die Leichtigkeit zunichtegemacht, mit der dieses Buch das knochentrockene Thema der Vertragsgestaltung angehen sollte.

Die sechs goldenen Vertragsregeln

Nun möchte ich Ihnen noch etwas auf den Weg mitgeben: meine sechs goldenen Vertragsregeln. Diese sollten Sie verinnerlichen, damit Sie künftig mit einem sicheren Gefühl in Vertragsverhandlungen gehen können. Dabei macht es keinen Unterschied, ob Sie als Angestellter für ein Unternehmen Verträge formulieren und diese verhandeln, ob Sie freiberuflich oder selbstständig tätig sind oder als Unternehmenslenker einem kleinen, mittelständischen oder großen Unternehmen vorstehen.

Die sechs goldenen Vertragsregeln

1. Ein Vertrag zieht nur das nach, was wirtschaftlich gewollt und vereinbart ist.
Lassen Sie sich von Juristen nicht einreden, dass erst der Vertrag geschrieben werden muss und dann das Wirtschaftliche hineingepasst wird.

2. Ein Vertrag wird nur unterschrieben, wenn ALLES verstanden wurde.
Wenn Sie etwas nicht verstanden haben, fragen Sie so lange nach, bis Sie es verstanden haben.

3. Ein Vertrag braucht keinen Schönheitspreis.
Er muss nur klar und verständlich sein – so knapp wie möglich, so ausführlich wie nötig.

4. Ein Vertrag ist niemals richtig oder falsch.
Er muss nur auf den jeweiligen zu regelnden Sachverhalt passen.

5. Ein Vertrag muss alles enthalten, was geregelt werden soll.
Jegliche mündliche und schriftliche Nebenabrede ist tabu.

6. Ein Vertrag, der nach seiner Unterschrift noch einmal geändert werden muss, kostet Geld.
Erst denken, dann unterschreiben. Lieber noch eine Nacht drüber schlafen.

Falls Sie zu diesem Buchthema noch spezifische Fragen haben, kontaktieren Sie am besten einen geeigneten Fachanwalt oder Sie schreiben mich an unter joerg@kupjetz.com und ich werde versuchen, Ihnen weiterzuhelfen.

Nun wünsche ich Ihnen viel Erfolg mit Ihren Verträgen!

Ihr

Jörg Kupjetz

Die häufigsten Fragen zum Thema Verträge

Die Vertragslehre ist der Stoff eines ganzen Semesters im Studium und kann gut und gerne 200 Seiten eines juristischen Lehrbuches füllen. Um dem Ansatz dieses Buches gerecht zu werden und praxisrelevant zu informieren, habe ich versucht, die wichtigsten Fragen im Zusammenhang mit dem Zustandekommen eines Vertrages aufzuführen. Es handelt sich um eine höchst subjektive Auswahl, aber der eine oder andere Lebenssachverhalt wird Ihnen sicherlich über den Weg gelaufen sein oder dies noch tun.

Ich habe meinem Vertragspartner einen Gegenstand zum Kauf für 200 Euro angeboten. Er möchte 180 Euro zahlen. Muss ich den Vertrag eingehen?

Nein, Sie haben ein Angebot abgegeben, das der Vertragspartner nicht angenommen hat. Im Gegenteil, er hat Ihnen ein neues Angebot unterbreitet, das Sie jetzt entweder annehmen oder ablehnen können. Nur wenn Sie es annehmen (ausdrücklich oder stillschweigend), kommt ein Vertrag zustande.

Ich habe meinem Vertragspartner ein Angebot geschickt und habe mich beim Preis vertippt. Muss ich jetzt zum falschen Preis liefern?

Sie können den Vertrag, falls der Vertragspartner diesen annimmt, wegen Irrtums anfechten. Dann müssen Sie nicht zum falschen Preis liefern, der Vertragspartner hat aber eventuell Schadensersatzansprüche, wenn er auf diesen falschen Preis vertraute.

Achtung: Wenn Sie sich bei der Angebotserstellung nur verkalkuliert haben, steht Ihnen ein Anfechtungsrecht nicht zu.

Ich habe meinem Vertragspartner ein Angebot geschickt, das zwar keinen Fehler hatte, aber jetzt will ich mich nicht mehr daran halten, weil ich einen anderen Kunden gefunden habe, der für mich finanziell attraktiver ist. Muss ich den Vertrag dennoch mit ihm eingehen, wenn er dieses Angebot annimmt?

Solange das Angebot dem Vertragspartner nicht zugegangen ist, können Sie dieses durch eine zweite Mitteilung, die dann aber zeitlich vor dem Angebot dem Vertragspartner zugehen muss, wieder aufheben. Danach können Sie sich vom Vertrag nicht mehr lösen, nur weil Sie einen besseren Vertrag mit einem Dritten abschließen könnten.

Ich habe meinem Vertragspartner ein Angebot geschickt, darin aber die falsche Typenbezeichnung angegeben. Er hat das Angebot angenommen. Müssen wir den Vertrag jetzt noch mal ändern?

Nein, wenn beide Parteien übereinstimmend die falsche Bezeichnung verwenden, beide aber das Richtige meinen, ist dies unerheblich. Ein Vertrag über den richtigen Typen ist zustande gekommen.

Ich habe in einem Geschäft ein tolles Angebot gesehen. Als ich es annehmen mochte, verweigert mir der Verkäufer den Verkauf. Darf er das?

Auch wenn wir hier umgangssprachlich von einem Angebot reden, geben Sie als Kunde erst das Angebot ab und der Verkäufer entscheidet, ob er es annimmt. Insofern haben Sie keine Möglichkeit, den Vertragsabschluss zu erzwingen.

Ich habe ein interessantes Angebot erhalten. An dieses Angebot fühlt sich mein Vertragspartner bis zum 31.3. gebunden. Leider kann ich erst am 3.4. antworten und sein Angebot annehmen. Nun möchte der Vertragspartner den Vertrag aber nicht mehr. Muss er nicht trotzdem mit mir einen Vertrag abschließen?

Wenn einer der Vertragspartner eine Frist setzt, bis wann er sich an ein Angebot hält, muss es bis dahin angenommen werden. Danach besteht kein Anspruch mehr auf einen Vertrag. Wenn der Vertragspartner nicht mehr will, dann muss er auch nicht mehr.

Ich arbeite seit Jahren mit einem Lieferanten zusammen. Nun teilt dieses Unternehmen mir mit, dass es mich nicht mehr beliefert, da ich für ihn ein zu kleiner Kunde bin. Darf das Unternehmen das?

Grundsätzlich besteht Privatautonomie, das heißt, im Geschäftsleben kann sich jeder seinen Geschäftspartner aussuchen. Insofern haben Sie leider keinen Anspruch, dass Sie auf immer und ewig mit bestimmten Unternehmen Geschäfte machen können.

Ich kann in meinem Unternehmen nicht jeden Vertrag persönlich unterschreiben. Wer darf das außer mir noch durchführen?

Sie können einen Mitarbeiter zum Prokuristen ernennen. Daneben oder alternativ können Sie aber grundsätzlich jedem eine Vollmacht erteilen. Diese kann sich auf einzelne Geschäfte (beispielsweise der Ankauf von Ware bis zu einem Warenwert von 1000 Euro) beschränken, aber auch vollumfänglich sein.

Achtung: Überwachen Sie, ob Ihre Angestellten sich Dritten gegenüber so benehmen, als ob Sie eine Vollmacht hätten. Wenn Sie dann nicht einschreiten, sind Sie vertraglich dennoch verpflichtet.

Mein Mitarbeiter, dem ich eine Vollmacht gegeben habe, verkauft die Ware für 200 Euro statt für 220 Euro, um den Umsatz anzukurbeln. Kann ich vom Kunden die noch fehlenden 20 Euro einfordern?

Leider nein, auch wenn Sie die Vollmacht im Verhältnis zu Ihrem Mitarbeiter einschränken (»bitte für genau 220 Euro und keinen Cent weniger verkaufen«), so ist ein wirksamer Vertrag über 200 Euro zustande gekommen. Das ist nun einmal das Risiko, wenn man nicht alles selber macht, sondern an Mitarbeiter delegiert. Ihnen könnte nur geholfen werden, wenn der Kunde wusste, dass der Mitarbeiter hier über seine Grenzen und Kompetenzen hinausgeht. Unabhängig davon könnten Sie aber über arbeitsrechtliche Konsequenzen nachdenken.

Ich habe meinem Mitarbeiter Vollmacht erteilt. Da die Geschäfte so gut laufen, hat er einfach seinerseits eine Vollmacht an einen Kollegen erteilt, der mich nun ebenfalls vertritt. Ist das zulässig?

In dieser Konstellation spricht man von einer Untervollmacht. Dieses sollte in der Hauptvollmacht explizit entweder erlaubt oder ausgeschlossen sein. Wenn Sie eine Untervollmacht nicht zulassen wollen, muss diese in der Hauptvollmacht ausgeschlossen werden. Wenn Sie für Ihre Hauptvollmacht den Begriff »Generalvollmacht« verwenden, wird der Geschäftsverkehr daraus schließen, dass auch die Erteilung einer Untervollmacht vom Umfang der Hauptvollmacht erfasst sein sollte.

Ich höre immer wieder, dass man Verträge widerrufen kann. Stimmt das?

Sie und Ihr Vertragspartner können im Vertrag ein Widerrufsrecht vereinbart haben. Das wird aber eher die seltene Ausnahme sein. Ansonsten meint es der Gesetzgeber gut mit Verbrauchern, denen er insbesondere bei Verträgen im Internet (sogenannte Fernabsatzverträge) ein Widerrufsrecht einräumt. Leider gibt es aber auch einige Ausnahmen, die im § 312 BGB aufgeführt sind, und bei denen ein Widerrufsrecht auch für den Verbraucher ausgeschlossen ist.

Achtung: Der Widerruf des Verbrauchers muss keine Begründung enthalten, jedoch fristgerecht gegenüber dem Unternehmer erklärt werden.

Ich möchte mit meinem Vertragspartner einfach nicht mehr zusammenarbeiten. Leider läuft unser Vertrag noch fast drei Jahre. Was kann ich tun?

In der Regel bleibt nur die ordentliche Kündigung, das bedeutet, Sie müssen bis zum nächstmöglichen Kündigungstermin warten. Wenn die Zusammenarbeit aber derart angespannt ist, dass ein Weitermachen auf keinen Fall mehr möglich ist, kann über die fristlose Kündigung nachgedacht werden.

Achtung: Die fristlose Kündigung setzt in der Regel eine vorherige Abmahnung voraus. Daneben ist eine Kündigung nur innerhalb einer angemessenen Frist möglich; Sie können sich also nicht auf Dinge beziehen, die Sie zwar geärgert haben, die aber Monate zurückliegen.

Und wenn gar nichts mehr geht, kann man auch immer noch über einen Aufhebungsvertrag sprechen.

Anmerkungen

1 https://www.audimax.de/jura/jura-studium/rechtswissenschaftler/warum-haben-anwaelte-ein-schlechtes-image/
2 https://de.wikipedia.org/wiki/Area_51
3 https://de.wikipedia.org/wiki/Atlantis
4 https://de.wikipedia.org/wiki/Stringtheorie
5 http://justillon.de/2016/05/amazon-regelt-fall-einer-zombie-apokalypse-in-agb/
6 https://de.wikipedia.org/wiki/Präambel
7 http://www.tagesspiegel.de/wirtschaft/beraten-und-verkauft/3809058.html

Checklistenverzeichnis

Über den Autor

© adamsfoto

Der Volljurist Prof. Dr. Jörg Kupjetz lehrt als Professor für Wirtschaftsrecht an der Frankfurt University of Applied Sciences in Frankfurt am Main. Der Experte für Vertragsrecht, Wirtschaftsmediator, Rechtsanwalt und Partner in einer renommierten Großkanzlei arbeitet seit 2015 zusätzlich als Vortragsredner und begeistert sein Publikum aus unterschiedlichsten Branchen mit humorvollen Vorträgen über die Tücken der Vertragsgestaltung und den Fallstricken, die in Vertragsverhandlungen lauern.

Aus der Praxis – für die Praxis, und garantiert immer ohne Nennung von Paragraphen: Mit dieser Grundeinstellung bietet Jörg Kupjetz auch Vorträge und Seminare u.a. zu Themen rund um Verträge und Verhandlungen für Unternehmer und Führungskräfte an.

Mehr unter:

www.kupjetz.com

Stichwortverzeichnis

V

W

Z